潘雨廷／著

典藏本

潘雨廷著作集

第六册

过半刃言
黼爻
衍变通论

上海古籍出版社

引　言

潘雨廷先生(1925—1991)，上海人，当代著名易学家。生前担任华东师范大学古籍研究所教授、中国《周易》研究会副会长、上海道教协会副会长。潘雨廷先生早年就读于上海圣约翰大学教育系，毕业后师从周善培、唐文治、熊十力、马一浮、杨践形、薛学潜等先生研究中西学术，专心致志于学问数十载，融会贯通，自成一家，在国内外有相当的影响。潘雨廷先生毕生研究的重点是宇宙与古今事物的变化，并有志于贯通东西方文化之间的联系，对中华学术中的《周易》和道教，有深入的体验和心得。潘雨廷先生著述丰富，其研究涉及多方面内容，具有极大的启发性。他的著作是二十世纪中国文化所取得的重要成果之一。本书由张文江根据潘雨廷夫人金德仪女士保存的遗稿整理而成。

《过半刃言》、《蠽爻》是易学上的玩辞之作，《过半刃言》玩的是卦辞，《蠽爻》玩的是爻辞。《衍变通论》穷追玩占的原理，详述筮法的变化，阐明了筮占的精义。

目次

1

繇　爻

2

目次

3

大有

上六 /161

坤° 比 豫 萃 谦 蹇 小过 咸 师 习坎

解° 困 升 井 恒 大过 复 屯 震 随 明夷

既济 丰 革 临 节 归妹 兑 泰 需 大壮

夬

注:加圈之爻,《易传》有释。

跋 /171

衍 变 通 论

过半刃言

自　序

　　《系辞》下曰："知者观其彖辞,则思过半矣。"彖辞者,六十四卦之卦辞,相对爻辞。缘全数为百,半之五十,曰大衍之数。然其用四十有九,未及于半,用者,爻辞之用九用六也。以不用之一归诸他半,五十成五十一,是之谓过半,彖辞之思也。

　　《系辞》下曰："圣人之情见乎辞。"辞者,爻辞、彖辞而已矣。故又曰："八卦以象告","爻象以情言"。凡爻辞之情,玩其变动;彖辞之情,玩其静居。更进而玩之,其情可一。变动间有静居焉,曰爻变之正;静居间有变动焉,曰消息卦变。得其一者,可悟发挥旁通之情。惟不论动静,必玩其变,"爻也者,言乎变者也";不论动静,必玩其居,"亦要存亡吉凶,则居可知矣"。夫易道生生,阴阳互根。变动者,阳极阴生,四十九之情也;静居者,阴极阳生,五十一之情也。观其象,玩其辞;穷乎理,辨其情;专乎彖,研其要;于《易》几矣。

　　是书者,上观卦象,下准《彖》上、《彖》下与《文言》之说,以玩上篇下篇之卦辞耳。以不知之知思之,戒其凿也;以不言之言言之,去其妄也。见仁见智,二乎一乎;乐山乐水,亦动亦静;天一生水,坎知震仁。

3

一而三,知而仁。思之不出其位,言之得无切乎! 是之谓《刃言》。言中肯綮,合于《桑林》之舞;岁更月更者,君子不贵也。

岁次丙午月旅林钟潘雨廷自序于二观二玩斋

凡　例

一、是书非释全《易》,唯释六十四卦。

一、是书于二篇,仅录卦象卦辞,未录二用爻辞。

一、是书于十翼,仅录《彖》上、《彖》下,及《文言》中释乾卦卦辞之二节,释坤卦卦辞之一节,余皆未录。

一、是书于卦象卦辞,顶格书之。于《彖》上、《彖》下,另行顶格书之。乾坤有《文言》者,接于《彖》下,间加一圈。于《过半刃言》之文,另行低一格书之。

一、是书之文,主于明理。

一、是书合《鼎爻》,释二篇之辞乃全。

一、是书首载易图二。其一"六十四卦消息图",庶见由卦而爻。其二取其两端,六十四卦以阴阳刚柔而中于仁义,庶见卦气起中孚之大义,名之曰"两端消息用中图",是书之编次准之。

5

卷　首

六十四卦消息图

剥 上九	观 九五	否 九四	遯 九三	姤 九二	乾 初九
夬 上六	大壮 六五	泰 六四	临 六三	复 六二	坤 初六

颐 上九	益 九五	无妄 九四	同人 九三	乾 九二	姤 初六
大过 上六	恒 六五	升 六四	师 六三	坤 六二	复 初九

损 上九	中孚 九五	履 九四	乾 九三	同人 六二	遯 初六
咸 上六	小过 六五	谦 六四	坤 六三	师 九二	临 初九

6

卷　首

大畜 上九	小畜 九五	乾 九四	履 六三	无妄 六二	否 初六
萃 上六	豫 六五	坤 六四	谦 九三	升 九二	泰 初九
大有 上九	乾 九五	小畜 六四	中孚 六三	益 六二	观 初六
比 上六	坤 六五	豫 九四	小过 九三	恒 九二	大壮 初九
乾 上九	大有 六五	大畜 六四	损 六三	颐 六二	剥 初六
坤 上六	比 九五	萃 九四	咸 九三	大过 九二	夬 初九

蒙 上九	涣 九五	讼 九四	姤 九二	遁 六二	同人 初九
革 上六	丰 六五	明夷 六四	复 六三	临 九二	师 初六
蛊 上九	巽 九五	姤 九四	讼 六三	否 六二	无妄 初九
随 上六	震 六五	复 六四	明夷 九三	泰 六二	升 初六
鼎 上九	姤 九五	巽 六四	涣 六三	观 六二	益 初九
屯 上六	复 六五	震 六四	丰 九三	大壮 九二	恒 初六

7

过半刃言

姤 上九	鼎 六五	蛊 六四	蒙 六三	剥 六二	颐 初九
复 上六	屯 九五	随 九四	革 九三	夬 九二	大过 初六

艮 上九	渐 九五	遯 九四	否 六三	讼 九二	履 初九
兑 上六	归妹 六五	临 六四	泰 九三	明夷 六二	谦 初六
旅 上九	遯 九五	渐 六四	观 六三	涣 九二	中孚 初九
节 上六	临 六五	归妹 九四	大壮 九三	丰 六二	小过 初六
遯 上九	旅 六五	艮 六四	剥 六三	蒙 九二	损 初九
临 上六	节 九五	兑 九四	夬 九三	革 六二	咸 初六

晋 上九	否 九五	观 六四	渐 九三	巽 九二	小畜 初九
需 上六	泰 六五	大壮 九四	归妹 六三	震 六二	豫 初六
否 上九	晋 六五	剥 六四	艮 九三	蛊 九二	大畜 初九
泰 上六	需 九五	夬 九四	兑 六三	随 六二	萃 初六

8

卷　首

| 上九 观 | 六五 剥 | 九四 晋 | 九三 旅 | 九二 鼎 | 初九 大有 |
| 上六 大壮 | 九五 夬 | 六四 需 | 六三 节 | 六二 屯 | 初六 比 |

| 上九 贲 | 九五 家人 | 九四 同人 | 六三 无妄 | 九二 履 | 初六 讼 |
| 上六 困 | 六五 解 | 六四 师 | 九三 升 | 六二 谦 | 初九 明夷 |

上九 离	九五 同人	六四 家人	六三 益	九二 中孚	初六 涣
上六 坎	六五 师	九四 解	九三 恒	六二 小过	初九 丰
上九 同人	六五 离	六四 贲	六三 颐	九二 损	初六 蒙
上六 师	九五 坎	九四 困	九三 大过	六二 咸	初九 革

上九 噬嗑	九五 无妄	六四 益	九三 家人	九二 小畜	初六 巽
上六 井	六五 升	九四 恒	六三 解	六二 豫	初九 震
上九 无妄	六五 噬嗑	六四 颐	六三 贲	九二 大畜	初六 蛊

9

升 上六	井 九五	大过 九四	困 六三	萃 六二	随 初九
益 上九	颐 六五	噬嗑 九四	离 九三	大有 九二	鼎 初六
恒 上六	大过 九五	井 六四	坎 六三	比 六二	屯 初九
睽 上九	履 六五	中孚 六四	小畜 九三	家人 六二	渐 初六
蹇 上六	谦 六五	小过 九四	豫 六三	解 九二	归妹 初九
履 上九	睽 六五	损 六四	大畜 九三	贲 六二	艮 初六
谦 上六	蹇 六五	咸 九四	萃 六三	困 九二	兑 初九
中孚 上九	损 六五	睽 九四	大有 九三	离 六二	旅 初六
小过 上六	咸 六五	蹇 六四	比 六三	坎 六二	节 初九
小畜 上九	大畜 六五	大有 九四	睽 六三	噬嗑 六二	晋 初六
豫 上六	萃 九五	比 六四	蹇 六三	井 九二	需 初九
未济 上九	讼 九五	涣 六四	巽 九三	渐 六二	家人 初九

上六 既济	六五 明夷	九四 丰	六三 震	九二 归妹	初六 解
上九 讼	六五 未济	六四 蒙	九三 蛊	六二 艮	初九 贲
上六 明夷	九五 既济	九四 革	六三 随	九二 兑	初六 困
上九 涣	六五 蒙	九四 未济	九三 鼎	六二 旅	初九 离
上六 丰	九五 革	六四 既济	六三 屯	九二 节	初六 坎
上九 巽	六五 蛊	六四 鼎	六三 未济	六二 晋	初九 噬嗑
上六 震	六五 随	六四 屯	九三 既济	九二 需	初六 井
上九 渐	六五 艮	九四 旅	六三 晋	九二 未济	初九 睽
上六 归妹	九五 兑	六四 节	九三 需	六二 既济	初六 蹇
上九 家人	六五 贲	九四 离	六三 噬嗑	九二 睽	初六 未济
上六 解	九五 困	六四 坎	九三 井	六二 蹇	初九 既济

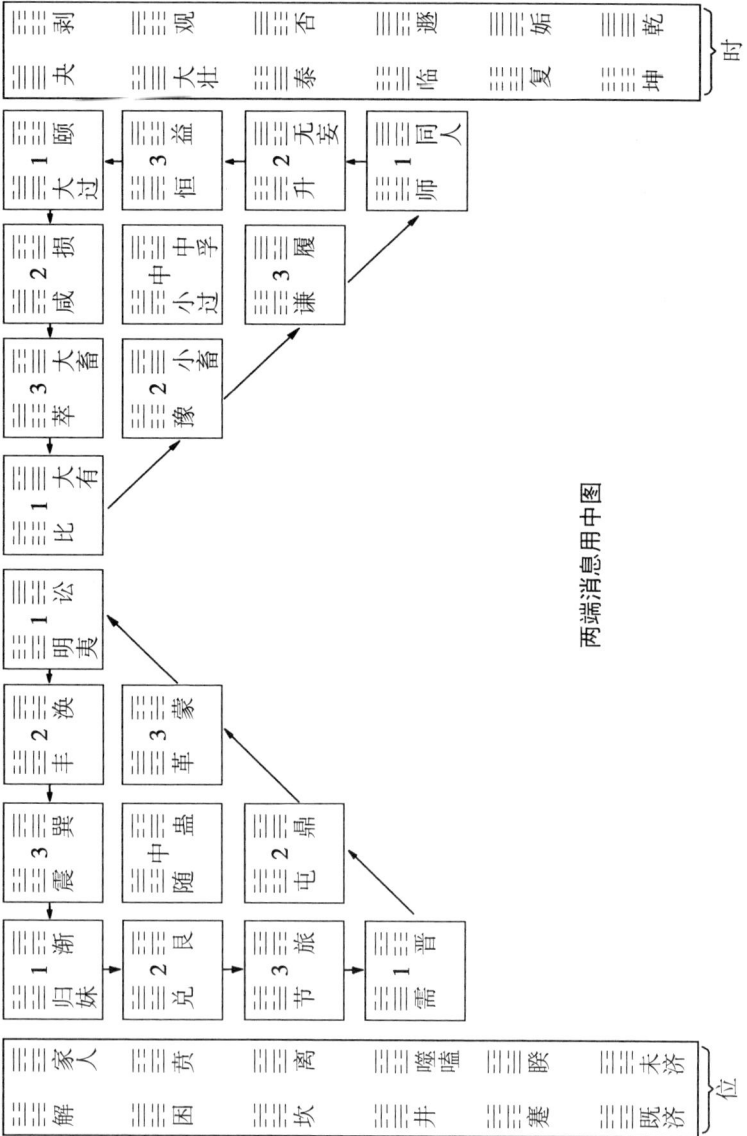

两端消息用中图

卷上（凡二十八卦）

卷上之一　时端消息十二卦

☰乾。元亨利贞。

《彖》上："大哉乾元，万物资始，乃统天。云行雨施，品物流形，大明终始。六位时成，时乘六龙以御天。乾道变化，各正性命，保合太和，乃利贞。首出庶物，万国咸宁。"

〇《文言》："元者，善之长也。亨者，嘉之会也。利者，义之和也。贞者，事之干也。君子体仁足以长人，嘉会足以合礼，利物足以和义，贞固足以干事。君子行此四德者，故曰：乾元亨利贞。"

〇《文言》："乾元者，始而亨者也。利贞者，性情也。乾始能以美利利天下，不言所利，大矣哉。大哉乾乎，刚健中正，纯粹精也。六爻发挥，旁通情也。时乘六龙，以御天也。云行雨施，天下平也。"

　　治学贵得其要，治事贵得其当。以得要之学，始能行得当之事。干事以正，庶见其学之有中。学与事，非体用乎。要与当，其鹄的也。体用同源，知行合一，既仁且知，洁静精微，是之谓《周

13

易》欤。观易象之爻本乎卦,即要在卦辞,其思过半。象者体也,而六十四卦莫不本于乾坤。乾坤者,乾元首出,坤顺承天,此《周易》首乾之大义。然则乾卦卦辞,非要中之要,全《易》之纲领乎。

夫易道三才,乾之元亨利贞,于天曰四时,于地曰四方,于人曰四德。元之为言,春也、东也、仁也。亨之为言,夏也、南也、礼也。利之为言,秋也、西也、义也。贞之为言,冬也、北也、知也。且元有乾坤,亨分小大,利兼不利焉,贞含吉凶焉。盖不利之贞,凶而已矣。乾坤或息,亨云乎哉。故贞在乎利,亨始乎元。元利者,其时春秋。《春秋》之名,孔子因鲁史而断二百四十二年之史实者也。其位东西,东西之实,万物之总名。万物始生,有不占方所者乎。其德仁义,仁义之理,人道之基。仁以生之,义以成之,犹天地之阴阳柔刚也。而或美利不言所利,义之不知其义,始为充实宇宙之乾元,《易》之体似矣。

《系》上曰:"神无方而《易》无体。"神者,阴阳不测之谓。《易》者,阴阳生生之谓。测不测之道,体无体之元。一阴一阳,乾坤生生。杂九六之变化,至赜至动。兼三才而两之,六爻乃备。发挥旁通,爻者用也,用得其当,其象既济。故乾元用九,坤元用六。亨而利之,以济失位之未济。利而贞之,以定正位之既济。云行雨施,六龙御天,出庶物,宁万国,《易》之用在矣。

坤。元亨,利牝马之贞。君子有攸往,先迷后得主。利西南得朋,东北丧朋,安贞吉。

《彖》上:"至哉坤元,万物资生,乃顺承天。坤厚载物,德合无疆。含弘光大,品物咸亨。牝马地类,行地无疆。柔顺利贞,君子攸行。先迷失道,后顺得常。西南得朋,乃与类行,东北丧朋,乃终有庆。安贞之吉,应地无疆。"

○《文言》:"坤至柔而动也刚,至静而德方,后得主而有常,含万物而化光。坤道其顺乎,承天而时行。"

乾有四德,坤亦有四德,其辨甚微,其致大异。差以毫厘,失以千里,君子宜观其几。惟乾德之美利,是之谓无不利。坤德逊焉,逊于有利有不利。有不利焉当避之,避于不利而趣于利。贞以守之,则二元始生。小大咸亨,于乾坤何入而不自得。惜有非美利而以为美利者,非无不利而以为无不利者,有不利而不知避者。日日往之,时时陷之,贞不利而守之,何能起元。有不迷者哉,有不凶者哉。夫无不利一,利不利二,阳一阴二,此之谓也。《易》曰:"坤,元亨,利牝马之贞。"牝马者,马象健,同乎乾,牝象顺,同乎坤。玄牝之门,是谓天地根,老子之知雄守雌,非牝马之贞乎。不敢为天下先,何往而不得,尚有先迷之失耶。故君子之往也,于乾坤四德之辨,乃当务之急。若夫利不利之几,时位而已矣。《易》曰:"君子有攸往,先迷后得主,利西南得朋,东北丧朋,安贞吉。"究西南之位,于后天属坤。坤时行其所,二阴同类,得朋焉。得朋以言兑义,不亦利乎。又东北之位,于后天属艮。坤时行其所,失阴类而从阳,丧朋焉。丧朋以生震仁,贞下起元之象,不利而能之乎。承天时行,得丧咸宜,有主之往也。往乎往乎,有美利焉。后乎后乎,其至理焉。柔乎柔乎,有动刚焉。静乎静乎,有妙道焉。坤以藏之,安贞之吉也。

䷫姤。女壮,勿用取女。

《彖》下:"姤,遇也,柔遇刚也。勿用取女,不可与长也。天地相遇,品物咸章也。刚遇中正,天下大行也。姤之时义大矣哉。"

乾消而姤,坤元遇乾元之谓。凡乾元主外,坤元主内,宜阳息至四始曰"大壮",阴仅消初已曰"女壮"。若阳息复初,尚小而勿用,阴在内卦,何壮之有。阴消至四,似盛而实以九五大观为主,一阴在外,女能壮乎。夫壮者盛也,阳盛防其伤,伤则未能决阴。阴盛惕其长,长则阳遯而否,不善莫大焉。曰"勿用取女"者,指复小言。盖阴阳壮盛之位不同,未壮之男可取已壮之女乎。况咸亨而咸章,品物耳。其与咸宁,首有出入之异。明辨而善处之,疾斯可免。君子其慎旃,其勉旃。

䷗复。亨,出入无疾,朋来无咎。反复其道,七日来复,利有攸往。

《彖》上:"复亨,刚反。动而以顺行,是以出入无疾,朋来无咎。反复其道,七日来复,天行也。利有攸往,刚长也。复,其见天地之心乎。"

读《易》而未知阴阳,犹未入门也。知阴阳而未知消息,入门而犹未登堂也。知消息而未知刚反之复,登堂而犹未入室也。知复亨而未知出入无疾之心,虽入室而犹未得其实也。夫人参天地,天地之心犹人之心,然未参天地者不与焉。此或去或存,几矣微矣。去者当复而存之,求放心之谓也。存者当存而又存,性乃道义之门也。君子之觉者,觉此耳。出以自觉,入以觉人,因时出入,何疾何咎。反复其道,以七日之氤氲;朋来临大,以八月之辟阖。七七著德之神,八八卦德之知,备圆神方知,以观九六爻用之变。四象天行,五十非其中心欤。有心无疾,其往尚有不利者哉。

䷠遯。亨,小利贞。

《彖》下:"遯亨,遯而亨也。刚当位而应,与时行也。小利贞,浸而长也。遯之时义大矣哉。"

16

大道有不议而知者，天理有不辨而明者。心及非非，绝之有得；事遇不决，舍之可成。是之谓丧我，是之谓遯亨，达人之思，大人之知也。常人而不善学，未免有消沉之弊，放浪之失，故小者不可不利贞。不然我未丧，而以吾非我，否塞之象成矣。《易》曰："遯亨，小利贞。"亨者非小，利贞非大，时行之义，可忽其小大乎。

䷒临。元亨利贞，至于八月有凶。

《彖》上："临，刚浸而长。说而顺，刚中而应，大亨以正，天之道也。至于八月有凶，消不久也。"

一阳初生，潜龙勿用，复卦也。浸长二阳，见龙利见，临卦也。有复、临之刚浸长，势有姤、遯之柔浸长。浸长同，刚柔不同，临遯之辞乃异。遯亨在五，未得时不言元；临亨在二，得时曰元亨。遯二戒其上消，曰小利贞；临二勉其亨五，为利贞。二五之大人利见，由临而屯。以刚中临事，亨人物以正，天之道也。勿恒屯难，竭心力而为之；知八月有凶，尽说顺以避之。夫阴阳之理，有息必有消，有消必有息。知此理者，阳也息也；不知此理者，阴也消也。幸临二已知凶，君子能顺乎天理也。庐不剥不已，非小人不知而妄作乎。《易》曰："临，元亨利贞，至于八月有凶。"通乎消息之谓也。

䷋否之匪人，不利君子贞，大往小来。

《彖》上："否之匪人，不利君子贞，大往小来。则是天地不交而万物不通也，上下不交而天下无邦也。内阴而外阳，内柔而外刚，内小人而外君子，小人道长，君子道消也。"

何谓匪人，不仁而已矣，绝天地之交，塞阴阳之应。凡交通应与,息阳之事,仁者之心也;绝之塞之,消阳之事,不仁者之心也。若否之为象,来小以往大,长阴以消阳,主柔以忌刚,尚裂以灭通。其心险,其情忮,其志邪,其行悖,非否之匪人乎。于君子之贞,何利之有,然不利而不可不贞,此否之所以难处也。否泰反类,永无或已,泰能长保而不否乎,否有不倾而长塞乎。悟此消息之理,贞下自然生元。以元气观之,贞之利不利何必介意焉。奈小知小年者,其可语此乎。

䷊泰。小往大来,吉亨。

《彖》上:"泰。小往大来,吉亨。则是天地交而万物通也,上下交而其志同也。内阳而外阴,内健而外顺,内君子而外小人,君子道长,小人道消也。"

息阳复临泰,小往而大来矣。三阴三阳,天地相交,天气位下而上升不已,地气位上而下降不已。上下相合,阴阳相顺。其象纯,其思诚,其志和,其行正,春气皓晞,仁道亹亹。际此者,命软,缘软,何其幸哉。而人有不知其幸者,有欲其反否者,何其不知,何其不仁。亦自然之理乎,抑人事之过乎。

䷓观。盥而不荐,有孚颙若。

《彖》上:"大观在上,顺而巽,中正以观天下。观,盥而不荐,有孚颙若,下观而化也。观天之神道而四时不忒,圣人以神道设教而天下服矣。"

观而盥,尚诚也。观而不荐,不尚玉帛也。用大牲,用二簋,萃损之时不同,其盥一也。观盥之孚,孚及萃涣,化及损益。阴阳不测,不问时之变,一阴一阳,不知位有易。六位时乘,岂为时位所乘,是之谓大观,是之谓颙若。求教而设教,下自然而化。明其自明,性其自性,不服之服,天下可服。《易》曰:"观,盥而不荐,有孚颙若。"得一之象也。

䷡大壮。利贞。

《彖》下:"大壮,大者壮也,刚以动,故壮。大壮利贞,大者正也,正大而天地之情可见矣。"

悲哉,秋之为气也;壮哉,义之为主也。自强是务,刚可不动乎;纯阳可期,泰可不息乎。正大之理,利贞性情,悲壮慷慨,疾恶如仇。《易》曰:"大壮,利贞。"情之愊者也。

䷖剥。不利有攸往。

《彖》上:"剥,剥也,柔变刚也。不利有攸往,小人长也。顺而止之,观象也。君子尚消息盈虚,天行也。"

消息盈虚,天行之自然,顺之为是,逆之为非。然人之为人,贵乎有情。情之于消息,当是息而非消,是生而非死,此非谓贪生,谓不当无端以觅死。盖易道尚生,凡生息而盈,莫不利,复曰"利有攸往",息至夬,又曰"利有攸往"。死消而虚,至剥为极,乃曰"不利有攸往"。圣人之情见乎辞,此其一端也。故顺乎自然者,息则安之,消则忧之,见人之日趋于死而莫之知避,能不忧之乎。忘情而不忧,非君子也,忧之而不尚天行,亦非君子也。若此忧之之情,锲而不舍,殊可顺止剥消之欲。圣人忧患作《易》,非目睹此剥象乎。反硕果而复生,悟出入无疾之理,情其性矣夫。

☰ 夬。扬于王庭,孚号有厉。告自邑,不利即戎,利有攸往。

《彖》下:"夬,决也,刚决柔也。健而说,决而和。扬于王庭,柔乘五刚也。孚号有厉,其危乃光也。告自邑,不利即戎,所尚乃穷也。利有攸往,刚长乃终也。"

伏羲氏作卦以垂教,阴阳消息之理备矣。周流六虚,日月可观,始一阳生之冬至,继一阴生之夏至。喜哉,生明之新月;惧哉,生魄而丧明。天一生水,震生而复;地二生火,巽入而姤。一六二七,河图有序,乾南坤北,先天所布,此非伏羲类物之情乎。三代之《易》,唯《周易》循乾坤尊卑之道,《系辞》生扶阳抑阴之理。剥而坤,上位虽当,而其往不利;夬而乾,上位虽失,而其往有利。贵七日之复,防八月之凶,戒女壮之姤,美几望之月,此非文王首乾之情乎。健为势基,时重于位,天行终始,六位其旋。《杂卦》终夬,上出无已,君子当长,小人其消,此非孔子赞《易》之情乎。夫易道消息而始于息,乾坤周流而一于乾。有待而无待,相对而绝对,圣人之心,岂情之偏,有性存焉。柔乘刚与柔承刚,可同日而语哉。若夬之柔乘五刚,以观五阳之所为,一有王庭可扬,二有自邑可告。不利即戎之穷,大明有厉之号,其号孚,其行和。顺时而决,乃乘刚者自决,刚未尝决之,利有攸往,不亦宜乎。反观剥之五柔承刚,惜承而不顺,有贯鱼争宠之祸,其可扬于王庭者乎。自邑中其剥不已,莫不有切肤之灾,尚可告乎。所告者,即戎而已矣,能不穷乎。所号者,剥床而已矣,能有孚乎。厉而危,自危而已矣,光其危于天下,其往尚有利乎。故剥曰:"不利有攸往。"违时之消也。夬曰:"扬于王庭,孚号有厉,告自邑,不利即戎,利有攸往。"顺时之息也。或剥而顺时,硕果自然有反生之理,处夬而有不时之位,亦何辨乎剥耶。

卷上之二　位端消息十二卦

䷾既济。亨小,利贞。初吉,终乱。

《彖》下:"既济,亨,小者亨也。利贞,刚柔正而位当也。初吉,柔得中也。终止则乱,其道穷也。"

无鹄的而射,天下皆羿也。无仁义之道,天下皆圣也。无定位而变,天下皆之既济也。其可乎哉,不可也。盖太极之象已生生焉,太和之象犹未至焉。于六十四卦之赜,可无所准则乎,无所贞一乎,实非既济而谓之既济可乎。唯其一阴一阳之道,定位于利贞,乃得此为是,违此为非,是以劝之,非以变之,循循善诱,殊途同归,既济之亨小也。至若既济之理,瞬息万变,主天道以适于人事耳。远而深则艰,艰则畏而不敢从,近而浅则泄,泄则昵而不屑从。不敢不屑,能适人事乎。故既济者,中天下而立,正天下之道,不偏不易,不执不凝,道无不善,理无不仁,凡有血气者孰不愿一心从之。既济之为德,其天则之谓乎。然天则之基,仍瞬息万变,或忽其变而止之,则昔日之天则有不为今日之失则乎,昔日之至德有不为今日之乱德乎。《易》曰:"既济,亨小,利贞,初吉终乱。"谓初贞而终于贞下起元,乱乃可免。又既济与遁同曰"亨小利贞",然遁之为义,刚遁而亨,柔则利贞,故其亨非小,利贞非大。既济者,柔中初吉,其亨非大,起元不乱,利贞非小。乃遁当亨字断句,既济当小字断句,其几微之义,不亦妙哉。然非孔子之《彖》,孰能玩辞如是之精耶。

䷿未济。亨,小狐汔济,濡其尾,无攸利。

《彖》下:"未济,亨,柔得中也。小狐汔济,未出中也。濡其尾,无攸利,不续终也。虽不当位,刚柔应也。"

有既济而有未济,有彼岸而有此岸。有济者之是,始见未济者之非。然既济有终止之乱,其亨犹小;未济有不当位之应,其亨实大。夫否实不交,非之未济,何能交而应之。应之未当,犹可当之,奚若不交之自绝于应乎。故否而未济,大人之亨,乾元之精,元亨之大者也。《易》曰:"未济亨,小狐汔济,濡其尾,无攸利。"间曰"未济亨小",于既济曰"既济亨小",辞未见有异,象皆谓柔中耳。然既济当二,未济当五,五者有其大,乃于既济曰:"既济亨,小者亨也。"于未济曰:"未济亨,柔得中也。"且以小字属下句,曰:"小狐汔济,未出中也。"义谓未出中之小狐当济而未济,水中濡尾,何利之有。宜汔济而未能济,则小亨且不能得,何大亨之有,盖困于未济者也。至于未济柔得中之亨,非既济之"亨小",犹大有之"元亨"也,即此"小"字之异句,庶见孔子读《易》之神,韦编三绝有以也,玩辞者宜详思之。再者未济而既济,未济之亨,犹既济之亨小也,然小狐犹未能济之。既济而未济,既济之终乱也,然大人能起元以化之。贞元而不乱,亨小有其大,其未济柔得五中之大亨乎。大小互根,既未倚伏,惟贵大亨终始之天行,故《序卦》不终既济而终未济也。终未济者,何往而不通,何入而不自得,物不穷而穷之,道未正而正之,觉人无穷,济人无穷,理无已而有已,行有已而无已,是非未济之大德,终未济之大义欤。

䷦蹇。利西南,不利东北。利见大人,贞吉。
《彖》下:"蹇,难也,险在前也,见险而能止,知矣哉。蹇,利西南,往得中也。不利东北,其道穷也。利见大人,往有功也。当位贞吉,以正邦也。蹇之时用大矣哉。"

22

人之一生永无蹇难者,盖亦鲜矣。故君子不贵无蹇,贵能遇蹇而化之耳。究夫险难之来,有当待其自化者,需是也。有当动以化之者,屯是也。有当止以化之者,此蹇难是也。曰止以化之者,宜若禹之治水然,利其流而流之,因其势而导之。知之不凿,行其无事,洪水犹治,况寻常之蹇难乎。虽然蹇有大小,化之之理则一,外得师友之助,内守贞正之止。勉其止而顺之,利西南之得朋也;戒其止而不化,不利东北之丧朋也。化蹇由小而大,正己有以正邦,三折肱可为良医,多外患足以兴国。《易》曰:"蹇,利西南,不利东北,利见大人,贞吉。"祸中藏福之象也。

䷥睽。小事吉。

《彖》下:"睽,火动而上,泽动而下,二女同居,其志不同行。说而丽乎明,柔进而上行,得中而应乎刚,是以小事吉。天地睽而其事同也,男女睽而其志通也,万物睽而其事类也,睽之时用大矣哉。"

人物之际曰事,事有大小,各适其宜。大事者,下而上通乎道者也;小事者,上而下辨乎器者也。器尚象而制,象因器而见,象万变不同,器亦万变不同。不同而辨之,器器有用,事事有当,物尽其用,器当其理。夫睽之为义,各视其所视,各思其所思,各行其所行,各得其所得,能不争乎,能不乖乎。然其象之异,实各当其器,争而分之,辨而精之。精之至,庶得理事之几,以探易象之原,有不合乎,有不一乎。乃睽同而志通,事类而显用,《易》曰:"睽,小事吉。"睽之善也。或不善观象,处大事以睽,则琐琐之辨,孑孑之义,能入志道者之耳乎,尚何吉之有。反则处小事不以睽,其何以见层层之蕉心,开物利器之妙用哉。

䷯井。改邑不改井,无丧无得,往来井井。汔至亦未繘井,羸其瓶,凶。

《彖》下:"巽乎水而上水,井,井养而不穷也。改邑不改井,乃以刚中也。汔至亦未繘井,未有功也。羸其瓶,是以凶也。"

相地造邑,连邑开国,可谓根于地者也。然国有可迁之道,邑有可改之宜,迁之改之,未闻并及于井。又坤地之气,尚有得朋丧朋之位,乃亦何碍于井,岂得朋有泉,丧朋无泉乎。盖井之为德,体而一之,不知有迁改,何论乎消息。虽沧海桑田难免成毁,然何时不可得,何地不可成。成于此,毁于此,立地之坚定,中乎消息而不变,有甚于井者乎。其好迁善改者,趋时易位者,尚知有井德乎,闻之能无羞乎,能无愧乎,何不以之为戒。且井德如是,用之者其可无德乎。无德者,掘地不及泉,一也。及泉而未瓷,二也。瓷而无繘以汲,三也。汲而繘短则汔至与未繘同,四也。繘长而不知所以收,将羸瓶而瓶毁,五也。功未成,过已得,不亦凶乎。《易》曰:"井,改邑不改井,无丧无得,往来井井,汔至,亦未繘井,羸其瓶,凶。"美井之至德,然惟有德者始能用之云。

䷔噬嗑。亨,利用狱。

《彖》上:"颐中有物,曰噬嗑。噬嗑而亨,刚柔分,动而明,雷电合而章,柔得中而上行。虽不当位,利用狱也。"

人相食何为乎,争名乎,夺利乎,非禽兽之争食乎。幸人之知,有知于禽兽者。皋陶用狱,其然乎否乎。用狱以去兽性之相食,不亦有利乎。若用狱之道,明以见人禽几希之辨,动以获在田横逆之禽。其动也,如雷声之惊天振地,其明也,如闪电之直射人心。动而明,以去人貌而禽心者,噬嗑之亨也。然以人治人,改而止,帝德罔愆,临下以简,御众以宽,罚弗及嗣。或有违此而用狱者,有相食之惨更起于狱者乎。譆,未见大禹下车之泣,反思汉高三章之约,噬嗑尚能亨乎。得黄金得金矢而不知,则毒能不遇乎。盖用狱之道,不当位而位之,圣贤所不得已者也,岂好为之哉,岂妄为之哉。

䷜习坎。有孚,维心亨,行有尚。

《彖》上:"习坎,重险也。水流而不盈,行险而不失其信。维心亨,乃以刚中也。行有尚,往有功也。天险不可升也,地险山川丘陵也,王公设险以守其国。险之时用大矣哉。"

天一生水,有心乎,无心乎。曰有心,其为道心乎,为人心乎。曰道心,道心惟微,退藏于密,精一允中,其坎中之一阳乎。惟其惜而重之,人心不期而见。惟狂克念作圣,人心犹道心;惟圣罔念作狂,道心化为人心。克罔之间一瞬耳,不亦几乎。天堂地狱,一瞥而已矣,烦恼菩提,一念而已矣。一念一瞥,世事咸集,一瞥一念,万物屯盈。维心之孚也,道心之微也,保合太和之谓也。坎窞之陷也,人心之危也,否塞匪人之谓也。心斋集虚,经纶以感,人心盈而不盈,行险以孚遯鱼。然则习坎重险,何忧何惧,何患何悲。既险而险之,已习而习之,习而孚之,孚而亨之,亨而行之,行而尚之。尚否泰反类之行,亨刚中乾元之孚,不习而习,习而不习。《易》曰:"习坎有孚,维心亨,行有尚。"洗心之谓也。

䷝离。利贞,亨。畜牝牛,吉。

《彖》上:"离,丽也。日月丽乎天,百谷草木丽乎土,重明以丽乎正,乃化成天下。柔丽乎中正,故亨。是以畜牝牛,吉也。"

曷谓离,离也,丽也。涣离于坤,附丽于乾,离象乃成。离而丽之,丽贵于正。闻出于幽谷迁于乔木者,未闻下乔木而入于幽谷者。而或未正,可云明乎。而或未中,可云仁乎。而或未是,可云知乎。而或未得,可云勇乎。耻之学之,行之宗之。其于正也,莫利焉,其于明也,莫文焉。黄裳而黄离,牝马而牝牛,柔中之柔,顺中之顺,亨之畜之,养之化之,尚有不吉者乎。惜有未正而亨之者,若突如来如,明乎暗乎,达乎困乎,何亨之有,何吉之有。《易》曰:"离,利贞,亨,畜牝牛吉。"亨后于贞,其离象之几乎,丽之之理乎。

䷮困。亨,贞,大人吉,无咎,有言不信。

《彖》下:"困,刚揜也。险以说,困而不失其所,亨,其惟君子乎。贞大人吉,以刚中也。有言不信,尚口乃穷也。"

困有亨乎,无亨乎。有亨则何困之有,悲其无亨,乃痛苦无告,呼号无门。天地虽大,竟无容身之处,大涂径路虽多,实无一道可通。束缚重重,委顿恤恤,困之为象,非如是乎,尚可言亨哉。然圣人系辞曰"困,亨",可云大妙,此圣人之情也。夫困固无亨,无亨而不之亨,将自甘困顿终身乎。故象虽无亨,宜变而亨之,所以舒其郁塞,解其灾厄,开其自闭之门,通其自阻之路。天之生人,岂必欲困之哉。《易》曰:"困,亨,贞,大人吉,无咎,有言不信。"所以明亨之之理。观夫大人者,与天地合德,其困已解,亦不欲人之困,故困而准之法之,体之行之,吉且无咎,困其亡矣。而或执言而信之,忘乎义之所在。不信而不行,忽乎仁之所近。则知一不知二,知此不知彼,知经不知权,知常不知变,大人亦无如之何焉,此其所以困欤。

䷕贲。亨小,利有攸往。

《彖》上："贲，亨，柔来而文刚，故亨。分刚上而文柔，故小。利有攸往，天文也，文明以止，人文也。观乎天文以察时变，观乎人文以化成天下。"

贲者何，文也。文者何，物相杂也。物者何，阳物阴物也。阳物者何，乾天也。阴物者何，坤地也。相杂者何，阴阳物之合德也。故经纬天地，是之谓文，宜乾坤二卦独有《文言》。夫乾坤者，阴阳物之纯质也。以质丧文，乾坤乃裂，首乾首坤，其争无已，《易》云乎哉。以文灭质，未见天地之纯，杂而不当，郁郁云乎哉。若贲之为象，非有质之文乎，从周之谓乎。曰《诗》、《书》、《礼》、《乐》者，文也。绘事后素，其元在质，以质而亨，小大宜兼。分阴分阳，文柔文刚，富贵贫贱，夷狄患难，君子无入而不自得焉。利往以文天，反身以文人，人文文天，天文文人。天人相生，人天相文，其变不已，其贲不已，化成天下之道，其有已乎。已之而败，一之而穷，言妙万物，贵乎有神。或执贞一之文者，其何以见贲亨之至理哉。

䷧ 解。利西南。无所往，其来复吉。有攸往，夙吉。

《彖》下："解，险以动，动而免乎险，解。解，利西南，往得众也。其来复吉，乃得中也。有攸往，夙吉，往有功也。天地解而雷雨作，雷雨作而百果草木皆甲坼，解之时大矣哉。"

知以藏往，元藏于贞，神以知来，解贞显仁。夫阳陷坎水，其知乎险乎，贞乎仁乎。唯其未解，仁而不知其为仁，不仁不知，不亦险乎。贞之以知险，来之以复元，终始贞元之际，于解象见矣。故解之为义，解其藏而神其来，去其知而观其仁。坤藏西南，解之有利，究其所藏，解之有道。盖藏有无元、有元之辨，元有无往、有往之分,无元贞凶,有元贞吉。慢藏冶容者,无元之诲盗诲淫耳,势将自灭,不足言解。若有元之藏,其藏愈富,大无所大;其藏愈久,往无所往。有实而无乎处者,莫大之宇也;有长而无本剽者,莫久之宙也。藏天下于天下,解宇宙于宇宙,时行物育,来复而吉,此自然之解也。曰有往者,未富者富之,未久者久之。富之久之以养其元,藏器待时以动其元。此藏元于物,解物以器,凤吉之功,非人事之解乎。《易》曰:"解,利西南,无所往,其来复吉,有攸往,凤吉。"坎险之难解矣。

☳ 家人。利女贞。

《彖》下:"家人,女正位乎内,男正位乎外,男女正,天地之大义也。家人有严君焉,父母之谓也,父父子子,兄兄弟弟,夫夫妇妇而家道正,正家而天下定矣。"

女不贞于内,男将不正于外,王不假家,明有不伤者乎。哀哉痛哉,艰贞之明夷生焉,内外相伤,贞云乎哉。故艰贞以利女贞,女贞可免艰贞,内外各正,风自火出,其明不已,尚有晦乎。《序卦》以家人继明夷,"艰"与"女"一字之异,阴阳之大义,治乱之消长,胥在矣。神哉其笔,妙哉其象,家乎家乎,人之本乎。亲之正之,近之齐之,身之应之,济之大之,正家而天下尚有不定乎。或丧家而无所归者,其尚艰而未贞乎,废家以治天下者,不谓之异端可乎。

卷上之三　阴阳刚柔用中四卦

☴ 中孚。豚鱼吉,利涉大川,利贞。

《彖》下:"中孚,柔在内而刚得中,说而巽,孚乃化邦也。豚鱼吉,信及豚鱼也。利涉大川,乘木舟虚也。中孚以利贞,乃应乎天也。"

无妄曰诚,中孚曰信。乾二存诚,乾三立诚,二三变,乾成无妄,诚也。乾三四皆曰重刚不中,日乾夕惕,反复行事,或跃在渊,疑而不疑,三四变,乾成中孚,信也。由无妄上旋初,亦成中孚。夫三四人道,变则阴阳感格,气其行焉。卦气起中孚,其人气以通天地之气之谓乎。其气诚信,其孚有中,诚合外内,孚及一切。身备万物,尚何物不包,豚鱼之化,推恩之功也。亲亲仁民,仁民爱物,以诚信而往,何有乎大川。乘桴浮海,虚舟敖游,利其天而应之,贞其气而一之。天下醇醇,宇宙熙熙,信之为德,其至矣乎,其四德之中乎。《易》曰:"中孚,豚鱼吉,利涉大川,利贞。"乾元流行之象也。

☲☶ 小过。亨利贞,可小事,不可大事。飞鸟遗之音,不宜上,宜下,大吉。

《彖》下:"小过,小者过而亨也。过以利贞,与时行也。柔得中,是以小事吉也。刚失位而不中,是以不可大事也。有飞鸟之象焉。飞鸟遗之音,不宜上,宜下,大吉,上逆而下顺也。"

小过之辞,其兑与暌之合乎。兑亨而利贞,小过亦然,彼以说之,此以过之。说之者,得时而行,虽苦犹乐;过之者,趋时而行,虽乐犹苦。苦乐之情不同,其实则一。过以小亨,归乎利贞,犹暌之小事吉云。《易》曰:"小过,亨,利贞,可小事,不可大事,飞鸟遗之音,不宜上,宜下,大吉。"夫飞鸟遗音,宜下,可小事也。不宜上,不可大事也。下而不上,顺而不逆,象而形,其器备,小事之大吉也。谓过其形下以见过不及之中,见而得之,过物而济也。《序卦》以既济继小过,不亦大异于大过之将陷坎窅乎,然则小过而可为大事以自灭于大过乎。又过之小大,以应畜之大小,过贵由大而小,畜贵由小而大。大畜其德,改大过而小之,观过知仁,宜下大吉。天下事物,其庶几矣。

䷐随。元亨利贞,无咎。

《彖》上:"随,刚来而下柔,动而说,随。大亨,贞无咎,而天下随时,随时之义大矣哉。"

有阴有阳,有先有后,有上有下,有作有述,此《易》之两仪。夫随之为象,阴也,后也,下也,述也。阴以归阳,其元不二;后以从先,其道不迷;下以亲上,其首不濡;述以准作,其思不乱。随之为德,至理存焉。然阳当具无首之则,先宜有相错之容,上必备厚下之恕,作已得易简之真。或其德未全,人能随之乎,况未见其全而随之,岂至理之随德。《易》曰:"随,元亨利贞,无咎。"谓四德未足而言随,咎亦多矣。一言以蔽之,随者随时,孔子述而不作,圣之时者也。

䷑蛊。元亨,利涉大川。先甲三日,后甲三日。

《彖》上:"蛊,刚上而柔下,巽而止,蛊。蛊,元亨而天下治也。利涉大川,往有事也。先甲三日,后甲三日,终则有始,天行也。"

大块噫气,其名曰风,起于西南,阻于西北。阻而作风,落山回荡,飘智飙扬,滂薄万窍,呺万物挠。人遇之而病,家遇之而散,国遇之而亡,天下遇之而乱。皿中虫生,祸起萧墙,浸润之谮,肤受之愬,动天地,泣鬼神,蛊惑之事,可不敬之乎,可不正之乎。敬而正之,乾元出矣,元亨而往,何惧乎蛊事,何畏乎大川。病者愈在其中,散者聚在其中,亡者兴在其中,乱者治在其中。夫唯病病,是以不病,多难兴邦,治乱相循。先后甲之七日来复,消息终始之天行,元亨而天下治,肖子之善干其父母之蛊也。《易》曰:"蛊,元亨,利涉大川。先甲三日,后甲三日。"明干事之道也。

卷下（凡三十六卦）

卷下之一　周流六虚本末
二五十二卦

䷌同人于野。亨,利涉大川,利君子贞。

《彖》上:"同人,柔得位得中而应乎乾,曰同人。同人曰,同人于野,亨。利涉大川,乾行也。文明以健,中正而应,君子正也。唯君子为能通天下之芯。"

　　人同此心,心同此理。凡有血气者,莫不尊亲,痛此理为心所蔽,此心为物所引。见外物憧憧之人心,丧天理动贞之道心。大过栋桡,匪人否塞,此人伦之所以颠,人事之所以乱,而有待乎得此理之君子有以同之。《序卦》继同人于否,其义深矣。若同人之道,由亲及疏,由近及远,亲亲仁民,仁民爱物,通天地之变,放四海而准。何坚不摧,何攻不克,躬行之君子,莫不有利。惟任重道远,其一宜明,故利之尤不可不贞之也。《易》曰:"同人于野,亨,利涉大川,利君子贞。"夫君子终身以行同人之志者,其见龙之大人乎。

䷆ 师。贞，丈人吉，无咎。

《彖》上："师，众也，贞，正也，能以众正，可以王矣。刚中而应，行险而顺，以此毒天下而民从之，吉又何咎矣。"

人之所以为人，别于禽兽耳，此神圣之功，然其间之辨几微者也。有形虽离象尚有未离者，口已熟食心尚未大化者，其言行犹同乎畜类者，圣贤不得已有狱有师。于《周礼》师为夏官，后世曰兵部，狱为秋官，后世曰刑部。此二官皆以正人，而禽兽者，春官以礼养蒙，不足以化之，师狱之道成矣。狱属噬嗑卦，师即此师卦云。夫师之为道三，一曰众，众则是非易明，孟子曰："民为贵。"不以众志，何以成行师之功。二曰贞，贞则正义也，定以正，正众以众正，正则众莫不正，正莫不众，上下一心，天下王矣。三曰丈人，丈人者，具大人之德，而其齿长。唯大人齿长，其仁心亦长。师必以丈人帅之者，仁其事，哀其民也。盖行师犹医疾，众人之生死所系，可不重之乎。《易》曰："师，贞，丈人吉，无咎。"吉始无咎，明三道之不可缺一也。

䷚ 颐。贞吉，观颐，自求口实。

《彖》上："颐，贞吉，养正则吉也。观颐，观其所养也。自求口实，观其自养也。天地养万物，圣人养贤以及万民，颐之时大矣哉。"

颐者，养生也，以合阴阳之和，以健刚柔之行。小以健体，中以健心，大以健人。健体以养寿，健心以养理，健人以养性。养内以养外，养外以养内，自养而养人，养人而自养。不以欲戕身，不以情灭性，不以私忘义，不以命绝性。颐养如是，庶可无憾乎。

☰ 大过。栋桡,利有攸往,亨。

《彖》上:"大过,大者过也。栋桡,本末弱也。刚过而中,巽而说行,利有攸往,乃亨。大过之时大矣哉。"

舍本逐末,末未可持,遇有力者,犹可倒其本末。此亲上亲下之异,形上形下之辨,易象曰综。见龙之易位,从类变通,固有所宜,安知逐末之非从本乎。故其行有主,虽末犹有可说也。若甚于此者,本舍而末亦未逐,上下割绝,本末皆弱,乃阳气闭塞于中,非窒息而死,必崩溃而亡。此大过之德,棺椁之象也,尚有生气乎哉。然生而将死,其气未已,势将汹涌澎湃,不择而流,以屋为喻,栋桡之谓也。幸见栋桡,知其人犹未死也,其气犹未断也。耿耿之心,尚可往,尚有利亨,大过之象在此一桡耳,几可失乎。由桡而隆,由隆而折,其可必乎哉,其可成败论英雄乎。灭顶者虽上无咎,杀身成仁,舍生取义,大过之时大矣哉。《易》曰:"大过,栋桡,利有攸往,亨。"有志之士,其可束手待毙乎。

☰ 大有。元亨。

《彖》上:"大有,柔得尊位大中而上下应之,曰大有。其德刚健而文明,应乎天而时行,是以元亨。"

有大者小,主刚者柔,天下之至柔,驰骋天下之至坚。无为而无不为,乾元之始亨也。有为而何以为,刚健而文明也。天何言哉,人何执焉,时焉时之,位焉位之,应焉应之,行焉行之,顺纷若之消息,悟四德之专一,如是而已矣。《易》曰:"大有,元亨。"魂其归些。

☰ 比。吉,原筮,元永贞,无咎。不宁方来,后夫凶。

《彖》上："比，吉也，比，辅也，下顺从也。原筮，元永贞，无咎，以刚中也。不宁方来，上下应也。后夫凶，其道穷也。"

比者，天下归一之象。不嗜杀人者定于一，比之吉也。究夫比之成，师二之五者其形也，复初之五者其象也。有象有形，其形有心，有形有象，其象有质。形象变化以相辅，道器变通以立业，得易简，睹万物，尚化裁，悟先后，非九五刚中之妙乎。不宁云者，其首未出，形而不知象者也。后夫云者，下上未通，器而不知道者也。不宁而来，成象以宁之。后夫而不来，道穷而自凶。或宁或凶，咸其自取，圣人无容心焉。《易》曰："比，吉，原筮元永贞，无咎。不宁方来，后夫凶。"考原筮之义为再筮，犹筮阴阳形象之两端乎。象得其元，乾元用九，形得其贞，用六永贞。原筮元永贞而见天则，何咎之有，避凶取吉，乾元显仁之谓也。

☳ 需。有孚，光亨，贞吉。利涉大川。
《彖》上："需，须也，险在前也，刚健而不陷，其义不困穷矣。需有孚，光亨，贞吉，位乎天位，以正中也。利涉大川，往有功也。"

心与境二乎一乎，二则需之，一则行之。未需而行，其行无主，需而后往，行斯有功。又行不知需，其行何以孚。人必不忘需者之情而行之，其亨乃光。守之贞之，孚之行之，则虽需犹行，虽行犹需。《易》曰："需有孚，光亨，贞吉。利涉大川。"孰能困穷之哉。

☶ 晋。康侯用锡马蕃庶，昼日三接。
《彖》下："晋，进也。明出地上，顺而丽乎大明，柔进而上行。是以康侯用锡马蕃庶，昼日三接也。"

35

家人一卦,备父子兄弟夫妇三伦之情。兑象朋友讲习,其情亦深。若君臣一伦之情,其晋卦之谓乎。夫晋之康侯,有安国之功,柔进上行,君臣无间,观国之光,大明其国,他山之石,为错攻玉。致郅治之世,如日之出地,康侯盖有心之人也。君乃锡马以贵之,蕃庶以富之,三接以亲之。用马健其行,不防其僭也。蕃庶大其类,不疑其众也。三接以昼日,亲不及私也。手足腹心,于斯见之,鱼水相得,于斯喻之。情纯义正,道有不隆乎,民有不治乎,天下何来灾眚,四时何物不成。至矣乎晋昼之明,终日思之,梦寐得之矣。《易》曰:"晋。康侯用锡马蕃庶,昼日三接。"臣道之谓也。

☷☲ 明夷。利艰贞。

《彖》下:"明入地中,明夷。内文明而外柔顺,以蒙大难,文王以之。利艰贞,晦其明也,内难而能正其志,箕子以之。"

人之生也直,直道而行,人莫不安之。人之恶在枉,以直错诸枉而枉者直,人莫不快之。惠风和,慧心调,安之快之。忻然愉然,是之谓明,明出地上,向明之治也。然易道阴阳,有明必有晦,有出必有入,当明入地中,是之谓明夷。夫明既晦焉,君子之直道可行乎,当直而枉之,其心甘乎。不甘而甘之,蒙其明而藏之,不行而行之,晦其直而曲之。曲不违直,蒙不息明,是之谓利艰贞。贞依旧而益以艰,处乱世之难也。难而易之,夷而明之,其文王箕子之心乎。

☵☰ 讼。有孚窒惕,中吉,终凶。利见大人,不利涉大川。

《彖》上:"讼,上刚下险,险而健,讼。讼,有孚窒惕,中吉,刚来而得中也。终凶,讼不可成也。利见大人,尚中正也。不利涉大川,入于渊也。"

　　人喜争讼，何也，各孚其孚而其孚未中耳。夫中孚唯一，偏则数不胜数。约而论之，如情欲，如名利，如智愚，如时势。陷于情欲者，鲜有好而知其恶，恶而知其好，乃欲生欲死之讼，能有已乎。囿于名利者，皆误于为人而不知为己，孚于身外之名利，趋之求之，窃之夺之，尚能无讼乎。若夫智愚，其见各别，象亦不同，惜智愚者，每欲辨一日之是非得失。愚者如是，犹可说也，智者如是，其与愚者之智亦近焉，而讼又咻咻无已。或昧于时势之变者，莫不执一时一势而孚之，然所执必有不同，讼不期而起。当时势有变，所执亦变，奈所执之不同依旧不同，而争讼依旧。凡此四者，非成讼之主乎。有孚而窒，可不惕中以见大人乎。或因执而涉险，终凶而已矣。《易》曰："讼，有孚窒惕，中吉，终凶。利见大人，不利涉大川。"谓当孚中以息讼也。

☳☱　归妹。征凶，无攸利。
《彖》下："归妹，天地之大义也，天地不交而万物不兴。归妹，人之终始也。说以动，所归妹也。征凶，位不当也。无攸利，柔乘刚也。"

　　父以归女，于礼为正。而或父早亡而不及归之者，亦有愆期而不及归之者，幸有长兄代父以归之，是曰归妹。故所归之妹无父之女也，虽未愆期，心已有憾，况或为愆期之妹乎。摽梅之叹，盖亦发乎情而止于礼者。惟郑卫之风难免有征凶焉，倡予和女，俟巷俟堂，溱洧之观，洵讦且乐，出其车门，如云如荼，非说以动乎。若仲可怀兮，犹有所畏，野有蔓草，尚有忌乎。其位不当，何利之有，信誓旦旦，亦已焉哉。遵大路兮，其无及矣。《易》曰："归妹，征凶，无攸利。"戒女耽之不可说也。虽然，归妹之大义，其可废乎，所以凶，其废礼耳。夫帝乙归妹而定其礼，文王象之而垂其教，天地交泰，人道终始，男有分，女有归。归妹者，女之终也，变征凶为征吉，化无利为有利，其终则有始之天行乎。

☶☴渐。女归吉，利贞。

《彖》下："渐之进也，女归吉也。进得位，往有功也。进以正，可以正邦也。其位，刚得中也。止而巽，动不穷也。"

　　渐与咸之辞宜并玩之，皆言婚姻也。咸主男以取女，渐主女以归男。女归犹坤元之亨，待男而行，不亦吉乎。归而利贞，宜其家人也。《易》曰："渐，女归吉，利贞。"夫正家以正国，正国以正天下，而天下定矣。家人利女贞，非基于渐之女归乎。女归以正，其往有功，简狄开殷，姜嫄开周，其德不亦渐乎，德厚流长，其可忽乎。若太姜与太王迁徙之谋，太任淡嗜欲以重胎教之心，太姒思齐思媚以嗣徽音之勤，刑于之教，周其至矣乎。以《关雎》之咸速，法渐动之不穷，咸虚以受人，鸿渐于六位，和为贵，敬为是，不显亦临，无射亦保，非渐之贞乎。

卷下之二　周流六虚中互
上下参十二卦

☰☳无妄。元亨利贞。其匪正有眚，不利有攸往。

《彖》上："无妄，刚自外来而为主于内，动而健，刚中而应，大亨以正，天之命也。其匪正有眚，不利有攸往，无妄之往何之矣，天命不右行矣哉。"

　　坤息临二阳，足以有为，四德同乎乾坤。乾消遯二阴，八月有凶,乃邅上旋初,犹刚反而复,卦成无妄,无妄四德亦同乎乾坤。临四德曰天道,自然之消息,无妄四德曰天命,消息之变化。夫消息已为变化,变化中之变化,天命神妙于天道也。凡天道者,一阴一阳,两仪之变。天命者,人参天地,三才之变也。天道曰理,天命曰性。穷天地之理,尽三才之性,以悟天地之象各具三才,三才之道各一阴阳。兼三才而两之,言乎天地之间则备,是之谓至命钦,无妄之极至钦。若天命之性,至善者也,其可匪正乎,止于至善,其可有往乎,匪正有眚,有往不利。《易》曰:"无妄,元亨利贞,其匪正有眚,不利有攸往。"诚之谓也。

☷升。元亨,用见大人。勿恤,南征吉。
《彖》下:"柔以时升,巽而顺,刚中而应,是以大亨。用见大人,勿恤,有庆也。南征吉,志行也。"

升与晋义皆为进,其辨何在。曰晋之进有其道焉,如臣子之已得乎君父而曰进不已也。升之进道犹未明,心知当升而升之耳。故晋之进,昼也,升之进,冥也,暗中摸索,宜升之进难于晋之进也。《易》曰:"升,元亨,用见大人,勿恤,南征吉。"夫知升之可贵者元,升之进之而不迷其道者大人。乃有元而亨通之,用见大人以承其指,何忧漫漫之长夜,险巇之歧途。直升无惑,南征向明,是以吉也。若女偶之闻诸副墨之子,进而及于疑始,善财之见德云以至普贤,须经五十三参,其皆为升之进乎。柔以时升,坤元之谓,履霜坚冰,早辨为是。不然以意而升,侮狎大人,迷其向,丧其元,南辕北辙,升云乎哉,升而未升,困其继焉。故元也,大人也,南征也,为升之本,得其本者勿恤而吉。失其本者,虽恤之不已,亦何吉之有耶。

䷨损。有孚,元吉,无咎,可贞,利有攸往。曷之用,二簋可用,亨。

《彖》下:"损,损下益上,其道上行。损而有孚,元吉,无咎,可贞,利有攸往。曷之用,二簋可用,亨。二簋应有时,损刚益柔有时,损益盈虚,与时偕行。"

元亨利贞,四德之次,可逆行乎。曰可逆行者,损之谓也。凡得乎元者,什九亨之,亨以显元,不亦善乎。见其元善而利贞之,动贞夫一也。然仅曰有孚,于损者得元吉而不使亨,可亨而不亨,与时何咎。无咎可贞,贞者贞元也,贞一其元,往宜有利,有利以亨之,非以元而亨,不已倒其序乎。《易》曰:"损有孚,元吉,无咎,可贞,利有攸往。曷之用,二簋可用,亨。"是其义。或谓倒之何义,曰以元亨者不言所利,既亨而利之贞之,能免不利者贞凶者乎。若夫损之元,先经乎贞利而亨,则贞元莫不吉,其亨莫不利,阴阳二簋可格神明,不利贞凶者远矣。故始而亨之,不如得乎性情之正而亨之之无弊也。老子曰"为道日损",犹逆行之四德乎。

䷞咸。亨利贞,取女吉。

《彖》下:"咸,感也。柔上而刚下,二气感应以相与。止而说,男下女,是以亨利贞,取女吉也。天地感而万物化生,圣人感人心而天下和平,观其所感,而天地万物之情可见矣。"

或曰兑者无言之说,咸者无心之感,虽系后起之义,理则甚精。"予欲无言"非兑乎,终身行恕非咸乎。夫咸之实,诚也,诚合外内,咸通天地,亨之至大者,贞之至可贵者。以人道言,取女以继生生之元,吉孰甚焉。凡上篇始乾坤,天地也,下篇始咸,人也。人参天地为三才,男下女而取之,感应之至显者。故乾之元亨利贞,于咸不言元,而贞下曰取女吉,亦贞下起元之象也。且更扩大夫妇一伦以观天地之化生万物,圣人之深感人心,则六龙御天而保合太和,云行雨施而天下和平,莫非阴阳感应生生之理,刚柔相遇旁通之情。艮以止震之动,兑以正坎之流,山泽化屯遭之难,通气免龙战之血,天地之感,万物之情,不亦可见乎。

䷈小畜。亨,密云不雨,自我西郊。

《彖》上:"小畜,柔得位而上下应之,曰小畜。健而巽,刚中而志行,乃亨。密云不雨,尚往也。自我西郊,施未行也。"

今日之云未大,是谓密云,他日雨施亦小,故曰小畜。然有位有应,有畜有施,其亨通之理无异,君子小之而已。况千里之遥,起于跬步,合抱之木,生于纤芽,其可小而忽之乎。于象小畜变通于复,复小而辨于物,小即小畜之小。畜由小而大,复亦朋来临大,大乃小之积,小为大之本。有小有大,各有其用,有等有限,各有其宜。故何碍乎小大,唯防其不施耳。《易》曰:"小畜,亨,密云不雨,自我西郊。"曰西郊者,小畜之施,以义为本也。

䷏豫。利建侯行师。

《彖》上:"豫,刚应而志行,顺以动,豫。豫顺以动,故天地如之,而况建侯行师乎。天地以顺动,故日月不过而四时不忒,圣人以顺动,则刑罚清而民服。豫之时义大矣哉。"

复初乾元,闭关以养之,其心也正,其志也纯。一旦奋出,其动也刚,其行也勇。且刚动本柔,此豫之为德,大异于大壮者也。夫大壮者,戒以贞,限以礼,防妄动以触藩也。此则天下荒荒,何藩之有,安知有正不正,侯由此而建,师准之而行。柔顺之动,天下可往,乃言利不言贞。又屯之建侯,阳位初,与五尚志同行异,

41

宜有屯遭之难。师之师中阳在二，犹当受王之锡命。若此卦者，合屯师而位四，既无屯难，亦不得受命。而行师虽非显比之王，不愧为四岳重镇，开创一方以利天下，其功不亦大哉，此豫之时义乎。《易》曰："豫，利建侯行师。"本诸元气也。

䷂屯。元亨利贞，勿用有攸往，利建侯。
《彖》上："屯，刚柔始交而难生，动乎险中，大亨贞。雷雨之动满盈，天造草昧，宜建侯而不宁。"

天有始乎，地有本乎，天地有合乎，刚柔有交乎。何始何本，何合何交，有知之者乎，有见之者乎，有悟之者乎，有喻之者乎。曰天有始，乾元也。地有本，坤元也。天地有合，群龙无首也。刚柔有交，发挥旁通也。知之者人，见之有象，悟之以道，喻之赖《易》。观夫一阴一阳之道，周流焉，消息焉。本天地之心，穷上反下，复有始焉。利大人之见，其血玄黄，屯难生焉。顺天时以应人，革以义。则道心以宁人，屯以仁。盖万物盈盈，众生芸芸，已合已交，何变焉，何往焉。出圣人为之定则，尚贤人为之经营，承天命以立生民之命，侯不宁以宁天下之情，圣贤之功业也。《易》曰："屯，元亨利贞，勿用有攸往，利建侯。"立人于天地之谓也。

䷱鼎。元吉，亨。
《彖》下："鼎，象也。以木巽火，亨饪也。圣人亨以享上帝，而大亨以养圣贤。巽而耳目聪明，柔进而上行，得中而应乎刚，是以元亨。"

鼎者何，亨饪器也。亨以熟物，燧人氏火化之功。人食熟，始自别于禽兽。故鼎器之成，参天地，和阴阳，上帝圣贤皆得其养。通其理，格其物，魑魅魍魉无所遁形，人乃日臻于聪明，渐化于睿知。柔进上行，神武不杀，去不相得之故，复性通天，取日日新之德，凝命应刚。成象如是，屯难有不济乎，生民有不安乎。于象大有初变为鼎，大有曰"元亨"，鼎曰"元吉，亨"，鼎承大有而云。然夫大有者，火在天上，火有其大，鼎者火在木上，木以生火。木生火，人得以制之，非若日之光，人仅能尚之耳。故大有犹天工，鼎者人代乎，人代天工而人定胜天，元亨之吉也。

䷶丰。亨，王假之，勿忧，宜日中。

《彖》下："丰，大也，明以动，故丰。王假之，尚大也。勿忧，宜日中，宜照天下也。日中则昃，月盈则食，天地盈虚，与时消息，而况于人乎，况于鬼神乎。"

易道贵生，贵生而贵物，役物以养人也。丰大云者，万物以备，备物致用，畜大其施。九功惟叙，九叙惟歌，六府三事允治，万世永赖，丰之亨，王之成。假之崇之，贵民尊生，向明而治，乾元以动，日中普照，正大光明。人为万物之灵，观丰象而益信，犄欤盛哉。《易》曰："丰亨，王假之，勿忧，宜日中。"更进而论之，日中之位，能永处而不昃乎，虽处日中，能久明而永不见斗沫乎。惜其不能丰，其多故焉，况博施济众，尧舜犹病。宜日中而勿忧，或昃能勿忧乎，作《易》者之忧患，非忧患于此乎。此丰者之忧，未丰者能识之乎。不识而不忧，与忧之而达勿忧之境，可同日而语哉。惟悟忧而勿忧，庶通乎盈虚消息之理矣。

䷜涣。亨，王假有庙，利涉大川，利贞。

《彖》下："涣，亨，刚来而不穷，柔得位乎外而上同。王假有庙，王乃在中也。利涉大川，乘木有功也。"

庙何用,用在主其人之思,一其人之志,安其人之心,凝其人之情。《易》惟于萃、涣二卦系"王假有庙"之辞,皆此义也。盖当萃聚涣散之至,必宜有庙以亨之,以慰以归,生趣寄矣。若有庙之实,因萃、涣而异。萃尚聚而未散,利见大人以防其乱。涣已散而未聚,何大人之可见,乃利涉大川以济之。故利贞之得,萃犹继业,涣犹创业云。夫创业有庙,始得涉大川之法,驾之而不紊,御之而不陵。其乘木有道,何惧乎掀天之风浪,幸自强不穷,何患乎濡首而灭顶。与齐俱入,与汩偕出,此非庙神之大用乎。《易》曰:"涣,亨,王假有庙,利涉大川,利贞。"谓得一以宁也。

☱兑。亨,利贞。

《彖》下:"兑,说也。刚中而柔外,说以利贞,是以顺乎天而应乎人。说以先民,民忘其劳,说以犯难,民忘其死。说之大民劝矣哉。"

大哉乾元,成终于艮。艮错兑,兑得乎乾之亨利贞三德,以待艮元之通气云。若曾子唯孔子一以贯之之道,迦叶应如来拈花微笑之禅,会心之说,不言之说,达无思无为之神,识无方无体之妙。亨通之极至,利贞之大则也,生死不足以限,何劳苦之有。或以兑象劝民,民尚有不劝者乎。至于说其利贞而小之,遯之"亨小利贞"是也。顺天应人而大之,革之"元亨利贞"是也。兑处其间,非遯非革,刚中柔外,以友辅仁,怡然悠然,有形无形,惕然快然,尚象忘象,恍惚窈冥,是之谓正秋歁。

☶艮其背,不获其身,行其庭,不见其人,无咎。

《彖》下:"艮,止也。时止则止,时行则行,动静不失其时,其道光明。艮其止,止其所也,上下敌应,不相与也。是以不获其身,行其庭,不见其人,无咎也。"

时而行,人不见其行也,时而止,人不见其止也。时行而止之,凡行者莫不见其止,其艮背能不获其身乎。时止而行之,凡止者莫不见其行,其行庭能不见其人乎。止有身,行有人,能得行止自然之理乎,失理之行,止能无咎乎。《易》曰:"艮其背,不获其身,行其庭,不见其人,无咎。"无心于行止之行止也。唯其无心,有得乎行止之际,终始之几,此艮之所以为艮欤。

卷下之三　周流六虚中互
下上参十二卦

☲益。利有攸往,利涉大川。

《彖》下:"益,损上益下,民说无疆,自上下下,其道大光。利有攸往,中正有庆。利涉大川,木道乃行。益动而巽,日进无疆,天施地生,其益无方。凡益之道,与时偕行。"

何谓损,损下益上,以成其高,上行不已,犹乾之上出。何谓益,损上益下,以成其广,施生不已,犹坤之无疆。乾坤消长为否泰,自然之往来。咸恒变化为损益,人事之流行。知往来流行之道,顺否泰损益之时,非人之性乎,而情起焉。是泰非否,喜益恶损,非人之情乎,而性藏焉。欲睹性命之正,旁通之情,时位之移,盛衰之始,莫善于观乎损益之象之易喻也。夫损时处下,益时处上,皆耗损之位。损时处上,益时处下,皆受益之位。得其理者,损时可益,失其理者,益时犹损。顺其道者,上下之位莫不得益,违其道者,位之上下处处可损。盖时有损益,位有上下,识此得失顺违之变,可悟四时六位之几。则损益何萦于怀,盛衰何介于心,其于人事不已达乎。乃时既为益,行无不生,往无不利,何顾乎险阻,何畏乎大川。涉川济险,利人利物,尚有执乎一己之损益哉。

45

《易》曰:"益,利有攸往,利涉大川。"非坤二"不习无不利"之施行乎。

☳☴ 恒。亨,无咎,利贞。利有攸往。

《彖》下:"恒,久也。刚上而柔下,雷风相与,巽而动,刚柔皆应,恒。恒亨,无咎,利贞,久于其道也,天地之道恒久而不已也。利有攸往,终则有始也。日月得天而能久照,四时变化而能久成,圣人久于其道而天下化成。观其所恒,而天地万物之情可见矣。"

凝一致志,久执不舍,是之谓恒。或谓恒之为德,其静乎动乎,出乎入乎。曰静其动而动之,入其出而出之。静其动,入其出者,以养其德。动之出之者,其德之成也。夫动者静之,出者入之,非凝一致志者能之乎。致凝一之志以静天下之动,执不舍之理以入天下之出,其理似妄且艰。艰则不易成,妄则不能成,然有恒者能成之。观有恒者之心,见天下之动而不厌,杂天下之赜而容之。亨之析之,以免其咎,利之贞之,动赜毕具。具则动其所静之动,出其所入之出。惟静其动入其出之无已,其动其静出其入亦无已。注焉不满,酌焉不竭,终始之往,尚有不利者哉。《易》曰:"恒,亨,无咎,利贞。利有攸往。"恒之为象,犹天府葆光欤。

☶☰ 大畜。利贞,不家食,吉。利涉大川。

《彖》上:"大畜,刚健笃实,辉光日新。其德刚上而尚贤,能健止,大正也。不家食吉,养贤也。利涉大川,应乎天也。"

小畜贵亨,防其淤塞,大畜利贞,戒其不正。小畜者畜文事,大畜者畜史事。文者一己之妙言,史者天下之公论。文不可不博,何往而不成章,亨之至也。史不可不实,何时而不可鉴,贞之效也。若夫小大之畜，并行不悖，互包互容，各有其用。小畜以正小过，大畜以正大过，不亦宜乎。可小事，不可大事，是曰小过。或以文事文栋桡之大过，岂足以隆之耶。故大畜之贤者，殊非缀文之士，雕虫小技，壮夫不为。坐守家园以过恭过哀过俭，何能成应天涉险之畜。《易》曰："大畜，利贞，不家食，吉。利涉大川。"神行于天衢之谓也。

䷬萃。亨，王假有庙，利见大人，亨利贞。用大牲吉，利有攸往。
《彖》下："萃，聚也。顺以说，刚中而应，故聚也。王假有庙，致孝享也。利见大人，亨，聚以正也。用大牲吉，利有攸往，顺天命也。观其所聚，而天地万物之情可见矣。"

泽有钟地之象，物有萃聚之势。因势萃之，庶免洪水之泛滥，万物之散乱。一之萃之，其功不亦大哉。虽然，萃物有患，庸讵知萃之之顺其情乎，抑逆其情乎。顺之是，逆之非，顺而说，逆必怒。其逆未转为说，其怒未化为顺，知萃而不知所以萃，宜杀牛之不如禴祭也。求也为季氏聚敛，小子当鸣鼓而攻之，舞八佾、旅泰山，可谓之萃乎。萃物而不施之，有泽而不下之，存以羊易牛之仁术而不大之，其何以亨之哉，是皆萃德之未足。夫萃德者，假有庙而亨，顺天命而往，聚正之行，是之谓孝。孝乎孝乎，萃之之大德，天地万物之情可见矣。《易》曰："萃，亨，王假有庙，利见大人，亨利贞。用大牲吉，利有攸往。"或舍孝言萃，无有是处。以孝而行，虽不欲萃，万物有不归之者乎。归之而用大牲，素富贵行乎富贵之谓也。彼东邻之逆而怒，不孝孰甚，曰用大牲奚益。萃物者，鉴诸戒诸，赍咨涕洟，已无及乎，尚有及乎。

䷐履虎尾，不咥人，亨，利贞。

《彖》上："履，柔履刚也。说而应乎乾，是以履虎尾，不咥人，亨。刚中正，履帝位而不疚，光明也。"

圣人治天下之道，礼乐而已。礼以节其情，乐以和其情。情郁塞于中，其气不畅，其思不达，乃作乐以通之，和其神也。情旁通无则，其知放诞，其行不正，乃制礼以节之，安其体也。体安神和，人莫不聪明俊秀，天下尚有不治乎。若此二者之象，乐属豫卦，礼即此履卦云。《序卦》曰："履者，礼也。履礼而行，内敬外顺。"有临深履薄之慎，何往而不可，虎尾犹履，尚有身患乎，礼之用，不亦大哉。惜执礼不化者，礼将拘系之困缚之，其履虎尾有不为虎所咥乎。反视礼教为吃人，不亦颠哉。善用不善用，固已异趣，何怪乎欲废礼而复自然者，比比也。奈山野之猛虎尤多，其咥人又将如何。《易》曰："履虎尾，不咥人，亨，利贞。"谓亨于虎尾者，始得废礼之正。

䷎谦。亨，君子有终。
《彖》上："谦亨，天道下济而光明，地道卑而上行。天道亏盈而益谦，地道变盈而流谦，鬼神害盈而福谦，人道恶盈而好谦。谦尊而光，卑而不可逾，君子之终也。"

谦之对曰亢，亢龙有悔，有悔而不悔，自凶自灭耳，尚能有终乎。观谦之为德，所以济上阳之亢，《系辞》上玩爻辞之次，特使乾上继谦三，犹此义也。夫亢则贵而无位，谦由贵而卑，有位焉。亢则高而无民，谦由高而下，有民焉。亢则贤人在下位而无辅，谦尚贤人而正位，有辅焉。如是之卑下，亢悔有不亡乎。况谦卑而有守，谦下而生光，日乾夕惕，免硕果之剥烂，否泰反类，睹祸福之倚伏。交之孚之，正之安之，此谦道之亨，宜君子有终矣。

䷰革。己日乃孚。元亨利贞,悔亡。

《彖》下:"革,水火相息,二女同居,其志不相得,曰革。己日乃孚,革而信之。文明以说,大亨以正,革而当,其悔乃亡。天地革而四时成,汤武革命,顺乎天而应乎人。革之时大矣哉。"

　　家穷而睽,国穷而革,睽与革皆二女同居所致。归妹失时,女之穷也,穷有小大,物有阴阳。睽曰小事,革非大事乎,大事者,其可畜臣妾乎。故革之成也,臣而君,妾而妻,得妾以子,子以出否。诛残贼之一夫,非弑君之谓,主鼎器以子,非嫉妒之谓。或跃以革,乾道未尝废,含章之地道妻道臣道,变之而已,易之而已。奈变易之间,是非杂焉,事物颠焉,悔其生焉,圣人忧焉。有土芥其臣者,宜有寇雠其君者。君自贵而轻用其民,玄黄之血遍洒于野矣。至于漂杵,其可信乎,其不可信乎。有伊尹之志则可,无则为篡,几微之辨,生灵赖之,圣人安得不忧哉。夫天干十日,戊己曰土,戊阳土,己阴土,中土而立,皇极定矣。由戊而己,由阳而阴,过中则偏,失道必危,违时成之,仁丧周流之知。执其偏而主之,见其非而是之,则载舟覆舟,孚此孚彼。故皇极得中,其可革乎,既已失中,其可不革乎。革以顺天应人,大旱之望云霓也。遵乾道之四德,文六位以载物,是非虽杂而明辨鼎器。已颠而复正,汤有惭德,德以补过,武王受《洪范》于箕子,尚何悔之有。《易》曰:"革,己日乃孚。元亨利贞,悔亡。"跃龙以济天下之谓也。

䷃蒙。亨,匪我求童蒙,童蒙求我。初筮告,再三渎,渎则不告,利贞。

《彖》上:"蒙,山下有险,险而止,蒙。蒙亨,以亨行时中也。匪我求童蒙,童蒙求我,志应也。初筮告,以刚中也。再三渎,渎则不告,渎蒙也。蒙以养正,圣功也。"

师之与童蒙也,觉与未觉之谓。未觉来求觉者以觉之,岂觉者往求未觉者以迷之哉。此阴阳之大义,教育之大纲,蒙亨之基也。若童蒙志应而来焉,有蒙而求觉焉,师乃因时中而告之教之。当包则包之,当困则困之,当击则击之,当发则发之。包以养其元,困以炼其元,击以正其元,发以显其元。告不失义,教不违道,乃在蒙者之行之也。而或包之而失其养,困之而不知炼,击之而未能正,尚可发其不正者乎。误传匪人,为害尤大,不屑之教,犹教之也。此阴阳之是非,教育之天则,蒙亨之法也。基正以正法,法正以正蒙,蒙正养正,圣功乃成。师师相承,世世相传,其基其法,变而不变者也。《易》曰:"蒙亨,匪我求童蒙,童蒙求我。初筮告,再三渎,渎则不告,利贞。"师道在矣。

䷲震。亨,震来虩虩,笑言哑哑。震惊百里,不丧匕鬯。

《彖》下:"震,亨,震来虩虩,恐致福也。笑言哑哑,后有则也。震惊百里,惊远而惧迩也。出可以守宗庙社稷,以为祭主也。"

春雷以惊蛰,龙蛇出焉。龙出斩蛇,虩虩之恐惧也,潜龙或跃,哑哑之笑言也。百里震惊,非龙能之乎。然犹有疑焉,将蛇其心而龙其形乎。幸见其主,匕鬯而不丧,实知为龙而不为蛇也。守宗庙社稷以上出,岂巽入之蛇所能伪乎。光射斗牛,神充宇宙,通群龙之首,畅发挥之情,非震之亨乎。万物所出,万事以行,万民所欢,万国以宁,变化之大涂,生生之大德。《易》曰:"震,亨,震来虩虩,笑言哑哑。震惊百里,不丧匕鬯。"乾元之用也。

䷸巽。小亨,利有攸往,利见大人。

《彖》下:"重巽以申命,刚巽乎中正而志行,柔皆顺乎刚。是以小亨,利有攸往,利见大人。"

命不可不知,性不可不复。复性以知命,知命而复性,性命之理,非阴阳乎。阳一为性,阴二曰命。二以归一,天命谓性。一以歧二,习性生情。情感物,心御物,感之御之,命在其中。故性命云者,其旋若环,行若昼夜,其象震巽,变之曰究。究变云者,震究蕃鲜,巽究躁卦。其气出入,以尽先天之性,以至三索之命也。《易》曰:"巽,小亨,利有攸往,利见大人。"夫巽命为阴,其亨乃小,申之往之,得天复天之几。大人者,尽性之人也,命不违性而见之,利何如之。柔顺刚,刚行志,知命之君子也。

䷻节。亨,苦节不可贞。

《彖》下:"节,亨,刚柔分而刚得中。苦节不可贞,其道穷也。说以行险,当位以节,中正以通。天地节而四时成,节以制度,不伤财,不害民。"

节者何,礼乐之迹也,迹以求履,节以见性。幸有节,庶识礼乐之纯,本于节,庶见礼乐之美;准其节,可悟礼乐之心;法乎节,可得礼乐之理。识之见之,悟之得之,性其复焉。此节之大用,宜王者贵之。然节以显真而节非真,惜有以节为道者,其道可得乎。不得而执之,糟魄也,苦节也。夫五帝殊时,不相沿乐,三王异世,不相袭礼。钟鼓玉帛,能无变乎,其可贞乎。违时失当而不反,终身役役而殉之,伤财害民,可与语至道乎哉。《易》曰:"节,亨,苦节不可贞。"或亨或苦,君子慎之。

䷅旅。小亨,旅贞吉。

《彖》下:"旅,小亨,柔得中乎外而顺乎刚,止而丽乎明,是以小亨,旅贞吉也。旅之时义大矣哉。"

人不居于本地本国而居于他乡他国者,曰旅。旅之者,有不得已而旅者,有有所为而旅者,其境不同,其心之未能容于本乡本国则同。夫观离日之光,理有出入,所照之地,势有幽明。或能昼不能夜,尚清不尚浊,唯知止于明而不知向于晦,则当其乡其国之晦暗,能无旅乎。旅而丽明,盖寄迹于人,寄食于皿,方以迫其国其乡之明,宜旅亨为小。虽然,微子抱祭器而去之,天下将丧,孔子之栖栖遑遑,其国可喻。故楚材晋用,楚之失也,秦而逐客,能一其天下乎。而或崇长信,使四方之多罪逋逃,又将何如。《易》曰:"旅,小亨,旅贞吉。"再言旅而勉其贞,其可忘于己之所处乎。求明而旅,岂求欲而旅耶,旅之时义岂不大哉。若卧薪尝胆,虽归犹旅,有蜀不思,以旅为归,贤不肖为何如也。

跋

此书之《凡例》已有变动,原稿有曰:"是书之文,卦各二节。前节明理,后节述象。"今改曰:"是书之文,主于明理。"另加一则曰:"是书未及消息卦变等,另详《易象顺理》。"盖初定是书之例,拟兼释卦象之象理,于乾卦之象,更论六十四卦之变化,主要有《卦变》、《消息》、《发挥》三图。全书经三月几成,于去秋不期突如来如,二十年来之积稿散失什之六七,此戈戈一书亦与焉。主要三图及图解,片纸未存,而明理之文幸留一二。听之任之者三季有余,防日久之忘,思有以复之,乃以是书始。若于易图将另书述之,此书者唯明六十四卦之理耳。约月余补成,成而跋之,以见成事之有时,是之谓命乎。命哉,命哉,可不革之乎,可不凝之乎。

丁未孟秋二观二玩斋主跋

再　跋

　　既成《繇爻》一书以释爻辞,当成释卦辞之书,乃有《过半刃言》之作。惜几成而散,散而复补,改之凝之之情,其思纯,其志固。十余年之变幻,历历在目,迄今忆之,不胜沧桑。时过境迁,于未复之易图三,理当纳入。然集《易象顺理》一书,尚有待于他日。以此书言,三图中必用消息图,可分二而先置于卷首,则编次有准,庶可与《繇爻》相辅而存。卦象消息之旨已在其中,此书方能定稿。可见由屈曲以成象,殊非贸然偶然之辛,致不得不二改《凡例》而再跋。

时公元一九八二年岁次壬戌中秋节

黼爻

自　序

　　传《易》者以十翼赞二篇,翼之之道多矣。以爻辞论,有《小象》分释之,于《系辞》上下又屡言读爻之纲领。如曰"道有变动,故曰爻,爻有等,故曰物","爻也者,效天下之动者也","六爻相杂,唯其时物也","六爻之义易以贡","六爻之动,三极之道也",不一而足,可云详备。且于上《系》中,又择七爻以释之,曰中孚九二、同人九五、大过初六、谦九三、乾上九、节初九、解六三。其间于同人九五,仅释"同人先号咷而后笑",而未释"大师克相遇"。于解六三,仅释"负且乘,致寇至",而未引断辞"贞吝"。于下《系》又释十一爻,曰咸九四、困六三、解上六、噬嗑初九、上九、否九五、鼎九四、豫六二、复初九、损六三、益上九。其间于咸九四,未引断辞"贞吉,悔亡",而仅释"憧憧往来,朋从尔思"。于否九五,未释"休否,大人吉",而仅释"其亡其亡,系于包桑"。更取大有上九,于上《系》中另释之,并上下《系》中各有一处以引证其义,犹释之也。此近二十爻之释义,与《小象》之分释、纲领之总说,皆不同。或谓即《文言》乎,曰非也。夫《文言》者,当十翼之一。因乾坤二卦为诸卦之本,阴阳物尚纯而未杂,然"物相杂"之"文"必由是而起,故特赞乾坤者曰"文言"。凡乾《文言》四章,坤《文言》一章,坤之一章犹乾之第一章,各七节。首节释卦辞,义同《象》,以下六节释六爻。于乾之上九,其言与《系辞》中同,故或以《系辞》中之释爻皆为《文言》。实则《文言》者,仅当乾坤二卦,且《文言》中亦不限于释爻辞而已。若乾《文言》之二、三两章,义同《小象》。第四章亦七节。首节明卦爻之变化,以下六节又释六爻。乃乾之六爻《文言》中凡两释云。

总上所述,此类之释义,散在上下《系》及《文言》中。凡十八卦中之三十爻,共三十九节。以全《易》三百八十四爻观之,约十二分之一,所以举一隅耳,属玩辞一道,言者所尚。《系》上曰:“所乐而玩者,爻之辞也。”正指此间玩爻之法,能使爻辞无穷,《易》义无穷,学《易》者得益亦无穷焉。今准之以反三隅,各爻皆释之。名曰《黼爻》者,黼色黑白,非阴阳乎,黼形为斧,断以义也。以阴阳之义玩爻辞,莫不迎刃而解,其乐不言而喻。或谓爻辞之义固如是乎,则未必也,固不如是乎,亦未必也。宜不即不离,勿忘勿助,复则无其疾,神而明其德,庶可悟玩辞之妙。彼拘拘于象数、琐琐于考证者,未足以语此也。

公元一九六六年岁次丙午潘雨廷自序于二观二玩斋

凡　例

一、是书非全《易》，仅释用九用六及三百八十四爻之爻辞。

二、是书编次以二用为纲，六位为目，每位三十二爻。以先天图之序，用九由乾之坤，用六由坤之乾。

三、是书于二篇未录卦辞，仅录二用爻辞，以卦象卦名分系于上。当其位者旁加一圈，惟二用兼及六位不必加圈。

四、是书于十翼仅录《系辞》上下及《文言》中释爻义之三十九节，余皆未录。

五、是书于二用爻辞顶格书之，于《易传》所释之三十九节另行顶格书之，有二释三释者间加一圈。于《繇爻》之文，另行低一格书之。

六、是书之释，纯以玩爻辞，象数等皆不言。或执此一法者未是，舍此一法者亦未是。

七、是书之玩爻辞，以义理为主，间及人事史迹，仍明其理。如《系辞》中以颜子当复初，与以史证经者有辨。

卷　一

用　九

☰乾　用九。见群龙无首，吉。

　　龙之为物，变化不测。潜见飞亢，易地皆然。六位之龙，其数无算。然虽群犹一，一龙犹群。或昧此理者，将拘拘于一位一时之龙而首之。呜呼！尚存变化之龙德乎。须知六爻发挥之理，旁通之情，既成万物以神游于九畴。时乘六龙，皇极有极。离祉心亨，太极无首。《易》曰"用九，见群龙无首，吉"，非此象乎，洵此象也。

初　九

☰乾　初九。潜龙勿用。

《文言》：初九曰"潜龙勿用"，何谓也？子曰："龙德而隐者也。不易乎世，不成乎名。遁世无闷，不见是而无闷。乐则行之，忧则违之。

60

确乎其不可拔,潜龙也。"

《文言》:君子以成德为行,日可见之行也。潜之为言也,隐而未见,行而未成,是以君子弗用也。

人知有才、能之辨。先天为体曰"才",后天为用曰"能"。《易》曰"潜龙勿用",盖能尚未备,戒恃才傲物耳。然才为能基,勿用之用,其体大矣哉。

☰。夬 初九。壮于前趾,往不胜为咎。

无号之小人,有不为君子所决乎。乘刚之狂戾,有不为天下所弃乎。苟延残喘于一隅,伏处待毙而已矣。然阳刚之决柔,有身侧前列之任者,竟不胜其职。赍口粮于盗贼,以致将死而不即亡。甚则功业反复,成败异变,凡史鉴之恨事,其几莫非此失。宜全《易》"无咎"者多,"咎"者唯此爻耳。《易》曰"壮于前趾,往不胜为咎",惜哉。

☰。大有 初九。无交害,匪咎。艰则无咎。

遇太平盛世,有荫下之福,富之教之,愉愉悠悠。未涉乎世,咎从何而来。然丰岁子弟多赖,无外患而国亡。且或不知稼穑之艰难,乃逸乃谚,匪咎之咎,悔将莫及,可不艰以自勉乎。《易》曰"无交害,匪咎,艰则无咎"。

☰。大壮 初九。壮于趾,征凶,有孚。

瞋目发指,六脉沸腾,血气方刚,卤莽灭裂。疾恶之心可取,除恶之行未是。以此而征,不亦凶乎。虽有谅其心者,孚之者亦寡矣。《易》曰"壮于趾,征凶,有孚",戒匹夫之有勇无谋者。

䷈。小畜　初九。复自道,何其咎,吉。

与其游于外,莫若观于内。与其畜外物,莫若复自道。非外境不可游,外物不可畜。当自道未复,内观未明,而游之畜之,则物交物,引之而已矣。

䷄。需　初九。需于郊,利用恒,无咎。

齐人有言曰:"虽有智慧,不如乘势,虽有镃基,不如待时。"乘势待时,需之谓也。需有道,贵郊贵恒。郊则有容,其境可需,恒则有德,其人可需。以可需之人,处可需之境,庶免失势违时之咎,将得乘势适时之几也。《易》曰"需于郊,利用恒,无咎"。

䷙。大畜　初九。有厉,利已。

躁则心烦,烦则行乱,乱生灾。止则静,静则明,明可畜德。若君子者,知躁之必将有灾。"有厉,利已",止躁之谓也。

䷊。泰　初九。拔茅茹,以其汇,征吉。

弘乎遐哉,天下之通泰。纯乎美哉,君子之类聚。逢太和之佳景,或有天意。备师友之切磋,何其幸哉。临洙泗,集杏坛。仰止行止,弥高弥坚。率性修道,欲罢不能。征以进德,其吉不言而喻。泰初曰"拔茅茹,以其汇,征吉",此义似之。

䷇履　初九。素履往,无咎。

君子素位而行,不愿乎外。中心有主,蛮貊可入。《易》曰"素履往,无咎",谓得履礼之本也。

䷹兑　初九。和兑,吉。

饭疏食饮水,曲肱而枕之。其中之乐,冲气为和。无我无执,有情有节。《易》曰"和兑吉",非孔颜之乐处乎。彼热中慕外者,安足以语此耶。

䷥睽　初九。悔亡,丧马勿逐,自复。见恶人,无咎。

孔子明长沮桀溺之心而不忍为,长沮桀溺知孔子之知津而不愿为。渔父得屈原之情而不屑为,屈原痛渔父之行而不甘为。夫志各不同,亡睽之悔则一。然睽初曰"悔亡,丧马勿逐,自复。见恶人,无咎",则孔子渔父之谓乎。

䷵归妹　初九。归妹以娣,跛能履,征吉。

景无特操,况罔两乎。然吾所待,又有待而然者邪。若形景有竞走之悲,罔两与景其亦有乎,无乎。以支离其形而支离其德,然后免乎。免则何往不利,何征不克。此从王骀游者,所以与仲尼相若也。《易》曰"归妹以娣,跛能履,征吉"。

䷼中孚　初九。虞吉,有它不燕。

63

万物巩巩,有贵贱乎。生灵熙熙,有优劣乎。人事蓬蓬,有得失乎。义理纷纷,有是非乎。谓之无者,未若谓之有之有定也。谓之有者,未若谓之无之有信也。有定有信,何碍于巩巩熙熙,何惑乎蓬蓬纷纷,不亦吉乎。然信其所信,其一乎多乎。一则善焉,不幸有多。则信此者,能不惑于信它者乎。信它者,能不疑于信此者乎。《易》曰"虞吉,有它不燕"。谓不可不信,而尤不可不一其所信也。

䷻.节　初九。不出户庭,无咎。

《系》上曰:"不出户庭,无咎。"子曰:"乱之所生也,则言语以为阶。君不密则失臣,臣不密则失身,几事不密则害成,是以君子慎密而不出也。"

分柔分刚,守阴守阳。取一而宝之,得一而是之。知可宝之理,有可是之义。惜两仪既判,消息无穷。我之所宝者,人能无弃乎。我之所是者,人能无非乎。见人之弃之非之,吾心忍乎。不如秘而藏之,以待来兹。《易》曰"不出户庭,无咎"。

䷨.损　初九。已事遄往,无咎。酌损之。

不为大桀小桀,可为大貉小貉乎。损下以益上,非绝下以媚上。遄往之,酌损之。养君子以崇人伦,安富尊荣,孝弟忠信,岂养小人以作威福哉。《易》曰"已事遄往,无咎。酌损之"。

䷒.临　初九。咸临,贞吉。

君子尚王不尚霸,王者心服,霸者力服。心服者,诚服也。力服者，口服耳。《易》曰"咸临贞吉"，心服之谓也。

䷌同人　初九。同人于门，无咎。

　　齐家治国，内以化外。老老幼幼，近以及远。《易》曰"同人于门，无咎"，盖以门为等，非以为限。等不可躐，志不可隘，是以无咎也。

䷰革　初九。巩用黄牛之革。

　　行之为义，对止而言。动之为义，对静而言。所谓变者，必有不变者在。所谓革者，实由不革而起。唯有静止不变不革者，庶以见行动变革之情状。或二者皆动，当视一为静，以观他一之动。不然，吾安知其为动哉。知之者，今曰"狭义相对论"。奈宇宙间之万事万物，莫不有其行动变革，直道而行，何可忽其曲成万物。然则整个立一静止不变不革者，不亦难哉。立之者，今曰"广义相对论"。《易》曰"巩用黄牛之革"，所以为变革之准，犹"相对论"之座标。其理维何，曰中顺而已矣。

䷝离　初九。履错然，敬之，无咎。

　　离光普照大地，万物丛生。人参天地，各有其心。或尚理，或崇情，或主天，或贵人。躁然肃然，或阖或辟。达然忧然，或悲或喜。彼彼此此，是是非非。尚理以崇情为狂，深情以言理为拘。辟阖有辨，悲喜相嗤。错然履之，可不敬哉。敬之为德，一心无邪。水清衡平，情理适当。辟阖因时，天人合发。固执之咎，从何而生。《易》曰"履错然，敬之无咎"，此之谓也。

☳☲丰 初九。遇其配主,虽旬无咎,往有尚。

丰初曰"遇其配主,虽旬无咎,往有尚",犹谓太极。夫太极者,阴阳充实,相遇相配,相生相合。主其所主,待其所待。各以彼为尚而往之,各以一为宗而极之。旬焉,和焉,既平焉,黄离焉。明炽而昌,丰大之则也。

☴☲家人 初九。闲有家,悔亡。

家者情之所凝,人伦之本也。情焉而性焉,贵其凝。性焉而富于情,慎其凝。情焉而有物焉,化其凝。物焉而忘于情,绝其凝。贵之慎之,化之绝之,其志一也。以之闲邪,家有不齐者乎。《易》曰"闲有家,悔亡"。

☵☲既济 初九。曳其轮,濡其尾,无咎。

黄鸟有丘隅之止,君子得既济而定。定则明,明则见几,见几乃安。安于初位之本,庶免有涯随无涯之殆。《易》曰"曳其轮,濡其尾,无咎",谓有所归也。

☶☲贲 初九。贲其趾,舍车而徒。

既非大夫之后,又未为食于人。安步当车,长铗何歌。弑不必告,义不必市。进退绰绰,出入攸攸。《易》曰"贲其趾,舍车而徒"。

☷☲明夷 初九。明夷于飞,垂其翼。君子于行,三日不食,有攸

66

往,主人有言。

　　日薄西山,飞鸟归巢,垂翼知止也。道晦无光,君子却步,不食知退也。往受暗主之言,何其不知。贫而非病,奚恋五斗米而折腰哉。《易》曰"明夷于飞,垂其翼。君子于行,三日不食,有攸往,主人有言",谓识时而隐也。

☷☲无妄　初九。无妄,往吉。

　　备万物于吾,合外内以诚。成己成物,立人达人。《易》曰"无妄往吉"是其义。

☱☳随　初九。官有渝,贞吉。出门交有功。

　　人有心君,辅以五官。五官者,感物而变,庶得交物之宜。然奚可为物所引而随之,是必以心君之灵正之。若一人而一家一国,其义同。《易》曰"官有渝,贞吉,出门交有功"。夫有渝则善,或尚未贞,其可出门交乎。虽交,亦何能有功哉。

☲☳噬嗑　初九。屦校灭趾,无咎。
《系辞》下:子曰:"小人不耻不仁,不畏不义,不见利不劝,不威不惩。小惩而大诫,此小人之福也。"《易》曰"屦校灭趾,无咎",此之谓也。

　　君子以人治人,改而止,此恕道之可贵也。或穷追极治,必以圣人望于人,其自处为何如哉。《易》曰"屦校灭趾,无咎",明治狱尚恕,其可刻薄寡恩乎。

䷲震　初九。震来虩虩,后笑言哑哑,吉。

夫大人帝出之动,勉君子也。其来如迅雷之不及掩耳,故君子必先虩虩,后则哑哑。虩虩者,未知乎大人之心,是以恐惧自惕,宜孔子遇迅雷风烈而必变。哑哑者,后则大人之心,是以笑言自若,宜大舜之弗为烈风雷雨所迷。然未经虩虩,何来哑哑。《易》曰"震来虩虩,后笑言哑哑,吉",言自若之吉也。

䷩益　初九。利用为大作,元吉,无咎。

孔子述而不作,况大作乎。上位犹不可,况初位乎。惜居上者,未闻有礼乐之作,而篡弑相寻。在下者,多处士之横议,而言行什九失当。其故何在,皆未悟乾元而妄为大作耳。若夫孔子学《易》知元而著《春秋》,不作之作,非大作而何。《易》曰"利用为大作,元吉,无咎",明大作之必本元气也。

䷂屯　初九。般桓,利居贞,利建侯。

草木莽莽,鹿豕狉狉,天下荒芜,黎庶无主。建侯以经纶之,正其时也。若经纶之理,当贞一无变,而法尚变化不拘。夫筚路蓝缕以启山林,岂可固执一法哉。天下同归,又何可二三其德哉。《易》曰"般桓,利居贞,利建侯"。般桓为变,居贞则一,建侯之道莫外焉。

䷚颐　初九。舍尔灵龟,观我朵颐,凶。

人之生也,不可不养。养生有道,其气和,其食节,有不食之

戒,无口腹之贪。其精也,尽性安命,穷理达情。《易》曰"灵龟",
老曰"食母",是其象。反是曰"饕餮",饕餮,狂食而已矣,岂足以
语养生哉。颐初九曰"舍尔灵龟,观我朵颐,凶",谓饕餮之凶也。

䷖复　初九。不远复,无祇悔,元吉。
《系辞》下:子曰:"颜氏之子,其殆庶几乎。有不善未尝不知,知之
未尝复行也。"《易》曰"不远复,无祇悔,元吉"。

　　"仁远乎哉。我欲仁,斯仁至矣",是谓复。奈道在迩而求诸
远,事在易而求之难,舍吉趋悔,君子不为也。《易》曰"不远复,无
祇悔,元吉"。

九　二

䷀乾　九二。见龙在田,利见大人。
《文言》:九二曰"见龙在田,利见大人",何谓也? 子曰:"龙德而正
中者也。庸言之信,庸行之谨。闲邪存其诚,善世而不伐,德博而化。
《易》曰'见龙在田,利见大人',君德也。"
《文言》:君子学以聚之,问以辨之,宽以居之,仁以行之。《易》曰
"见龙在田,利见大人",君德也。

　　君子之见也,有承上启下之责。上以究大人之德,下以化世
俗之愚。兢兢业业,忘己从道。孜孜兀兀,舍己从人。设不如是,
岂在田之龙,亦何能见大人哉。《易》曰"见龙在田,利见大人",无
私之谓也。

䷪夬　九二。惕号,莫夜有戎,勿恤。

敌虽弱,其可不惕乎,不惕敌将强焉。敌虽寡,其可不号乎,不号敌将多焉。惕之号之,人始知之。有恃无恐,有备无患。阴险之戎,虽莫夜而来,亦何恤焉。《易》曰"惕号,莫夜有戎,勿恤",明决柔之不可忽也。

䷍。大有　九二。大车以载,有攸往,无咎。

始作八卦,消息周流,包牺氏之大车也。稼穑耕获,以行四时,神农氏之大车也。垂衣裳天下治,黄帝尧舜氏之大车也。群龙无首,九六互用,文王之大车也。时乘六龙,行地无疆,孔子之大车也。乘云气,御飞龙,北冥徙于南冥,庄子之大车也。驾飞龙,杂瑶象,朝发于天津,夕至乎西极,屈原之大车也。有大而往,无咎之谓也。《易》曰"大车以载,有攸往,无咎"。

䷡。大壮　九二。贞吉。

正理已伸焉,阳气日盛焉。逢不时之祥兆,能不惬心乎,能不雀跃乎。虽然,快之喜之何伤也,伤在过奋其阳气,非持久之道。大壮九二,仅系断辞"贞吉",恐人之乐极生悲也。

䷲。小畜　九二。牵复,吉。

《易》曰"牵复,吉",谓本立而道生,德充而外符。君子所过者化,所存者神。复而相牵,复者无穷,其畜无穷,是以吉也。

䷄。需　九二。需于沙。小有言,终吉。

子产治郑,间于晋楚而安之若素。孟子在齐,无官守言责而绰然有余。人或有言,何与于吾,不亦善于需待乎。夫子产、孟子,易地皆然,其理一也。《易》曰"需于沙,小有言,终吉",或若子莫之执中,岂能终吉哉。

☰☷。大畜 九二。舆说輹。

仕而优则学,学而优则仕,所以相资耳。大畜曰"舆说輹",优之谓乎。说輹以仕,验其所学而广之。说輹以学,考其治道而大之。说輹之功,不亦宏远哉。

☷☰。泰 九二。包荒。用冯河,不遐遗。朋亡,得尚于中行。

泰二曰"包荒。用冯河,不遐遗。朋亡,得尚于中行",谓河图也。荒为大川,河图所出。包以十数,何河不可冯。四方内外,无远勿届,尚执于一方之朋哉。得以五十处中而行,保泰莫善焉。

☰☱。履 九二。履道坦坦,幽人贞吉。

圣人之制礼也,几乎人性之真,曲尽人情之变。高者下之,下者升之,急者缓之,缓者速之。正狂乱之妄行,致中和之熙熙,平崎岖之险境,成坦坦之履道。明则已矣,幽人亦贞而吉。圣人垂功业于世,民无能名焉。《易》曰"履道坦坦,幽人贞吉"。

☱☱。兑 九二。孚兑,吉,悔亡。

君子不可无友,友者,友其德也。德见于文,达于政,故以文

71

会友，以友辅仁。《易》曰"孚兑，吉"，离群索居之悔，可亡矣乎。

䷹睽　九二。遇主于巷，无咎。

　　阴以阳为主，邪以正为主，众以一为主。阳以息阴，正以化邪，一以率众，主之为用大矣哉。然天下有道其主显，人皆仰而见之。天下无道其主隐，人未之或见。未见则迷，其行乃乖，实未尝无主也。睽二曰"遇主于巷"，可云有幸。思有归，乖将合，是以无咎。

䷵归妹　九二。眇能视，利幽人之贞。

　　《柏舟》《谷风》之旨，非幽人之贞乎。匪石匪席其心悲，不念昔者其情怨。悲凄而忍，哀怨而怀，无邪之慑也。视金屋、长门之景，能不慨然。安得广传司马之赋，以拯天下之眇者乎。《易》曰"眇能视，利幽人之贞"。

䷼中孚　九二。鸣鹤在阴，其子和之，我有好爵，吾与尔靡之。
《系辞》上："鸣鹤在阴，其子和之，我有好爵，吾与尔靡之。"子曰："君子居其室，出其言善，则千里之外应之，况其迩者乎。居其室，出其言不善，则千里之外违之，况其迩者乎。言出乎身加乎民，行发乎迩见乎远。言行，君子之枢机也。枢机之发，荣辱之主也。言行，君子之所以动天地也，可不慎乎。"

　　莫见乎隐，莫显乎微。见之显之者，其气之流行乎。夫亥子之间，夜半清寂。大块一噫，有不作乎。三才之籁，有不应乎。作之应之，有或息乎。性情通之，有或离乎。是之非之，善之恶之，

72

大之小之,美之丑之,刚之柔之,瞬之久之,莫非是气之夔与,是气之衍蔂。浩然者,充塞宇宙。暴之者,必趋必蹶。元首丛脞,史事丛残,可不起之熙之哉。其至善至美,至大至刚,行乎四海,贯乎万古而无已者,非大衍不用之一乎。《易》曰"鸣鹤在阴,其子和之,我有好爵,吾与尔靡之"。

䷯节　九二。不出门庭,凶。

抱残守缺,闭门造车。执一己之梦幻,自语哇喽。贵一孔之陋识,自喜若狂。不见门外之景,不识四时之行,《易》曰"不出门庭,凶",自绝于世之谓也。

䷨损　九二。利贞,征凶,弗损益之。

敧器之制,巧而已乎,有至理焉。夫损虚而敧,益满而覆,得中始正。损益之道,可任意而为哉。《易》曰"利贞,征凶,弗损益之",得损益之几矣。

䷒临　九二。咸临。吉,无不利。

《易》曰"咸临。吉,无不利"。咸者,感也。阳下阴以感之,尽性情以教之。临事事成,临民民服。方兴未艾,日进无已。吉无不利,一如天右。

䷫姤　九二。包有鱼,无咎,不利宾。

信及豚鱼而包有鱼,民以有孚于上也。然民为贵,国之利器其可示人乎。《易》曰"包有鱼,无咎,不利宾",或以鱼及宾,非轻用其民而何。

䷛。大过　九二。枯杨生稊,老夫得其女妻,无不利。

大过二曰"枯杨生稊,老夫得其女妻,无不利",谓先天也,对称于五爻之后天。夫阴阳未合,非道也,尚可谓之天乎。称乎天而又有先后者,毗阴毗阳耳。先天毗阳,非无阴也。后天毗阴,非无阳也。唯毗阳阳盛,犹枯杨而又生稊。生生之道不绝,先天之体无不利也。唯毗阴阴足,乃枯杨而又生华。华将结果,元气含焉,非后天无咎无誉之用乎。生稊者,其形不灭。生华者,必经反生。先后天之大别乎。

䷱。鼎　九二。鼎有实,我仇有疾,不我能即,吉。

士无贤愚,入朝见嫉,况亨鼎已有实乎。妨功害能之臣,势将仇之疾之。其心毒,其情险,必覆𫗧而后快。流言既起,何怪有《鸱鸮》之作。故君子于鼎实,绝不可染,成之施之,壹之公之。若周公者,其奈我何,则于国于身,吉莫大矣。《易》曰"鼎有实,我仇有疾,不我能即,吉"。

䷟。恒　九二。悔亡。

恒之悔何在,在当恒而不恒,不当恒而恒之。凡处乎一境,习乎一德者,当恒而不可不恒。若适境以处之,究德以用之,其可恒乎哉。得此恒不恒之中,因几而见其所当,悔其亡矣夫。

☴.巽　九二。巽在床下,用史巫纷若,吉,无咎。

　　巽九二曰"巽在床下,用史巫纷若,吉无咎"。夫巽二之伏在床下,所以觉人也。用史以正其行,用巫以究其思。分阴分阳,各得其宜。身心纷若,消息有主。出水火,登袡席。拔床下之困,处床上而安。后觉既觉,吉且无咎。

☵.井　九二。井谷射鲋,瓮敝漏。

　　以敝漏之瓮,汲涓涓射鲋之流,欲求上出之功,难矣哉。且源之未充尚可积,器而未美如之何,宜无漏界之可贵也。《易》曰"井谷射鲋,瓮敝漏"。

☶.蛊　九二。干母之蛊,不可贞。

　　有蛊干之,人子之责。蛊二曰"干母之蛊,不可贞",何耶。夫干蛊以理,母子尚情。况情之纯,莫过于母。推情合性,可贸然而贞之哉。子曰"事父母几谏",曾子曰"孝子惟巧变"。曰"几谏"、"巧变"者,非不可贞之贞乎。

☷.升　九二。孚乃利用禴,无咎。

　　涧溪沼沚之毛,蘋蘩蕴藻之菜,筐筥锜釜之器,潢汙行潦之水。可荐于鬼神,可羞于王公,盖诚信已具,禴祭何咎。《易》曰"孚乃利用禴,无咎",谓孚中而信,不尚虚礼也。

☰.讼　九二。不克讼,归而逋,其邑人三百户,无眚。

讼既成,且已不克,善后之法,尤不可不慎。或愤悱不解,悻悻不平,其如后患何。当韬光养晦,闭门思过。决然悟,幡然改。化之安之,眚始可免。亡羊补牢,尚不失为知者。《易》曰"不克讼,归而逋,其邑人三百户,无眚",谓自隐以补过也。

䷜困 九二。困于酒食,朱绂方来,利用亨祀,征凶无咎。

有不得酒食而困,困之小者也。有粟而不得食,困之大者也。小人每不知大困,唯酒食是求,奈多不得酒食者。幸而得焉,幸而丰焉,其不为大困所困者寡矣。若君子者,忧道不忧贫。食前方丈,般乐饮酒,虽得志而不为。盖得志者,来朱绂以亨祀,祈阴阳之感通耳。非尚玉帛酒食,安能困之哉。《易》曰"困于酒食,朱绂方来,利用亨祀,征凶无咎"。或凶或无咎,小人君子之困不困也。

䷿未济 九二。曳其轮,贞吉。

凡人皆食,或食积为患,医当止之,甚则药以消之,尚可食乎。未济九二曰"曳其轮,贞吉",是其义。夫车轮当转,奈其前有阻,其向有误。必曳以止之,思以正之,不然迷途覆辙继焉。

䷧解 九二。田获三狐,得黄矢,贞吉。

胁肩谄笑之工,说者之众也。疑虑惑乱之多,悟者之寡也。唯其有惑于内,势将妩媚于外,说其妖娆者,内有不惑者乎。内外相胜,谄惑日甚,其于禽兽,是之谓狐。狐道遍野,人不堪其扰焉。若治狐之道,莫要于以中直之理,正其惑乱之心。心正形正,谄媚自消,形正心正,亦何说乎谄媚哉。《易》曰"田获三狐,得黄矢,贞吉"。夫黄中色,矢直道,未得黄矢,虽日田不已,能获三狐乎。

䷺。涣　九二。涣奔其机,悔亡。

王假有庙,其理至善。庙中有主,庙内设机,凭机思主,可聚阴柔之涣散,将得乾元之神力。《易》曰"涣奔其机,悔亡",法殊妙也。夫吾国重祭祖,义似宗教,皆贵因时入庙,有涣即奔,主之一之,绝无所迷。宗庙不易,非硕果而何。奔机亡悔,孝之效也。若刘谌之哭,惜已不及。李煜之赘瘤,何用之有耶。

䷜。习坎　九二。坎有险,求小得。

思有所不及,知有所不能。必求不及不能者,何益之有。故君子言思可道,行思可乐。于共业之险,何恶乎,何怨乎。《易》曰"坎有险,求小得",是岂一己之私哉。

䷃。蒙　九二。包蒙,吉。纳妇吉,子克家。

《易》曰"包蒙,吉。纳妇吉,子克家"。夫包蒙养元,以显一阴一阳之仁道,吉孰大焉。统四德,保太和,莫非元之周流。位天地,育万物,莫非元之发挥。纳妇吉,子克家,莫非元之性情。接刚柔,继生生,莫非元之嬗变。元德无穷,包蒙无穷。元非包不生,蒙非元不包。养正圣功,此之谓也。

䷆。师　九二。在师中,吉,无咎。王三锡命。

泰山崩于前颜色不变,其心定也。纪渻子养斗鸡,望之似木鸡,其德全也。定心养气,全德凝神,神完气充,大勇守约,非师中之材乎。翔受命以毒治天下之疾,孰不箪食壶浆以迎王师。《易》曰"在师中吉,无咎,王三锡命",仁者无敌之谓也。

九　三

☰。乾　九三。君子终日乾乾,夕惕若,厉,无咎。

《文言》:九三曰"君子终日乾乾,夕惕若,厉,无咎",何谓也? 子曰:"君子进德修业。忠信,所以进德也。修辞立其诚,所以居业也。知至至之,可与几也,知终终之,可与存义也。是故居上位而不骄,在下位而不忧。故乾乾因其时而惕,虽危无咎矣。"

《文言》:九三,重刚而不中。上不在天,下不在田,故乾乾因其时而惕,虽危无咎矣。

九三不中,其处境也艰,自然人事,皆足以危之。非自强不息,发奋以进其德业,有不为外境所困乎。困则沦为庸驽,不称于乾象焉。故君子者,境愈困行愈安,危愈甚思愈达。日乾夕惕,深察阴阳之理。动心忍性,曾益其所不能。免危厉之咎,不可幸致,君子勉乎哉。《易》曰"君子终日乾乾,夕惕若,厉,无咎",自厉之谓也。

☱。夬　九三。壮于頄,有凶。君子夬夬,独行遇雨,若濡,有愠,无咎。

决柔之情,非属一人,况世业错杂,变幻无穷。而悻悻者,气充于面目,怒见于形色。似非大义灭亲,不足以见其心。非刚愎狠戾,不足以见其志。然充其操,蚓而后可,有不凶者乎。至于君子之夬其所夬,有理存焉。不以私忘公,不以公灭性。私而不见其浣,公而未见其悍,何过焉,何咎焉,小人尚有不决乎。《易》曰"壮于頄,有凶。君子夬夬,独行遇雨,若濡,有愠,无咎"。

☲ ◦大有　九三。公用亨于天子,小人弗克。

朝觐之亨献,以示天下之事物,以见天下之民情。天子之能大有者,以此。是礼也,有德者行之则是。无德之小人,其可行乎。盖小人者,或以媚诶上,或以奸欺上。诶上者,搜民财,困民力,献以奢,以图天子之悦己也。欺上者,私藏其物,隔民之情,献以伪,以蒙天子而图自固其位也。《易》曰"公用亨于天子,小人弗克",谓天子当明察之。不然,尾大不掉之势成矣。

☳ ◦大壮　九三。小人用壮,君子用罔。贞厉,羝羊触藩,羸其角。

时大壮而用壮,不亦可乎。利息阳而息之,不亦正乎。阴尚高居,其可耐乎。有藩而触之,其可非乎。然知时而未知位,虽可而犹未当也。息阳而未以礼,虽正而犹未中也。阴高居而仍不可不耐者,阳德犹未全也。藩可触而不触者,几尚未至也。前者为小人之用壮,后者乃君子之用罔。羝羊羸角,自取之咎也。《易》曰"小人用壮,君子用罔。贞厉,羝羊触藩,羸其角"。

☴ ◦小畜　九三。舆说辐,夫妻反目。

闻道百以为莫己若,夜郎之自大其国,河伯之自多于水。更且畜而圉之,宝而秘之。圉之不使大,秘之不使出。非自绝于阴阳之交乎。所闻所畜者,何用之有。《易》曰"舆说辐,夫妻反目",

与得中而说輹,可同日而语哉。

䷄。需 九三。需于泥,致寇至。

幽情之缱绻,郁极丧身。小道之可观,致远恐泥。危邦不入,刻意非义。若屈贾之凝,君明之术,是乎否乎,乃在人之善用之耳。《易》曰"需于泥,致寇至"。

䷙。大畜 九三。良马逐,利艰贞,日闲舆卫,利有攸往。

畜物归于畜能,畜文亦当畜武。夫畜物者,备用而已,奚如畜能之制物。若能之变化,不外文武二德。畜文以载道,畜武以卫道。载之卫之,道有不行乎,卫之载之,道有不昌乎。《易》曰"良马逐,利艰贞,日闲舆卫,利有攸往",犹韦驮之护法也。

䷊。泰 九三。无平不陂,无往不复。艰贞无咎,勿恤,其孚,于食有福。

否泰反类,坎离升降,大小往来,阴阳消长。各进其进,各退其退,各善其善,各恶其恶。否之泰之,坎之离之。庸讵知否之不为泰,泰之不为否。坎之不为离,离之不为坎。既往者复,未平而陂。天地消息,上下出入。何去何适,何孚何之。有理乎,有则乎,有知之者乎,有悟之者乎。然易之不如艰之,趋之不如守之,躁之不如安之,忧之不如达之。《易》曰"无平不陂,无往不复,艰贞无咎,勿恤,其孚,于食有福",贞一之谓也。

䷌。同人 九三。伏戎于莽,升其高陵,三岁不兴。

80

同人之号,不亦正大乎。志通天下,不亦雄伟乎。奈道术裂而为方术,以方术为不可加,其能兴乎。唯其不兴,知其非豪杰也。唯其不兴,民免受兵戎之灾也。《易》曰"伏戎于莽,升其高陵,三岁不兴"。

䷰。革　九三。征凶,贞厉,革言三就,有孚。

伊尹之五就汤、五就桀,反复申命而不已。武王不期而会师孟津之诸侯八百,犹以为未可。其故何哉,皆重革事耳。其自厉之甚,安之亦甚。自重之甚,孚之亦甚。以俟乎万众一心,然后革众叛亲离者,何必岌岌耶。《易》曰"征凶贞厉,革言三就,有孚"。

䷝。离　九三。日昃之离,不鼓缶而歌,则大耋之嗟,凶。

与其有夕阳之叹,不如更上一层以穷千里之目。与其悲时光之无情,何及忘食忘忧不知老之将至。与其畏死以嗟生,奚若居易以俟命。《易》曰"日昃之离,不鼓缶而歌,则大耋之嗟,凶",谓未达原始反终之理也。

䷶。丰　九三。丰其沛,日中见沫,折其右肱,无咎。

沛之蔽光甚于蔀,沫星之小甚于斗。故丰沛见沫之晦,甚于丰蔀见斗多矣。晦甚则疑甚,疑甚则危甚。危甚不避,若殆往而刑耳,右肱安得不折。或悟虚室生白吉祥止止之理,咎从何而来。《易》曰"丰其沛,日中见沫,折其右肱,无咎",坐驰之谓乎。

䷤。家人　九三。家人嗃嗃,悔,厉,吉。妇子嘻嘻,终吝。

家人尚情，情发乎性，必有两端。或此端为正，则彼端为邪。或彼端为当，则此端为过。波动无已，得失反复，吉凶悔吝，因时而见焉。《易》曰"家人嗃嗃，悔，厉，吉。妇子嘻嘻，终吝"，非情之眷眷乎。主家者绝之非，节之是。嗃嗃云者，不时以正正邪，以当纠过而已矣。嘻嘻不节，将放诞无礼，非君子之道也。若不善嗃嗃而一意绝之，则沉沉死气，岂生人之道，凶将至，不徒终吝也。

☲☵ 既济　九三。高宗伐鬼方，三年克之，小人勿用。

未济而济，岂易致哉。六龙之变，其发挥无穷。旁通之情，必一再而三。或应或比，三锡三驱，即之亨之，始克正之。若高宗中兴，伐鬼方以救民，尚须三年之久，况无其德者乎。《易》曰"高宗伐鬼方，三年克之，小人勿用"，非亲历险阻，何能悟三锡三驱之难。故既已克之，豫防尤重。焦头烂额，不如曲突徙薪，小人其可用乎哉。

☶☲ 贲　九三。贲如濡如，永贞吉。

志道者宜据德，免道之著空。依仁者当游艺，防凝仁而煦煦。《易》曰"贲如濡如，永贞吉"，犹据德游艺乎。倚马万言，笔补造化。吟哦推敲，皓首穷经。射御书数之法，礼乐典章之则。据之游之，贲之濡之。情有寄，内有得。物已备，外慕绝。终身不厌，永贞之吉也。

☷☲ 明夷　九三。明夷于南狩，得其大首，不可疾，贞。

天子向明而治，理当南狩。狩以获禽，禽获乃明，禽非根本无明乎。奈久处明夷之目,一旦而大明,将不胜日光之暴,宜渐明之。齐变而鲁,鲁变而道。善财之必经五十三参,亦此义也。《易》曰:"明夷于南狩,得其大首,不可疾,贞。"

☰☰ 姤　九三。臀无肤,其行次且,厉,无大咎。

阴凝初成,乱几已伏,消阳之祸,将不可收拾。然一叶之凋,星星之火,人每忽之。或有知人所未知,见人所未见,更思及他日之灾眚,其心之忧为何如哉。惜未有化之之道,亦未能自安其身,乃坐卧不定,行止无序,栖栖皇皇,似杞人之忧天。《易》曰"臀无肤,其行次且,厉,无大咎",亦知微之士也。

☰☰ 大过　九三。栋桡,凶。

大过曰"栋桡,凶",屋脊曰栋,桡者曲也。栋既桡,屋且倾,其凶必矣。故天下之王,国之君,家之主,人之行,其可桡乎。桡则天下大乱,其国破,其家亡,其人丧,其过不亦大哉。然破乱丧亡之事,史不绝书,哀不胜哀,何人之喜桡耶。孔子无大过之叹,不桡而已矣。

☰☰ 鼎　九三。鼎耳革,其行塞,雉膏不食,方雨亏悔,终吉。

亲贤臣远小人,国自然而兴。亲小人远贤臣,国何能不亡。若贤臣与小人之异,其在鼎象乎。唯小人之私,私及于鼎。不思进德以安鼎,竟革去鼎耳而塞鼎之行。鼎既不行,实有不屯乎。私之极,尚能自食雉膏乎,国之亡继矣。至于贤人之贤,公而已矣。恐鼎实之不施于众,乃黄其耳,金玉其铉,行鼎四方,降沛霖以利民,国尚有不兴乎。塞鼎而失鼎,行鼎而定鼎。小人枉为小人以自灭,何不为贤臣而终吉哉。《易》曰"鼎耳革,其行塞,雉膏不食,方雨亏悔,终吉",为上者宜辨焉。

䷟ 恒　九三。不恒其德,或承之羞,贞吝。

　　虚诞浮夸者不能恒,放心未收者不能恒,疑虑寡信者不能恒,志穷无守者不能恒。恒之为德,其入德之门乎。既入其门焉,更有当恒不当恒之义。然不当恒而不恒,岂不能恒之谓。《易》曰"不恒其德,或承之羞,贞吝"。乃犹未入德,徒承羞吝耳。

䷸ 巽　九三。频巽,吝。

　　《易》曰"频巽,吝",谓无专一之志。见异思迁,频学频辍,朝秦暮楚,趋新忘故。惺忪之情,将一事无成,能免邯郸学步之讥乎。

䷯ 井　九三。井渫不食,为我心恻。可用汲,王明,并受其福。

　　有伯乐而有千里马,非千里马之难得,伯乐之未遇也。必谓尚自修不待人之知,知阳而未知阴者也。盖修德有成,无所致用,其情之焦虑,其心之憭栗,非言可喻。夫成有小大,用亦有小大。小成未得小用,大成未得大用,思有辨,理则一。是岂一人之私,阴阳之大道其可废乎。《易》曰"井渫不食,为我心恻。可用汲,王明,并受其福"。呜呼,人皆未明,伯牙安得不为子期摔琴,屈原安得不为楚国自沉哉。

䷳。蛊　九三。干父之蛊。小有悔,无大咎。

父子相继,三十年曰世。凡十年而周,三周而变。以子视父事,必事过境迁。或有所执,能无蛊乎。故不以有蛊为非,当以干正为是。《易》曰"干父之蛊,小有悔,无大咎",小有悔者,化父之执也。无大咎者,体父心而安之也。更有进者,能使小悔而无悔,小咎而无咎,则可谓善事亲焉。

䷭。升　九三。升虚邑。

有道于心,修德于身。信也诚,知也正。其诚足以感人,其正足以觉人。以时而溥其德,孰不亲之下之,从之戴之。唯我独尊,舍我其谁也。《易》曰"升虚邑",邑始有主。

䷠。遯　九三。系遯,有疾,厉。畜臣妾,吉。

南荣趎独见老子,老子曰:"子何与人偕来之众也。"其义在《易》曰"系遯"。遯而有系,非疾乎。顾此失彼,惛瞀忐忑,危厉生焉。然爻辞既曰"系遯,有疾,厉",又曰"畜臣妾,吉",何也? 夫孟子不禁齐宣王之欲,玄奘不责窥基以戒。能畜臣妾,正所以绝其遯之系,其吉不亦宜乎。

䷞。咸　九三。咸其股,执其随,往吝。

宁为鸡口,毋为牛后。寄人篱下,可云感乎哉。亦步亦趋,趑趄嗫嚅,窥人之颜色,仰人以鼻息。势利之窞,陷则不拔,公侯之门,入则难出。将终身役役而不已,何其不肖哉。《易》曰"咸其股,执其随,往吝",有守之君子,其可随乎,其可往乎。

䷷旅　九三。旅焚其次,丧其童仆,贞厉。

十里有庐,庐有饮食。三十里有宿,路室有委。五十里有市,候馆有积。非旅之即次乎,有次而焚之,商鞅之作法自毙也。或即或焚,心之邪正耳,则童仆之得丧,亦岂童仆之故耶。《易》曰"旅焚其次,丧其童仆,贞厉",离心离德之谓也。

䷽小过　九三。弗过防之,从或戕之,凶。

处小过者,当过于阴柔以适时。行过恭,丧过哀,用过俭,所以知时也。而或阳刚未除,昂昂然,惕惕然,自以为正而不之过,其能免阴柔之忌乎。虽日为之防,必有防不胜防之戕,呜呼凶矣。骚人迁客,颇多犯之。党锢清流,亦坐此失。极至之善,伯夷清而隘,君子不由也。

䷴渐　九三。鸿渐于陆,夫征不复,妇孕不育,凶。利御寇。

行车于水,推舟于陆。失其宜,违其性,阴阳无相应之象,夫妇丧保合之德,有不凶者乎。然如是之情,必一意不二,或纳于御寇之事,不亦有利乎。萧萧易水之歌,何以家为之志,似焉。圣人之观象,可云妙哉。《易》曰"鸿渐于陆,夫征不复,妇孕不育,凶。利御寇"。

䷦蹇　九三。往蹇,来反。

责人也易,责己也难。然可任一时之快,不思其患乎。若君子者,终身行恕而不倦,每日三省以反身。《易》曰"往蹇,来反",体来反之乐,斯为贵也。

☲ 艮　九三。艮其限,列其夤,厉熏心。

或行或止,有碍乎,无碍乎。知时者无碍,不知时者有碍。无碍者,何有乎行止。有碍者,必为所室。观夫行止之间,有几存焉,有限隔焉。得几以通之,时行则行,时止则止。不得而隔之,行者唯恐其行之不速,而恨止者之有以止之也。止者则唯恐其止之未静,而怨行者之有以动之也。一动一静,一行一止,如刃之列其夤,如火之熏其心,危厉之情,遇者自知。《易》曰"艮其限,列其夤,厉熏心",其屈原往见郑詹尹之时乎,释迦将出雪山之时乎。

☷ 谦　九三,劳谦,君子有终,吉。

《系辞》上:"劳谦,君子有终,吉。"子曰:"劳而不伐,有功而不德,厚之至也。语以其功下人者也。德言盛,礼言恭。谦也者,致恭以存其位者也。"

日乾夕惕,不亦劳乎。王事无成,不亦谦乎。集乾坤之美,任劳任怨。若汤有惭德,武王受《洪范》,非劳谦之大者乎。

九　四

☰ 乾　九四。或跃在渊,无咎。

《文言》:九四曰"或跃在渊无咎",何谓也? 子曰:"上下无常,非为邪也。进退无恒,非离群也。君子进德修业,欲及时也,故无咎。"

87

《文言》:九四,重刚而不中,上不在天,下不在田,中不在人,故或之。或之者,疑之也,故无咎。

外物之境,有险有易。吾人之德,有小有大。于境也未可必,于德也积在我。德之由小而大,境始化险为易。故君子以进德修业为贵。《易》曰"或跃在渊,无咎",谓其位不中不正,际于内外,浮于高空,混淆浊乱,飘荡无归。境之险,莫此为甚。其大德者,妙动不居,唯变所适。不执于上下进退,何论于或跃或渊。既可上跃,不妨在渊。既可显,亦可隐。既可行,又可止。知时如是,庶几无咎,岂小德者所能堪。

夬 九四。臀无肤,其行次且。牵羊悔亡,闻言不信。

夬四姤三,其境大异,其心之不安则同。姤者一阴初生,似不必介意,二包之已足。奈有不包而及宾者,以致无鱼而起凶,则三之不安有以也。夬上之一阴,实为强弩之末,一夬即去,更未足怀。惜常有壮前趾而不胜者,壮顷而自凶者,故四之不安尤非过虑。夬四曰"臀无肤,其行次且。牵羊悔亡,闻言不信"。呜呼,不信者难免,宜《杂卦》终夬以示决柔之道不可穷。则无肤次且者世有其人,叹其未能力行者,皆蔽在知应比之发,未悟功过之挥也。

大有 九四。匪其彭,无咎。

懋官懋赏非其德,九锡之文空其实。权贵用事,玩君玩民。富称敌国,炎势逼人。有大而专之,一己彭盛而天下困焉。《易》曰"匪其彭,无咎",戒奔走权门者。或当其位者,自匪而正,固亦无咎也。

䷡ 大壮　九四。贞吉,悔亡。藩决不羸,壮于大舆之輹。

以礼息阳,长刚以时,悔其亡矣。百姓懔懔,若崩厥角,藩有不决者乎。宜一心一德,慎舆輹之说。壮而不伤,何往而不可哉。《易》曰"贞吉悔亡,藩决不羸,壮于大舆之輹"。

䷉ 履　九四。履虎尾,愬愬终吉。

虎尾其可履乎,有不为虎所咥乎。奈虎尾之境多焉,避之为下,伏之为次,化之为贵。若君子者,备临深履薄之敬,变动不居之几,或暂避之,或制伏之,或感化之,因时而施,亦何惧乎虎哉。《易》曰"履虎尾,愬愬终吉",此之谓也。

䷹ 兑　九四。商兑未宁,介疾有喜。

吾国之治学,每论人性之善恶,言行之得失。重伦常,贵名分。究君子小人,辨正统异端。于典籍也,今古文之争,二千年未已。近百年,甲骨文又兴焉。于学说也,孟子严斥杨墨之无父无君,庄生深叹道术之裂为方术。汉武定一尊,果为孔子乎。唐宋排佛老,佛老能灭乎。又世风有变,学风有时,或重考据,或尚义理,或美文采,或贵质璞。辗转互化,其能宁乎。若西洋之治学,分哲学科学也严,判有神无神也尽。心物之先后,形同水火。名实之反复,喋喋不休。一元、二元、多元,本体、认识、方法。诸论各有范畴,诸家莫能一之。又文思之变也奇,技艺之进也巧。惜其归欠正,恐务外而忘本。况格物以实验为据,必日新无穷。奈新新丧,则可与语至道也夫。际此古今中外以治学,富乎乱乎,难矣危矣。商兑之象,非商此而何。如能介然而悟,疾然而决,其喜庆为何如哉。《易》曰"商兑未宁,介疾有喜",是必圣且仁者乎。

☲ 睽 九四。睽孤,遇元夫,交孚,厉,无咎。

　　有物累者去物,患人忧者远人。去之远之,睽之绝之。无所不睽,以至于无所睽而孤。无有不绝,以至于莫不绝而独。孤起孤止,独往独来。不知有天地日月,何论于上下古今。人伦人事,无萦于心。万物万境,何挂于情。叹髑髅有南面王之乐,惜知死而不知生。悟四德翁不可穷之变,则贞极必遇元夫。交之孚之,何累何忧。《易》曰"睽孤,遇元夫,交孚,厉,无咎",明阴阳之隙也。

☳ 归妹 九四。归妹愆期,迟归有时。

　　远举云中,四海焉穷。思夫君兮太息,极劳心兮忡忡。夫大小司命,离合可为欤。长剑幼艾,民正可得欤。期已愆乎,归已迟乎。时哉时哉,其可失乎,其可趋乎。《易》曰:"归妹愆期,迟归有时。"

☲ 同人 九四。乘其墉,弗克攻,吉。

　　有墉可乘,为所欲为。借天命以畏人,作威作福。纵私欲之酷虐,草菅人命。强人以从,系人为奴。名曰同人,其然乎哉,其然乎哉。幸乘墉不胜,无以布其恶。攻而弗克,无以施其暴。穷途末路,悟天则之自然。困极自反,舍屠刀而忏悔。断辞为吉,圣人之恕也。《易》曰:"乘其墉,弗克攻,吉。"

䷰°革　九四。悔亡,有孚,改命吉。

　　有不信命者,有信之笃而迷者。不信者以命为无,一切皆偶然耳。迷之者,以一切早为命所安排。是二者,何其偏耶。前者之所谓偶然,实为人所安排而不自知。后者之所谓早有安排,实皆为他人所安排耳。或明此二端之非,始可与语命,不知命何以为君子也。《易》曰"悔亡,有孚,改命吉",谓知命者可亡不信迷信之悔,而有孚于知命者。然后究乎命之所在,是者是之,非者非之,当存者存之,当去者去之。改得其宜,命斯可立。豪杰之士,不待文王犹兴,不亦吉乎。

䷝°离　九四。突如其来如。焚如,死如,弃如。

　　《易》曰"突如其来如。焚如,死如,弃如"。夫生生相继,圣圣相传。一明将暗,一光又明。若子之承父,如后王先王,有揆一之道,无相非之理。恐道之不弘,防青之不出。圣贤父兄之用心,至矣尽矣。然突如之来,悖道是务。非天非圣,弑父弑君。呜呼,悖道可谓弘道乎,弑逆何贵乎青出。其行如是,当焚其身,死其心,永弃于人世,庶见人道之尊严。不然,尚可参天地而为三才乎。

䷶°丰　九四。丰其蔀,日中见斗,遇其夷主,吉。

　　日食而晦,虽属自然之运行,亦宜反鉴。息之明其有所失乎,其有所蔽乎。或究其所蔽,有不得已而自晦其明者,有丧其明而尚不自知者,有私其志而自去其明者,有忘其本而已不知尚有明者。情虽不一,不明则同。不明者,夷主也。因日食而遇之,遇而知之,知而改之,改则复其明而光大之,吉其继矣。《易》曰:"丰其蔀，日中见斗，遇其夷主，吉。"

䷘无妄　九四。可贞，无咎。

有贞而不贞，妄也，可贞而贞之，无妄也。知贞而不可贞，知妄而不得不妄者，其时妄也。有贞而可贞，有妄而不可妄者，其时无妄也。观夫人生固有之贞，必须无妄而可贞无咎，贞正之理不亦难明乎。幸庄子知之，未遇无妄而其辞荒唐。惜灵均不知，不可贞而贞之，其能无咎乎。无妄曰"可贞，无咎"，处世之宝筏也。

䷐随　九四。随有获，贞凶。有孚在道，以明，何咎。

王良不贯与小人乘，诡遇有获，其可贞乎。孟子不愿与王驩言，既或治之，何必随之。盖君子者，孚于道而明之，岂可枉道以从彼。亦步亦趋，能无瞠若乎后之咎耶。《易》曰："随有获，贞凶。有孚在道，以明，何咎。"

䷔噬嗑　九四。噬乾胏，得金矢，利艰贞，吉。

贪嗔痴未灭，杀盗淫滋蔓。利欲蝇营，薰习恶趋。迨事发东窗，狱成无疑。然狱之情愈险，治狱者愈艰。或犯者多逍遥法外，何以对奉公守法者。绝地天通，罔有降格。骨髓在喉，不可不去。得金刚以决阴柔之欲，得直矢以正邪魔之妄。准金矢之理，弃乾胏之骨，治道由是而得，生民赖此而安。其皋陶软，召伯软。《易》曰"噬乾胏，得金矢，利艰贞，吉"，岂执法者一人之吉耶。

䷲震　九四。震遂泥。

92

后生可畏,畏其欣欣然,勉勉然。平旦朝气,正义在焉,孰可御之。若欣而欲,勉而私,则阅历之多,非能增我之正义,反丧吾之朝气。学识之富,非能助我之精思,反乱吾之力行。唯唯否否,畏人耳,人尚畏之乎。《易》曰"震遂泥",惜哉。

䷫姤 九四。包无鱼,起凶。

有獭为渊驱鱼,宜包中无鱼焉。《易》曰"包无鱼,起凶"。为民上者之有类乎獭,凶安得不起。

䷛大过 九四。栋隆,吉,有它,吝。

有大过人之知,斯可正大过非常之时。盖道衰日甚,不知何能复之。民散已久,不知何能集之。狂澜既倒,不知何能敛之。屋栋已桡,不知何能隆之。《易》曰"栋隆,吉",美其人之知也。然虽有其知,尤当凝其思,专其志,速而无惑,一而无它。《易》曰"栋隆,吉,有它吝",谓几不可失也。

䷱鼎 九四。鼎折足,覆公𫗧,其形渥,凶。
《系辞》下:子曰:"德薄而位尊,知小而谋大,力少而任重,鲜不及矣。《易》曰'鼎折足,覆公𫗧,其形渥,凶',言不胜其任也。"

一国三公,是谓太师、太傅、太保,非鼎之三足乎。太师以存道,其教在德。失德无形,盗贼所由起。太傅以存义,其教在理。失理无知,贫困所由起。太保以存身,其教在养。失养无生,病弱所由起。而或失一,天下必乱。况贫病交迫,盗贼蜂午,尚成鼎器乎。三公之凶,其如天下苍生何。《易》曰:"鼎折足,覆公𫗧,其形渥,凶。"

䷟恒 九四。田无禽。

《洪范》咎征,恒而不时,田猎而恒,不祥莫大。民将疾首蹙颈,则田者犹禽,尚何禽可获。《易》曰"田无禽",民散之谓也。

䷅讼 九四。不克讼,复即命,渝,安贞吉。

君子之处世也,何讼之有。不幸罹讼,讼又不胜,何不幸之甚耶。当忍其情,达其命,易其思,安其行。唯敬是主,唯正是从,其境尚有不化乎。讼四曰:"不克讼,复即命,渝,安贞吉。"

䷮困 九四。来徐徐,困于金车,吝,有终。

多艰仕途,浪急宦海。探骊龙之珠,慎径尺之逆鳞。虽然,以民贵而来,悟徐徐之化,则金车之困,吝而有终。若必遭其睡,究非发冢以得,能无醒乎。《易》曰:"来徐徐,困于金车,吝,有终。"

䷿未济 九四。贞吉悔亡。震用伐鬼方,三年有赏于大国。

正者以正不正,虽难尚易。若未正者,当先自弃邪归正,然后从正者以正不正,不亦犹难乎。《易》曰"贞吉悔亡,震用伐鬼方,三年有赏于大国",谓尤难者。夫鬼方,可伐也。或尚未绝之,其志必不能行。当先断其不正之情,以使乾元出震,乃从高宗以伐之,三年有成。受赏于大国,归正之功也。

䷧°解　九四。解而拇,朋至斯孚。

　　彳亍者,踟蹰者,其思非惑则葸。疑惧重重,不文无友,拇未解之蔽也。自心未安,人何能孚之。《易》曰"解而拇,朋至斯孚",谓当正思以正行也。

䷠°遯　九四。好遯。君子吉,小人否。

　　外境不足扰吾心,内识足以益吾智。恬然达然,优哉游哉。彼小人者,恶足以知之。《易》曰:"好遯。君子吉,小人否。"

䷞°咸　九四。贞吉,悔亡。憧憧往来,朋从尔思。
　　《系辞》下:《易》曰:"憧憧往来,朋从尔思。"子曰:"天下何思何虑,天下同归而殊途,一致而百虑,天下何思何虑。日往则月来,月往则日来,日月相推而明生焉。寒往则暑来,暑往则寒来,寒暑相推而岁成焉。往者屈也,来者信也,屈信相感而利生焉。尺蠖之屈,以求信也。龙蛇之蛰,以存身也。精义入神,以致用也。利用安身,以崇德也。过此以往,未之或知也。穷神知化,德之盛也。"

　　憧憧何为哉,耻恶衣乎,耻恶食乎。争名乎,求利乎。为己乎,为人乎。或妻妾之奉我乎,或亲朋之德我乎。为养生乎,为丧死乎。为国乎,为家乎。为拯民于水火乎,为除暴以安人乎。为道德乎,为米盐乎。为玩物乎,为穷理乎。为玩世乎,为天下乎。为古今乎,为后代乎。为治学乎,为教人乎。一言以蔽之,为正乎,为邪乎。为公乎,为私乎。然所谓正之非邪乎,邪之非正乎。公之非私乎,私之非公乎。阴阳生生,其可执乎。消息纷若,其可必乎。若此憧憧,能有已止乎,能有准则乎。况计人之所感,孰若其所未感。计人之所思,孰若其所未思。计人之所行,孰若其所未行。计人之所为,孰若其所未为。与其相呴以湿,相濡以沫,不如相忘于江湖。与其有憧憧之情,情生悔,不如达无思为之贞,贞乃吉。《易》曰"贞吉悔亡,憧憧往来,朋从尔思",所以致寂然之境也。

旅 九四。旅于处,得其资斧,我心不快。

野鄙之委积,以待羁旅。无所容之过客,幸有所遇。处之位之,得斧得权。惜楚材晋用,其心能快乎哉。《易》曰:"旅于处,得其资斧,我心不快。"

小过 九四。无咎,弗过遇之,往厉必戒,勿用永贞。

人皆小过,己守仍正,幸犹有所遇,无咎之道也。奈无志以正人,人能不违心乎。随俗浮沉,不堕为乡愿者几希。极至之善,柳下惠和而不恭,君子不由也。《易》曰:"无咎,弗过遇之,往厉必戒,勿用永贞。"

否 九四。有命,无咎,畴离祉。

否四曰"有命,无咎,畴离祉",谓洛书也。九畴离祉,各有其命。九不以数多而骄,一不以数首而诩,偶数不以位偏而自卑,奇数不以位正而自得。同心同德,戮力于中,九洛之事,治成德备,监照下土,天下载之。知命所当,何咎之有,倾否反泰之用,莫善焉。

萃 九四。大吉,无咎。

阴物易聚，阳物难萃。聚物易，萃人难。聚小人易，萃君子难。聚君子易，萃而久之尤难。或知萃而不问所萃，乌合耳，垄断耳，奇货可居，能大吉乎，能无咎乎。萃曰"大吉，无咎"，盖萃则涣在其中，未得大吉，咎瞬息至矣。

䷢晋　九四。晋如鼫鼠，贞厉。

尸位素餐，贪婪无厌，犹朋党苟合以营私，佞臣奸相之侵陵。心疾心疢，色厉内荏，非鼫鼠而何。《诗》曰："硕鼠硕鼠，无食我黍。"《易》曰："晋如鼫鼠，贞厉。"患其窃位高居，尚足阻人之进，晋道之大障也。

䷏豫　九四。由豫，大有得，勿疑，朋盍簪。

圣人之作乐也，将以顺性情之变，治乱盛衰各有所适，喜怒哀乐咸有所宜。当喜者喜之，庶以见人生之美，欣然之情，其心和，其行安，盛世之音也。当怒者怒之，庶以见人生之义，毅然之情，其心愤，其行决，乱世之音也。当哀者哀之，庶以见人生之慊，忧然之情，其心郁，其行恧，衰世之音也。当乐者乐之，庶以见人生之达，憩然之情，其心慧，其行衍，治世之音也。尽善尽美，音无粘滞，满谷满坑，闻乐复性，情莫不有得，安得疑虑而不前者乎。《易》曰："由豫，大有得，勿疑，朋盍簪。"

九　五

䷀乾　九五。飞龙在天，利见大人。

《文言》：九五曰"飞龙在天，利见大人"，何谓也？子曰："同声相应,同气相求,水流湿,火就燥,云从龙,风从虎,圣人作而万物睹。本乎天者亲上,本乎地者亲下,则各从其类也。"

《文言》:"夫大人者,与天地合其德,与日月合其明,与四时合其序,与鬼神合其吉凶。先天而天弗违,后天而奉天时。天且弗违,而况于人乎,况于鬼神乎。"

《易》尚三才,三才之道有人与事物之辨。凡天地之间者,万物而已矣,唯人为灵,始自别于物。物物之变曰理,人物之际曰事,人人之伦曰性,性理之事曰道。识仁道之设准于物,悟伦常之无与于物,临人事当不贵于物,研物理乃化执于物。不一不二,不先不后,既穷既尽,亦同亦合。循此以往,三才之理得矣。象曰飞龙,人为大人,《易》曰"飞龙在天,利见大人",乾元之光也。

䷪ 夬 九五。苋陆夬夬,中行无咎。

不知其恶,何能夬之?欲知其恶,能不近之?近则知之也审,斥之也当,不宽其罪,不甚其恶。《易》曰"苋陆夬夬,中行,无咎",比上之谓也。然与匿怨友人,有天渊之别。惜每有不辨者,君子慎之为是。

䷈ 小畜 九五。有孚挛如,富以其邻。

畜积之,贮藏之,记录之,保存之。以见三才之文,以备不时之须,岂有私哉,其可私乎。唯其无私,必有孚于人,善善推恩,富及其邻。《易》曰"有孚挛如,富以其邻",畜藏之正道也。

䷄ 需 九五。需于酒食,贞吉。

圣人为腹不为目，为生不为欲。其卧徐徐，其觉于于，似啸似咦，似啾似哈，待而无待，需而无需。摄提纪之民欤，循蜚纪之民欤。《易》曰："需于酒食，贞吉。"

☰☱ 履　九五。夬履，贞厉。

君子无私仇，惟有除奸必尽之勇，疾恶如仇之志。其自履也正，有不正者于我侧，其羞莫甚，何能容忍之，何能放纵之。虽千万人必往决之，利害不计，危厉不避，其气之盛有如是者。《易》曰："夬履，贞厉。"

☱☱ 兑　九五。孚于剥，有厉。

《史记》特书《游侠列传》而美之，虽曰自悲身世，游侠之行实亦足多。《易》曰："孚于剥，有厉。"夫人不幸遇剥，非其过也。生不逢辰，哀号无门，茹苦含辛，人孰知之。有能不避危厉而孚之，友情可贵，非游侠而何。

☲☴ 中孚　九五。有孚挛如，无咎。

德之流行，速于置邮而传命。由亲亲而仁仁，民民而爱物，信及豚鱼，莫之能御。《易》曰"有孚挛如，无咎"，孚道大行也。

☵☱ 节　九五。甘节吉，往有尚。

规矩可与，不能使人巧。礼仪可述，无法使之复。巧之复之，必待自悟。凡自巧自复者，于规矩礼仪已神合无间，是岂囿吾哉，吾所固有者也。识此以往，巧不胜巧，将吐辞为经，举足为法，其极如孔子七十之从心所欲不逾矩。《易》曰"甘节吉，往有尚"，自然之节也。

䷌同人　九五。同人先号咷而后笑，大师克相遇。

《系辞》上：同人先号咷而后笑。子曰："君子之道，或出或处，或默或语。二人同心，其利断金，同心之言，其臭如兰。"

　　情发乎象。象以变形，形变而同乎象，其情喜。形以囿象，象变以适乎形，其情悲。形象互变，悲喜交加，芸芸众生之情，如是而已矣。若君子者，成象之谓，以象正形，形正而象有成。由古而今，由近及远，晋升不已，同人无穷。《易》曰："同人先号咷而后笑，大师克相遇。"形未正而号咷，遇大师而克，相反相成，必终于笑者，斯之谓君子也。

䷰革　九五。大人虎变，未占有孚。

　　知命改命，立命至命。文王一怒而天下安，孔子传道为万世师。孚充天地，奚观夫一时一位之占哉。《易》曰："大人虎变，未占有孚。"

䷤家人　九五。王假有家，勿恤，吉。

　　身为天下之王，或当一国之主，其可无家乎。非瞽叟底豫，舜将安心受尧之禅让乎。刑于之教，二南之化，以致外无旷夫，内无怨女，《易》曰"王假有家，勿恤，吉"是其义。然其德既衰，以兵拒父者有之，以弟弑兄者有之。若一杯羹之言，奚若禽兽。玄武门之变,烛影之红,不啻恶犬之争食。哀哉惨哉,王尚有家乎。

䷾ 既济　九五。东邻杀牛,不如西邻之禴祭,实受其福。

礼乎礼乎,玉帛云乎哉,谓非其本。本者,与其奢也,宁俭。
奈礼行日久,徒知执迹耳。舍本逐末,文而无质,民尚能受福乎。
仁而虚,奚如义有实,既济将乱,犹未济也。幸有反本者,出以济
之。既济五曰"东邻杀牛,不如西邻之禴祭,实受其福",谓非文显
实云。

䷘ 无妄　九五。无妄之疾,勿药有喜。

齐王托疾不往见孟子,孟子亦托疾不朝王。此疾也,无妄之
心疾也。夫疾有二,谓身与心,身疾当药,心疾不当药。《易》曰:
"无妄之疾,勿药有喜。"究齐王不往之心疾,爵也,孟子不朝之心
疾,齿与德也,是岂药石可治。愚哉齐王,怚哉齐王,犹属医问疾。
幸而未遇,不然无妄之疾而不得不药,其心之忧为何如哉。由是
见无妄之疾而能勿药,其心之喜又为何如哉。

䷐ 随　九五。孚于嘉,吉。

阴阳有相生之理,随道贵相辅而行。傲睨亢负者,介然不屑
言随,惜固能无随乎。解堕染俗者,苟然角逐于随,奈固能随得其
正乎。故君子者,当绝此二者,随犹不随,不随犹随,相孚相生,嘉
会合礼。随五曰"孚于嘉吉",随之本也。

䷩ 益　九五。有孚惠心,勿问元吉,有孚惠我德。

上益下以惠，下孚上有心，心感志之，惠德报之。上下阴阳，何损何益，勿问之矣，乃雍熙揖让，保合太和之象也。《易》曰"有孚惠心，勿问元吉，有孚惠我德"，尧舜之谓乎。

☷　屯　九五。屯其膏，小贞吉，大贞凶。

陷于群小，壅塞隔阻，情亏辞穷，捉衿见肘。膏泽不下于民，难不远焉，不君不臣，虽有粟，吾得而食诸。奈权既下移，宜缓图之，急则祸生不测，社稷或兴或屋，自取耳。《易》曰："屯其膏，小贞吉，大贞凶。"

☴　姤　九五。以杞包瓜，含章，有陨自天。

以杞包瓜，以阴包阳，含之之谓，退藏之谓。天诱其衷而感焉，寂然无思而陨焉。仪象改观，出入无疾，消有不为息者乎，姤有不为复者乎。《易》曰"以杞包瓜，含章，有陨自天"，显微之谓也。

☱　大过　九五。枯杨生华，老妇得其士夫，无咎无誉。

大过五曰："枯杨生华，老妇得其士夫，无咎无誉。"谓后天也，对称于二爻之先天。夫乾坤三索，阴阳之正也。毗阴毗阳，次将紊焉。肃肃者，乾不足于坤，震不足于巽，则震将及兑，甚则乾亦及兑，是犹老夫得其女妻。赫赫者，坤不足于乾，巽不足于震，则巽将及艮，甚则坤亦及艮，是犹老妇得其士夫。噫嘻嗟乎，阴阳之偏陂反侧，其过大矣。非大过之象，何能知之，何能见之。亦非大过之象，何能颠乱之哉。

䷸巽　九五。贞吉悔亡,无不利,无初有终。先庚三日,后庚三
日,吉。

　　成事实难,继事尤难。先王垂训,至善者也。奈陈陈相因,执
而不化,知迹迹而不知所以迹,知糟魄而不知其神。因循苟且,能
无弊乎,是岂先圣之失,乃无后圣之继。《易》曰:"贞吉,悔亡,无
不利,无初有终。先庚三日,后庚三日,吉。"勖励后人之变更也。
夫善继事者,当以中巽入贞正之,庚改之。未变以考其必变之理,
已变而验其所变之利。既往不究,来者可追,巽入无穷,申命有
时,是以吉也。

䷯井　九五。井冽,寒泉食。

　　缘督以为经,取坎填离。出污泥而不染,食井冽之寒泉。化
沉浊为清明,炼精气以归神。润下之水,奏上出之功。《易》,逆数
也。井五曰:"井冽,寒泉食。"

䷅讼　九五。讼,元吉。

　　讼非美事,何来元吉。讼五曰"讼元吉"者,谓防讼于未然,消
讼于无形。子曰:"听讼,吾犹人也,必也使无讼乎。"讼而无讼,听
讼与讼者皆得元吉矣。

䷮困　九五。劓刖,困于赤绂,乃徐有说,利用祭祀。

　　气未通,劓之。行未正,刖之。受祭服而其行未能通气于鬼
神,不亦困乎。当盛而应之,徐而说之,于天地鬼神之德,日月山

川之变,曲尽其妙,直究乎中,则恍惚窈冥,有物有精,自古及今,万世不竭,孰能困之哉。《易》曰"劓刖,困于赤绂,乃徐有说,利用祭祀"。

☴ 涣 九五。涣汗其大号,涣王居,无咎。

痼疾郁塞者,一汗而愈。建极偏陂者,一涣而正。《易》曰"涣汗其大号,涣王居,无咎",谓破法而觉也。

☵ 习坎 九五。坎不盈,祗既平,无咎。

水不盈科不进,德不内全不施。子路有闻,未之能行,唯恐有闻。犹一事未成,不及他事,一书未明,不读他书。此水德之平准,足为无本躁动者戒。《易》曰:"坎不盈,祗既平,无咎。"然平准无极,宜东向之水万古长流也。

☶ 遁 九五。嘉遁,贞吉。

浮海示情,与点见志,吾非斯人之徒与而谁与。然慎尔优游,勉尔遁思,天下有道,不与易也。《易》曰:"嘉遁,贞吉。"

☱ 咸 九五。咸其脢,无悔。

君子有俨然之形,人望之而生敬。有超然之志,人慕之而免俗。有介然之守,人仰之而生廉。有毅然之行,人法之而有成。是皆不感之感,而感人也切。《易》曰:"咸其脢,无悔。"

䷴渐　九五。鸿渐于陵,妇三岁不孕,终莫之胜,吉。

　　学有止境乎,有极至之的乎。人性莫不善,皆可为尧舜,儒之宗旨也。众生具佛性,同归乎如来,佛之涅槃也。然据高陵下,而下上未一,反将知阴忘阳,有深憾焉。夫仁义礼智,非由外铄,心佛众生,其象乃一。识此化裁推行之理,当陵而不陵,能胜而不胜,不亦吉乎。《易》曰:"鸿渐于陵,妇三岁不孕,终莫之胜,吉。"

䷦蹇　九五。大蹇,朋来。

　　遗大投艰于朕身,非蹇之大者乎。究夫大蹇之来,盖情动乎中,物阻于外。塞之而非通之,遏之而不导之,则其情日深,其蹇日大,呜呼危矣。当中其喜怒,和其哀乐,节而不过,顺而不逆,定之一之,朋将不期而至。群策群力,以化正天下之情,大蹇有不济乎。《易》曰"大蹇,朋来",天地之心已复见矣。

䷋否　九五。休否,大人吉,其亡其亡,系于包桑。
《系辞》下:子曰:"危者安其位者也,亡者保其存者也,乱者有其治者也。是故君子安而不忘危,存而不忘亡,治而不忘乱,是以身安而国家可保也。《易》曰:'其亡其亡,系于包桑'。"

　　否之不善,不待言者也。有休美之者,其可乎。曰无大人之德者不可,有大人之德者唯恐其不休否也。休否以显真,休否以见道,休否以生泰,休否以悟一阐提之非一阐提也。必斥一阐提者,其与一阐提亦近焉。有详辨一阐提之有无者,能不爽然若失乎。惜未获大人之智者,其何以知休否之理。《易》曰:"休否,大人吉,大人吉,其亡其亡,系于包桑。"或以休否略同于倾否之义,岂知大人之心者哉。

萃　九五。萃有位,无咎。匪孚,元永贞,悔亡。

万物聚焉,英雄入彀焉。得时焉,有位焉,巍巍高居,何咎之有。惜觊觎者已生,取代者在焉。若孚之道,其唯反身而诚,强行以恕乎。德以萃之,亲仁而广之,可不性其情乎。不然金玉满堂,为谁而守?鹿台阿房,为谁而积?千古迷梦,醒者几人。《易》曰:"萃有位,无咎。匪孚,元永贞,悔亡。"

观　九五。观我生,君子无咎。

我生任道,以立天下万世之则。我生任德,以安率土四海之民。如是以观,我生实大,是谓颙若,是谓大观。观五曰"观我生,君子无咎",非君子其观何能若此。然君子处此而未能大观,阴消不旋踵而至,尚得无咎乎。

比　九五。显比。王用三驱,失前禽,邑人不戒,吉。

王道者仁而已矣,亲比显仁,去其害人耳。用三驱获三狐,备三品通三才。不仁者灭,仁者始安。况前禽犹可失,乃冀其自化。往者不禁,来者不拒,四海同一理,天涯若比邻,邑人何戒之有。夫王者之仁,恩及禽兽,匪人之不仁,将以邑人为禽,其贤不肖为何如哉。《易》曰"显比。王用三驱,失前禽,邑人不戒,吉",谓王师也。

上　九

乾　上九。亢龙有悔。

《系辞》上："亢龙有悔"，子曰："贵而无位，高而无民，贤人在下位而无辅，是以动而有悔也。"

《文言》：上九曰"亢龙有悔"，何谓也？子曰："贵而无位，高而无民，贤人在下位而无辅，是以动而有悔也。"

《文言》曰：亢之为言也，知进而不知退，知存而不知亡，知得而不知丧。其唯圣人乎，知进退存亡而不失其正者，其唯圣人乎。

人有生而不死乎，物有成而不毁乎，事有兴而不衰乎，理有聚而不散乎。《易》曰"亢龙有悔"，谓知阳不知阴，知生不知克，逆时位消息，违穷变通久，天尚右之哉。当取诸乾坤，则诸二用，无首永贞，吉象将继。悔其亡矣乎，悔其亡矣乎。

大有　上九。自天右之，吉，无不利。

《系辞》上：君子居则观其象而玩其辞，动则观其变而玩其占，是以"自天右之，吉无不利"。

《系辞》上：《易》曰："自天右之，吉，无不利。"子曰："右者助也，天之所助者顺也，人之所助者信也。履信思乎顺，又以尚贤也，是以'自天右之，吉无不利'。"

《系辞》下：《易》穷则变，变则通，通则久。是以"自天右之，吉，无不利"。

天道无亲，非择人而右，人自择耳。夫易道生生，天地之大德，以天德为德，尚有不右者乎，吉利自不待言。《易》曰："自天右之，吉，无不利。"或谓生德维何，曰二观二玩，穷变通久而已。

小畜　上九。既雨既处，尚德载。妇贞厉，月几望，君子征凶。

密云而既雨,其雨小,与方雨有辨。小雨而既处,其处隘,与天衢不同。然积成小畜之德,亦非易易,载小畜而行,未尝无取。贵法几望之月,不与圆日争辉耳。圆则阙,敌必败,阴阳大义,自然之道也。故妇之厉在望,君子之凶,其器之谓乎。《易》曰:"既雨既处,尚德载,妇贞厉,月几望,君子征凶。"

䷙ 大畜 上九。何天之衢,亨。

道有明晦,人有隐显,理有阴阳,性有智愚。所贵乎君子者,疏瀹尔心,澡雪精神,乘时出入,何碍之有。安知纵横上下,何论清浊沧浪。《易》曰"何天之衢,亨",谓无入而不自得也。

䷉ 履 上九。视履考祥,其旋元吉。

殷鉴不远,在夏后之世,周鉴在纣,亦岂远哉。当鉴之考之,法之用之,三代损益,百世可知。行夏之时,乘殷之辂,服周之冕,莫祥焉。《易》曰:"视履考祥,其旋元吉。"识其旋之故,王道之基在矣。

䷥ 睽 上九。睽孤,见豕负涂,载鬼一车。先张之弧,后说之壶。匪寇婚媾,往遇雨则吉。

当睽而睽,何惧乎睽孤。当遇而遇,何嫌乎秽浊。虎狼为仁,每下愈况。豕负涂,在屎溺,鬼一车,通死生。非解其天弢,堕其天袠乎。有寇张弧,婚媾说壶,一张一说,欲死欲生,非云行雨施乎。《易》曰:"睽孤,见豕负涂,载鬼一车。先张之弧,后说之壶。匪寇婚媾,往遇雨则吉。"谓有睽必遇,或有未遇者,其睽未孤耳。

䷼中孚 上九。翰音登于天,贞凶。

指鹿为马,信其臣不信君。以注改经,信其人不信圣。群言鼎沸,贼臣窃命。《易》曰:"翰音登于天,贞凶。"

䷨损 上九。弗损益之,无咎,贞吉。利有攸往,得臣无家。

得损益之几者,弗损弗益。然其几又有损益之辨。盖当损而得损益之几,可弗损而未可征。当益而得损益之几,可弗益而利往。如前者而征,则损者日寡,受益者能无恨乎。后者而往,则受益者日寡,当损而不损,能无说乎。说之至,上下国家岂有二者,百姓足,君孰与不足。《易》曰"弗损益之,无咎,贞吉。利有攸往,得臣无家",财散民聚之谓也。

䷌同人 上九。同人于郊,无悔。

同人于郊,尚未于野。然博施济众,尧舜犹病诸。故由门至此,其地已广,何悔之有,惟及野之志未可忘也。

䷝离 上九。王用出征,有嘉折首,获匪其丑,无咎。

春秋无义战者,王已晦,必王用明极之理以出征,正义在焉。况正义之师,尚理不尚杀,获匪以化之,诛其罪魁而已矣。《书》曰:"歼厥渠魁,胁从罔治。"又曰:"与其杀不辜,宁失不经。好生之德,洽于民心。"夫仁心如是,始不愧为王之出征。《易》曰"王用出征,有嘉折首,获匪其丑,无咎",谓义战也。

家人 上九。有孚威如,终吉。

待人不以诚,其能有孚乎。言行不自重,其能有威乎。诚孚以得人,重威以聚人。齐家之极,九族相亲,一家所慕,一国慕之。为政不得罪于巨室,此之谓也。《易》曰:"有孚威如,终吉。"

贲 上九。白贲,无咎。

绘事后素,文饰贵质,以质而文,文极反质。《易》曰"白贲,无咎",吾从先进之谓也。

无妄 上九。无妄,行有眚,无攸利。

归万物于万物,任自然于自然。流行乎,生生乎,凝固乎,执一乎。天何言哉,我何行哉,无为而无不为,非无妄之极则乎。何必怛化,何必梦梦,《易》曰:"无妄,行有眚,无攸利。"

噬嗑 上九。何校灭耳。凶。

《系辞》下:善不积不足以成名,恶不积不足以灭身。小人以小善为无益而弗为也,以小恶为无伤而弗去也,故恶积而不可掩,罪大而不可解。《易》曰:"何校灭耳,凶。"

祸福无门,唯人自召。惟圣罔念作狂,唯狂克念作圣。一念之微,已定他日之果,天网恢恢,疏而不失。若不惠迪,从逆必凶。耳根圆融,狂妄绝之,自受自作,圣人亦无如之何焉。《易》曰"何校灭耳,凶"。

䷩益　上九。莫益之，或击之，立心勿恒，凶。

《系辞》下：子曰："君子安其身而后动，易其心而后语，定其交而后求。君子修此三者，故全也。危以动则民不与也，惧以语则民不应也，无交而求则民不与也，莫之与则伤之者至矣。"《易》曰："莫益之，或击之，立心勿恒，凶。"

损益盈虚之变，其可必乎。可必者，唯满招损谦受益乎。若气已亢矣，人尚有益之乎，行已狂矣，人尚有不击之乎。载舟覆舟，而或同舟皆敌，勿恒立于谦益之心者，不亦危乎。《易》曰："莫益之，或击之，立心勿恒，凶。"

䷚颐　上九。由颐，厉，吉，利涉大川。

夫圣贤在位，身备天下之物，以济天下之溺。养其生，由其义，使有菽粟如水火，黎民有饥寒者乎，有不仁者乎。天下可王，圣功将成。《易》曰："由颐，厉，吉，利涉大川。"

䷫姤　上九。姤其角，吝，无咎。

一心专思，一意孤往，其思也凝，其入也深。凝深之至，其志也固，固而未化，必而未达，吝穷无疑。象未可是，情有可原，若正此象，其唯忠乎。忠其志，固必可变，思之思之，鬼神通之，角有不解者乎。解角复元，无咎之道也。《易》曰："姤其角，吝，无咎。"

䷱鼎　上九。鼎玉铉，大吉，无不利。

王纲振振,天下孰不钦仰之,巡狩四岳,黎民孰不渴望之。位明堂,宜四时,玉铉以行鼎,应四方之述职。洽王化溥鼎,实絜矩之道,文思安安。《易》曰"鼎玉铉,大吉,无不利",协和万邦之谓也。

☴ 巽　上九。巽在床下,丧其资斧,贞凶。

有床而巽在下,慊焉懦焉,有资斧而任其丧,愦焉惨焉。巽伏之极,气馁而穷,何贞正之可言。畏首畏尾,身余其几。呜呼,安得夷齐以奋之哉。《易》曰:"巽在床下,丧其资斧,贞凶。"

☶ 蛊　上九。不事王侯,高尚其事。

亲亲长长,天下可平,孝友兄弟,是亦为政。《易》曰:"不事王侯,高尚其事。"若富春之钓,南阳之耕,尚非此象,君子详之。

☰ 讼　上九。或锡之鞶带,终朝三褫之。

小人以胜讼为荣,寄是非于物耳。外物傥来,其可必乎,赵孟所贵,赵孟能贱。《易》曰"或锡之鞶带,终朝三褫之",哀哉。

☲ 未济　上九。有孚于饮酒,无咎,濡其首,有孚失是。

水至清无鱼,人至察无容,决非谓当浊当昏,谓不当过于尚贤尚知也。盖知者之知,有不及愚者之不知,贤者之行,有不及不肖者之不行。天道无穷,岂一人之贤知所能尽,自以为至清至察,安知其不为至浊至昏乎。故与其自陷于贤知,不如有孚于饮酒,以自拔于贤知也。虽然借酒以孚之，非饮酒以濡之。首出而治，濡首而乱，以未济为济，何孚之有。此荦荦大者，其可失乎。《易》曰"有孚于饮酒，无咎，濡其首，有孚失是"，谓事贵中节也。

䷺涣　上九。涣其血去逖出，无咎。

《诗》曰"忧心悄悄，愠于群小"，为仁而不遇也。又曰"行迈靡靡，中心如噎"，感境而心不忍也。又曰"悠悠苍天，曷其有极"，不忍而问天焉。哀哉，诗人之情，婉约凄其，无怨无邪，是矣夫，善矣夫。奈血未去逖未出，何能安其思，畅其情哉，安得净土以涣离之乎。《易》曰"涣其血去逖出，无咎"，谓性其情也。

䷃蒙　上九。击蒙，不利为寇，利御寇。

物外之蒙，有厚有薄。薄者发之可脱，厚者非击莫解。发之击之，其理一也，然击而去之，岂从而笠之。或有入主出奴之思，则一蒙甫除，一蒙又成。《易》曰："击蒙，不利为寇，利御寇。"观击蒙与为寇，相去甚远，然其几之异，间不容寸。执击蒙之权者，可不慎辨之乎。

䷠遯　上九。肥遯，无不利。

君子不得不遯者，防消阳耳。然有形者易遯，无形者难避，外物易绝，内欲难远。《易》曰"肥遯，无不利"，所以胜内欲云。止观坐忘，环中随成，逍遥鲲鹏，以遨以游。遯而不知为遯，其肥遯哉，尚落筌蹄之好遯，非其比也。

䷷ 旅　上九。鸟焚其巢,旅人先笑后号咷。丧牛于易,凶。

　　同人同心,旅人违心。同心之至,天下一心。违之甚之,心火将焚。其外也,鸟焚巢,人焚屋。其内也,牛丧而不顺,心丧而不闻。诲尔谆谆,听我藐藐,贪梦中一晌之欢,寻地下无穷之恨。呜呼,旅极不悟,有不自灭者乎。《易》曰:"鸟焚其巢,旅人先笑后号咷。丧牛于易,凶。"

䷴ 渐　上九。鸿渐于陆,其羽可用为仪,吉。

　　德业之成,性命之复,非一跃可至。当法鸿渐之理,由干磐而陆,由木陵而陆。陆而又陆者,终则有始,不安而安之,消息乃际。羽仪明阴阳之往来,生生悟易道之知,能集义所生,非义袭而取之。或未经下五爻,其何以得渐上之吉哉。《易》曰:"鸿渐于陆,其羽可用为仪,吉。"若夫其仪,犹壶子之灭失季咸乎。

䷳ 艮　上九。敦艮吉。

　　水之积也不厚,其负大舟也无力。风之积也不厚,其负大翼也无力。地之积也不厚,其载华岳河海也无力。艮止之积也不厚,其藏震出也无力。成终成始,乾元复生,敦艮之力也。《易》曰"敦艮吉",君子贵之,蜩与学鸠笑之。

䷋ 否　上九。倾否,先否后喜。

　　人心所趋,其势有不可已止者也。时变有则,其理有不可测者也。虽然,平陂往复,阴阳纷若,非不已之已,不测之测乎。当时穷而固,灾眚日起,天见妖孽,民欲偕亡。情变如是,否尚有不倾乎,泰尚有不反乎。《易》曰"倾否,先否后喜",喜者喜其无否塞耳。

䷢晋　上九。晋其角,维用伐邑。厉,吉,无咎,贞吝。

晋有善不善,当以恕道验之,其晋于善者,与恕俱进,故愈晋愈宽。其晋于不善者,与恕相违,故愈晋愈隘。《易》曰"晋其角,维用伐邑。厉,吉,无咎,贞吝",谓隘象已见。或尚不恕,以伐邑为晋,虽有一时之成,君子危之。盖其极,陷角尖而灭尽恕道,何以更晋,触蛮二氏有不吝者乎。

䷓观　上九。观其生,君子无咎。

观上曰"观其生,君子无咎",谓王者之师。夫王师者,观王者所复之心,观王者所立之命,观王者所继之学,观王者所治之民。辅之教之,正之善之,至德凝道,天下之福也。且君子当之,但求寡过,何暇求功,故曰无咎也。

䷖剥　上九,硕果不食,君子得舆,小人剥庐。

饮酖止渴,尚有其人,况见硕大之果,于辘辘饥肠能无动心乎。传乾元之种,存三才之理,常人且不易喻,于饥渴将死者其能喻乎。呜呼,挖肉补疮,孰之过耶,黎民饥寒,孰之失耶。然则成此硕大之果,是耶非耶。非则何能成之,是则何以不能安之,其有天意乎,其有命根乎。庸讵知成之之非天,食之之非命,天命如是,吾其奈何哉。其唯不违自然,不废人事,则乾元三才之道莫外焉。夫剥之剥之，何世无之，食之食之，随时有之。幸人之生也，本具元性，君子能勿丧耳。以未丧者醒，将丧者生，已丧者死，则得民之载，岂有求而为哉。彼丧而不知复，自剥自食而已矣。《易》曰："硕果不食，君子得舆，小人剥庐。"圣人慨乎言之，其情至矣。

卷　二

用　六

䷁坤　用六。利永贞。

乾元坤贞，始终之德。《易》曰"用六，利永贞"，谓利其永，永其贞，贞其思，一其情。唯贞之愈永，其起元愈大，仁其显焉。悟贞元环若无端之际，识六九远近爱恶之用，非太极生生之象乎。

初　六

䷁坤　初六。履霜，坚冰至。
《文言》:积善之家必有余庆，积不善之家必有余殃。臣弑其君，子弑其父，非一朝一夕之故。其所由来者渐矣，由辨之不早辨也。《易》曰"履霜，坚冰至"，盖言顺也。

事物之变，有渐有顿。《易》曰"履霜"，谓渐也，人或不之觉。

曰"坚冰至",其顿乎,人莫不察焉。若君子者,察人所未察,觉人
所未觉,一叶知秋,一言知心,极深研几,物无遁形。且非徒知之
而已,辨微为贵。凡善则速之,恶则止之,速之者助之,止之者化
之。幸其微,化之易正,助之有功,盖先迷后得之坤道,宜待君子
以主其得丧也。

剥　初六。剥床以足,蔑贞凶。

　　小人之消阳,莫不由下起,实为君子之忽乎下也。下者何,足
也。足何用,行也。君子何行,曰"躬行仁义"而已矣。然有君子
者,务仁义之名,不行仁义之实,呜呼,小人势将消之焉。《易》曰:
"剥床以足,蔑贞凶。"人足如床足之不行,有不为小人所剥乎。蔑
贞之凶,君子乎? 小人乎? 君子而不行仁义,犹小人也。

比　初六。有孚比之,无咎。有孚盈缶,终来有它吉。

　　倾盖如故,白头如新,比之孚、不孚也。无孚之比,虽多奚为,
唯伤吾之神耳。君子所贵交,有孚之比也。《易》曰:"有孚,比之
无咎。有孚盈缶,终来有它吉。"谓孚比而美善之,充实之,引申
之,发挥之,则分金忘年,死生可一,通权达变,神感无违。有它之
吉,令人欣慕忘机,其至矣乎。

观　初六。童观,小人无咎,君子吝。

　　《孟子》曰:"尧以不得舜为己忧,舜以不得禹、皋陶为己忧。"
夫以百亩之不易为己忧者,农夫也。是非大观与童观之象乎。如
君子而不能大观,并童观之不若,何怪樊迟有稼圃之问焉。《易》

曰:"童观,小人无咎,君子吝。"

䷏豫　初六。鸣豫,凶。

乞求权门,奔足炎势,竟诩诩自豫,侃侃自鸣,不啻齐人骄其妻妾,井蛙夸于东海之鳖。呜呼,若不省悟,足怜而不足惜。《易》曰:"鸣豫,凶。"

䷢晋　初六。晋如摧如,贞吉。罔孚,裕无咎。

人之初进,能无阻力乎。事之创举,能为人首肯乎。难为虑始,易于乐成,其势然也。所贵乎君子者,人不知而不愠,尽心竭力,正志以赴。有昂然独行之慨,具宽容一切之量,其阻有不消乎,其势有不成乎。《易》曰"晋如摧如,贞吉。罔孚,裕无咎",此之谓也。

䷬萃　初六。有孚不终,乃乱乃萃。若号,一握为笑,勿恤,往无咎。

有乔木,可谓故国乎。世臣其亡,亲臣已疏,国有不乱乎。丰衣食,可谓大家乎。世德丧焉,铜臭沾焉,家有不睽乎。有大有为者出,睽而同之,乱而萃之,不嗜杀人,天下可一。反骄泰而忠信,天下可平,况一国一家乎。《易》曰"有孚不终,乃乱乃萃。若号,一握为笑,勿恤,往无咎",谓中兴之主。曰一握者,仁而已矣。

䷋否　初六。拔茅茹,以其汇,贞吉,亨。

十八学士之兴唐,志公易合,小人各私其私,其合也难。孙膑庞涓之斗智,韩非不容于李斯,同门如是,令人愤慨。大则纣有臣亿万,惟亿万心,周有臣三千,唯一心。《易》曰:"拔茅茹,以其汇,贞吉,亨。"谓君子连袂而起,以一心一德,贞正亿万之私心。则否而泰,消而息,散而聚,乱而治,吉亨之气象成矣。

䷎谦　初六。谦谦君子,用涉大川,吉。

非知之艰,行之惟艰。知行之艰,其唯谦乎。《易》曰:"谦谦君子,用涉大川,吉。"

䷳艮　初六。艮其趾,无咎,利永贞。

不为人所诳者,有自见也。不为人所惑者,有自知也。不为一人所诳惑尚易,不为千万人所诳惑,非深其见大其知不为功。凡其见愈深者,其心愈静。其知愈大者,其心愈一。静之至,事物莫不见,一之极,事物莫不知,虽天下人尚能诳惑之哉。《易》曰:"艮其趾,无咎,利永贞。"夫其趾已止,自得之谓。利永而静,永贞而一,用六之准也。

䷦蹇　初六。往蹇,来誉。

往来之际,有不必辨者,有不可不辨者。或得消息之几,视往来为一,何辨之有。或仅处其一,则消息之辨,不亦严乎。若彼设陷阱,我有广居,往坎遇难,来艮安仁,既无平险之德,其可不知而往乎哉。《易》曰"往蹇,来誉",自安之谓也。

䷴渐　初六。鸿渐于干。小子厉，有言，无咎。

童子之思也正，少年之气也刚。以纯洁之思，行果敢之志，前程未可量也，成人宜善教之。《诗》曰："肆成人有德，小子有造。"若其进也，不免有身之厉，人之言。或由是而散其思，泄其气，尚能如鸿鸟之高飞乎。当以之而正吾之志，养吾之气，始可与语渐进之理焉。《易》曰："鸿渐于干，小子厉，有言，无咎。"

䷽小过　初六。飞鸟以凶。

螳臂挡车，不量力而狂，凶不足惜。若飞鸟以凶，惜之者多焉。奈其宜下不宜上，其行宜止不宜飞，有翼而未具垂翼之知。行虽未狂，犹犯失时之戒，凶之至亦非偶然，君子可不惕之乎。《易》曰："飞鸟以凶。"

䷷旅　初六。旅琐琐，斯其所取灾。

逆旅小子，其知美恶乎。恶者贵而美者贱，其有故乎。琐琐而斯，其自美乎。自美而自怜，行贤而不去，能无旅乎。旅穷而不变，回顾而不前，能无灾乎。《易》曰："旅琐琐，斯其所取灾。"

䷞咸　初六。咸其拇。

真人之息以踵，众人之息以喉。以喉者感以言，以踵者感以行。与其言而无物，孰若行而有验。孔子听言观行，轮扁存数不言。《易》曰"咸其拇"，以踵之谓也。

121

☶ 遯　初六。遯尾厉，勿用有攸往。

外物之累人，何其甚邪。知时为遯，犹恋恋不舍。爱之玩之，宝之守之，方寸为蔽，自远于慧。迨否灾之至，欲舍不能，悒哉，危哉。《易》曰："遯尾厉，勿用有攸往。"宜以龙渊太阿，速斩其尾，当机立断，尚可往乎。

☷ 师　初六。师出以律，否臧凶。

律以正音，音正心正，心正言正，言正行正，行正功正。律之为用，岂不大哉。师初曰："师出以律，否臧凶。"盖师之出征，差以毫厘，失以千里，可略有不正乎。以律辨微，验军心之思，敬之严之，勇之仁之，庶以免否臧之凶也。

☶ 蒙　初六。发蒙，利用刑人，用说桎梏，以往吝。

《易》曰："发蒙，利用刑人，用说桎梏，以往吝。"其义若何，曰有蒙未发，其位未正，发蒙者之正也。正以济天下之未济，定以安人心之妄乱，用仁义以刑人，说残贼之桎梏，发蒙之功大矣哉。然发之之理，正之之法，殊未可往。往则无信不立，名不正言不顺，尚能发人之蒙乎，其吝宜哉。

☵ 习坎　初六。习坎，入于坎窞，凶。

人于险阻，当善为习之。若君子者，习而知之，知而亨之，亨而化之，化则险阻解焉。而小人者，习而泥之，泥而执之，执而入之，入则险阻日甚，终身不解。《易》曰"习坎，入于坎窞，凶"，谓小人之作茧自缚也。

䷺涣　初六。用拯马壮，吉。

危乎哉人心之涣散，哀乎哉心死而狂悖。幸其初，犹可以敬畏之教，刚毅之气，正大之情，奋勇之行，威之容之，感之救之。《易》曰"用拯马壮，吉"，出入于坎窞也。

䷧解　初六。无咎。

解者，解人之窒碍耳。窒碍生咎，解之无咎。解初唯曰"无咎"者，补过莫要于初，解窒碍之时也。

䷿未济　初六。濡其尾，吝。

君子之赴难，勇往直前而已。有破釜沉舟之志，无反顾徘徊之思。故其困必解，其险必济，岂若小人之沉沦于难哉。未济初曰"濡其尾，吝"，明小人无济之之方也。

䷮困　初六。臀困于株木，入于幽谷，三岁不觌。

坐松下以流憩，畅雅怀于闲情，何物不睹，何事不了。斯何人也，仙家乎，隐者乎。而或倚枯木而呻呼，处阴晦之幽谷，欲行不得，欲安不能。斯何人也，鬼客乎，困者乎。《易》曰："臀困于株木，入于幽谷，三岁不觌。"夫境尚自化，君子鉴之。

䷅讼　初六。不永所事，小有言，终吉。

夫人情之发,变幻莫测,贵能制之耳。究争讼之事,皆起于情之怒。当初呈讼几,制之尚易,小言訾謷,不永为是。讼初曰:"不永所事,小有言,终吉。"终吉者,节中而和也。

䷭升 初六。允升,大吉。

升之非难,允其升为难。允其升非难,在下而得上位允升者尤难。升初曰"允升,大吉",谓得其尤难者。夫升之道贵顺积,贵轻灵,贵无待,贵自然。得其道焉,自信也足且真,上将喜之不胜,允可立待,则尤难而不难。而或违此,自信也颠而疑,反欲求上位之信,不亦为难之尤乎。故君子求其在吾者而已矣。

䷑蛊 初六。干父之蛊。有子考无咎,厉,终吉。

舜处于父顽母嚚弟傲之间,若完廪捐阶而焚,浚井下土以掩,不亦艰困危厉乎。然能克谐以孝,烝烝乂,不格奸,终至瞽叟底豫而天下之为父子者定,非大孝能之乎。实为干蛊之准绳,事亲之典范。《易》曰:"干父之蛊。有子考无咎,厉,终吉。"凡人子之境,绝不如舜之险,故以舜为则,何厉不化,化厉而终吉,庶不愧当有子之名也。

䷯井 初六。井泥不食,旧井无禽。

掘井九仞而不及泉,犹为弃井,可功败垂成乎。蹊间成路,为井不用茅塞之矣,可既成而不修乎。成之新之,其可已乎。《易》曰"井泥不食,旧井无禽",君子耻之。

☴巽 初六。进退,利武人之贞。

巽有进退不果之德,其弊也使人生疑,令人惑乱。每患歧途之思,常陷不决之苦,非成事之大障乎。宜以武人刚毅果敢之情治之。巽初六曰"进退,利武人之贞",所以正优柔寡断者。

☳恒 初六。浚恒,贞凶,无攸利。

物有本末,事有终始,知所先后,则近道矣。盖事物之理,可循致而悟,未可颠乱而得。先后之辨,道之所在,其可忽乎。恒初曰"浚恒,贞凶,无攸利",谓违其序也。凡位初为始,已浚而深之,如入五里雾中,何利之有。尚恒之贞之,凶而已矣。孔子之循循善诱,孟子贵当务之急,皆所以免此贞凶也。

☲鼎 初六。鼎颠趾,利出否,得妾以其子,无咎。

子继父而干蛊,承以德也。国太子之继位,当颠鼎趾以出否。不然,赵高专秦,王莽篡汉,足戒焉。若继位之法,立嫡以长不以贵,立子以贵不以长,子以母贵,母以子贵。《易》曰:"鼎颠趾,利出否,得妾以其子,无咎。"犹贵子以干蛊,其无长子虩虩,鼎趾尤不可不颠也。

☱大过 初六。藉用白茅,无咎。
《系辞》上:初六"藉用白茅,无咎"。子曰:"苟错诸地而可矣。藉之用茅,何咎之有,慎之至也。夫茅之为物,薄而用可重也,慎斯术也以往,其无所失矣。"

《易》曰:"藉用白茅,无咎。"老子曰:"善行无辙迹。"其义似焉。夫迹出于履,奈以迹为履者比比,然可不藉白茅以善行之乎。

䷫姤 初六。系于金柅,贞吉。有攸往,见凶,羸豕孚蹢躅。

《易》曰:"系于金柅,贞吉。有攸往,见凶,羸豕孚蹢躅。"夫柅以止车,善驾车者,首当重之。能行之而未能止之,伤人毁物,凶将不堪。不见蹢躅之羸豕乎,蠢蠢欲动之心,足以亡国破家,羸者可不慎而又慎耶。

六 二

䷁坤 六二。直方大,不习无不利。

《文言》:直其正也,方其义也。君子敬以直内,义以方外,敬义立而德不孤。直方大,不习无不利,则不疑其所行也。

人法地,地法天,天法道,道法自然。自然者,一阴一阳之资始资生。夫乾动也直,直成坤方,方积乃大。此有形之形,无体之体,直方而大,何习之有。代大匠斫,鲜不伤手,可不戒诸。《易》曰"直方大,不习无不利",尚自然也。

䷖剥 六二。剥床以辨,蔑贞凶。

形上形下,不可不辨,君子小人,不可不分。奈君子失实,何以见君子,虚文无质,何以辨道器。徒存空名于形上,其能久乎。乃阴之消阳,由足及辨床辨剥,几希丧。蝉翼为重,千钧为轻,黄钟毁弃,瓦釜雷鸣。正理正声,正色正味,沦亡殆遍。《易》曰:"剥床以辨，蔑贞凶。"蔑辨之凶，人类之凶也。

䷇比　六二。比之自内，贞吉。

比之为言，近也。觌面会晤，握手言笑，不亦近乎。然未若自思自知之犹近。孟子贵自得之逢原，庄子述生白之吉祥，皆内比之象。《易》曰"比之自内，贞吉"，自悟之谓也。

䷓观　六二。窥观，利女贞。

《易》曰"窥观，利女贞"，其义若何。曰：观有阴阳，阳曰大观，阴曰窥观。窥观者，重情而专，其视物也隘，其察物也精。虽隘而精，可补大观所忽，女贞从阳，乃无遗憾，不亦利乎。若以窥而发人隐衷，阴以挟阳，缇骑四出，呜呼，剥烂不远焉。

䷏豫　六二。介于石，不终日，贞吉。

《系辞》下：子曰："知几其神乎。君子上交不谄，下交不渎，其知几乎。几者动之微，吉之先见者也。君子见几而作，不俟终日。《易》曰：'介于石，不终日，贞吉。'介如石焉，宁用终日，断可识矣。君子知微知彰，知柔知刚，万夫之望。"

为君难，为臣不易，不几乎一言兴邦乎。唯君言而莫予违，虽不善亦然，不几乎一言丧邦乎。前者知阴知阳，后者知阴而不知阳。更若枨之欲，实知阳而不知阴也。观《周易》首乾，知阴而尚阳。老子守黑，知阳而尚阴。夫所尚者，人各有性情之异，其可一乎，亦何必一之。唯以欲为刚，以莫予违为柔，可不介然早正之乎。《易》曰："介于石，不终日，贞吉。"

䷢晋　六二。晋如愁如,贞吉。受兹介福,于其王母。

不曰如之何如之何者,吾末如之何也已矣。然则晋如何不愁如乎。晋之愁之,贞之往之,步步为营,有不吉乎。且如是之晋,非刚毅之晋,柔顺之晋也。《易》曰"受兹介福,于其王母",不亦宜乎。

䷬萃　六二。引吉,无咎,孚乃利用禴。

聚沙成塔,集腋成裘,有中有信,相引相积。其中愈正,其积愈厚,其信愈诚,其引愈广。若中正诚信,心通而已,岂尚外物哉。《易》曰"引吉,无咎,孚乃利用禴",萃聚之正则也。

䷋否　六二。包承。小人吉,大人否,亨。

怀德怀土,怀刑怀惠,君子小人之辨在焉。然上无刑化之德,仅以私土惠人,不亦吉于小人而不利于君子乎。故君子当修德以成大人,大人者,自刑其德耳。夫人欲富贵不以其道,得而不处,人恶贫贱不以其道,得而不去。安贫乐道,何与乎小人,则虽否犹亨。《易》曰:"包承。小人吉,大人否,亨。"

䷎谦　六二。鸣谦,贞吉。

诚中形外,闻言知心。《易》曰"鸣谦",谓躬行谦道者,贞之而吉,不亦宜乎。盖有周公之才之美尚忌骄且吝,况无周公之才之美乎,其可舍谦而趋骄吝哉。

䷳ 艮　六二。艮其腓，不拯其随，其心不快。

人患瘫痪者，心有令而不行，麻痹不仁，大可哀矣。或患疯颠者，四肢百骸，动静失当，疾迷心窍，不知所令，哀亦甚矣。《易》曰："艮其腓，不拯其随，其心不快。"夫心之不快，不外腓之不当止而止，当止而不能止也。

䷦ 蹇　六二。王臣蹇蹇，匪躬之故。

屈原不忍舍蹇蹇之患，孔明有鞠躬尽瘁之志。《易》曰："王臣蹇蹇，匪躬之故。"盖有执终为可议，匪躬始曰王臣，君子勉之。

䷴ 渐　六二。鸿渐于磐，饮食衎衎，吉。

吾岂匏瓜，焉能系而不食。吾非犬马，何使仆仆亟拜。得中得时，有德有位，安身行道，饮食在其中矣。《易》曰："鸿渐于磐，饮食衎衎，吉。"

䷽ 小过　六二。过其祖，遇其妣，不及其君，遇其臣，无咎。

半阴半阳，相互相切，变动不居，周流无已。或过其阳者，自然遇阴，不及其阳，仍属于阴，是之谓过犹不及。若小过者，其象为阴，顺时遇之，无咎之道也。故曰："过其祖，遇其妣，不及其君，过其臣，无咎。"妣与臣皆阴象云。或谓不曰过其君不及其祖，何哉，盖君道不可过，祖德乃宜子孙之过之也。

䷷ 旅　六二。旅即次，怀其资，得童仆，贞。

行旅而不乱其志,失居而未丧其资,服下而心得其贞,备此三者于旅何尤。上如孔子之周游,何碍陈蔡绝粮。下如重耳之走国,终得归而霸焉。《易》曰:"旅即次,怀其资,得童仆,贞。"

䷞咸 六二。咸其腓,凶,居吉。

《易》曰"咸其腓,凶,居吉",谓臣之感君也。逢君之恶,必凶无疑。反本尽礼,何谄之有。若居礼之实,手足腹心,犬马国人,土芥寇雠而已矣。君君臣臣,不亦吉乎。

䷠遁 六二。执之用黄牛之革,莫之胜说。

阴气已凝,消势已成。君子乃退而观之,遁以止之,远而感之,严以化之。佯狂避世,愚不可及,卫道之志,其有已乎。《易》曰:"执之用黄牛之革,莫之胜说。"

䷗复 六二。休复,吉。

复者,复仁也。仁者之心,非不仁者所能知。能知仁者而美之下之,亲之准之,其与仁者近焉,是以"休复,吉"。

䷚颐 六二。颠颐,拂经。于丘颐,征凶。

颐养之理,阴阳而已矣。阳以养人,阴以养于人。养人以正,阳之阳也。养人以不正,阳之阴也。受正人之养,阴之阳也。受不正人之养,阴之阴也。不论阴阳之阳则是之、阴则非是者为经,非曰拂经。颐五者养人之拂经,此颐二者受养于人之拂经也,又

130

不能自养,曰颠颐。二四阴位之同功,或颠蹶而不能守,自甘拂经以之阴,无耻辱之心,丧人格之尊,则千里求食,仍将不获。颐二曰"颠颐,拂经。于丘颐,征凶",谓失颐养之正,何往而不凶耶。

䷂屯　六二。屯如邅如,乘马班如,匪寇婚媾。女子贞不字,十年乃字。

其志远者,不徇于俚俗。有抱负者,不愿乎小成。屯邅之难,增我之力;班如之疑,益我之思。若奇士之不羁,如贞女之不字,子思狂简,非此象乎。必数十而周裁之,而得辨匪寇婚媾,十年乃字。《易》曰:"屯如邅如……十年乃字。"

䷩益　六二。或益之十朋之龟,弗克违,永贞吉。王用享于帝,吉。

损上中益下中之"或益之",得时也。时位上中元可显,时位下中贞宜永,王永贞以享帝,待元之出乎震也。未出而上益下,性至命;既出而下益上,命复性。性命损益,贞元之续也。《易》曰:"或益之十朋之龟,弗克违,永贞吉。王用亨于帝,吉。"

䷲震　六二。震来厉,亿丧贝,跻于九陵。勿逐,七日得。

万物出震,万象更新,故旧者除之为是。不破不立,丧贝何噫,况有崔巍之层峦名山可藏。待反复之七日,新物亦将成旧,丧者有不得乎。若无计寻九陵以跻,不耐待七日之复,呻呼喑噫,何补于事。咆哮追逐,徒增其厉,不知孰甚。《易》曰"震来厉,亿丧贝,跻于九陵,勿逐,七日得",善化万物也。

䷔。噬嗑　六二。噬肤,灭鼻,无咎。

　　肤鼎易噬,大义易辨。得其义,凝其气,无实者不敢施其诞,理亏者不能伪其情。一举而得之,一往而服之。《易》曰"噬肤灭鼻",此之谓也。

䷐。随　六二。系小子,失丈夫。

　　自心已具小子、丈夫之弗兼与,宜孟子不及事齐事楚之谋,岂孟子之谋不及子产欤。盖事人者阴象耳,何能兼之。《易》曰"系小子,失丈夫",谓阴之随阳,人君其可如是乎。

䷘。无妄　六二。不耕获,不菑畲,则利有攸往。

　　理所必无,事竟或有。非事之不经,理之未备耳。庚桑楚北居畏垒之山,三年而大壤。藐姑射山有神人居,其神凝,使物不疵厉而年谷熟。其善乎否乎,可信乎不可信乎。其唯知其善者而善之,知其否者而否之,知其可信而信之,知其不可信而不信之,始为得之,是谓无妄。无妄六二曰:"不耕获,不菑畲,则利有攸往。"夫不耕而获,不菑而畲,则其往利,是岂教人不耕不菑乎,亦岂教人必耕必菑乎。有前者之失,宜庚桑楚不愿人之俎豆。有后者之失,宜连叔有以悟肩吾也。

䷣。明夷　六二。明夷于左股,用拯马壮,吉。

　　礼乐明于上,四民承于下,随之久之,安之息之,帝力何有于我哉。然一旦明夷,礼毁乐废,尚或因循之,其左股有不为夷者所伤乎。伤而能自拯以壮马,复自强之性,变随上之明为自明,其明不亦吉乎。《易》曰:"明夷于左股,用拯马壮,吉。"

䷕。贲　六二。贲其须。

阴阳相须,其思贲然,无文之言,行也不远。经纬天地,无远弗届,起幽壑之潜蛟,醒沉醉之二乘。鸢飞鱼跃,倏忽相遇,《易》曰"贲其须",唯望七窍之不凿也。

䷾。既济　六二。妇丧其茀,勿逐,七日得。

事之始成,已纤毫无缺乎。国政初定,能百废俱兴乎。间或未备,理当渐足之。如有王者必世而后仁,惟日臻美善斯已矣。《易》曰"妇丧其茀,勿逐,七日得",谓大纲既立,细目将济,何必逐哉。曰"七日得"者,有俟乎自悟耳。

䷤。家人　六二。无攸遂,在中馈,贞吉。

国有鼎食,家有中馈,乃燧人氏火化之功,所以进人于三才,大异于生食之禽兽矣。然则调和鼎鼐以治国,烹饪中馈以齐家,其任不亦重哉。若国有折鼎足者,家岂无覆馈者。凡有遂而不顺,主馈而不中,凝而不亲,僻而不正,殊非家之福。《易》曰"无攸遂,在中馈,贞吉",则家有不兴乎。

䷶。丰　六二。丰其蔀,日中见斗,往得疑疾,有孚发若,吉。

日有食之光乃晦,日中犹见北斗,民不堪命焉。呜呼,唯其有

133

蔀,理当易之。唯有所易,往为所疑。唯有疑疾,以见我孚。唯以诚孚,发彼晦暗。晦暗者去,如日之重光。《易》曰:"丰其蔀,日中见斗,往得疑疾,有孚发若,吉。"吉者,明德于天下也。

☲。离　六二。黄离,元吉。

雉有文明之德,可避世间之网罗。色斯举矣,翔而后集。择中色而丽之,杀几可减。此黄离所以元吉欤。《易》曰:"黄离,元吉。"

☲。革　六二。己日乃革之,征吉,无咎。

物有堕性,人多羶行,德不加深,蚁慕无穷。众至能周比乎,守中能无失乎。由戊而己,其中已过,革之者至焉。征其堕,去其羶,谁曰不宜。《易》曰:"己日乃革之,征吉,无咎。"

☲。同人　六二。同人于宗,吝。

楚人失弓,楚人得弓,似优于一己之私,然犹同人于宗。志通天下,免楚而可。不然,五十步笑百步。况同宗之私,将甚于一己者。此廓然之思,岂濡首者可望其项背耶。《易》曰:"同人于宗,吝。"

六　三

☷。坤　六三。含章可贞。或从王事,无成有终。
《文言》:阴虽有美含之,以从王事弗敢成也,地道也,妻道也,臣道也,地道无成而代有终也。

坤三曰:"含章可贞,或从王事,无成有终。"谓君子志道以从王事也。有学有用,有始有终。其始学也,不成章不达,终也含之。当其用也,始则时发其含,终则以功归王。嘉其知会,其章可贞,贵其无成,其人有终。若扬才诩己者,能有成而无成乎,能慎始而善终乎,当鉴之戒之。

䷖剥　六三。剥之,无咎。

《易》曰:"剥之,无咎。"阴剥阳而得无咎,不亦怪哉。实剥三者能自拔于流俗,出污泥而不染,有感通乎乾元,应硕果于将亡。虽曰剥之,不啻存之,乃暗中之爝火,小人中之君子。当穷上反下之际,道略有寄焉,何咎之有。

䷇比　六三。比之匪人。

见染丝而泣,不亦仁乎,无德者能不磷不缁乎。灾人反灾,益多而已。乃周流合污,甘比匪人,哀莫大于心死,呜呼悲哉。《易》曰"比之匪人",凡仁未足者,可轻言觉人乎。

䷓观　六三。观我生进退。

世有盛衰,道有隆替。以隆盛观衰替,势将哀悼之,惋惜之,痛定思痛,垂戒也深。以衰替观隆盛,则将退想之,渴慕之,切肤之痛,其言也悲。《易》曰"观我生进退",此之谓乎。

䷏豫　六三。盱豫悔,迟有悔。

热中内燃,蓬心外现,羡彼之巍巍,将效彼之逐逐。呜呼,豫何盱乎哉。若火之燎于原,不可向迩,其犹可扑灭。养心莫善于寡欲,当悔之改之,尤当速之。《易》曰:"盱豫悔,迟有悔。"

䷢晋　六三。众允,悔亡。

左右大夫之毁誉,未可信也,待国人之言而察之。舜选于众,举皋陶,汤选于众,举伊尹,不仁者远。盖众人之论,至理存焉,是之谓民为贵。晋三曰:"众允,悔亡。"凡上之举下,下之上进。未得众允,其自私之悔能亡乎。

䷬萃　六三。萃如嗟如,无攸利,往无咎,小吝。

不与化为人,安能化人;不知萃于人,何能萃人。化之萃之之不得,叹声起,嗟声作,亦何利之有。不如往化于人、往萃于人之为愈也。虽然,既已化为人焉,既已萃于人焉,又何可不化人萃人哉。《易》曰:"萃如嗟如,无攸利,往无咎,小吝。"

䷋否　六三。包羞。

褚小者不可以怀大,绠短者不可以汲深。必以小褚短绠包之而谓无不容焉,不亦羞乎。绝大而深,否象乃成,否三曰"包羞"是其义。

䷆师　六三。师或舆尸,凶。

《易》曰:"师或舆尸,凶。"见禽兽相食,人且不忍,况人之自相残杀乎。圣人不得已而用师,止戈为上,岂尚杀哉。善战上刑,戒杀消灾,非虚言也。盈野盈城,舆师而归,强战强事,以人命为赌注。呜呼,其凶甚矣,其凶甚矣。

䷃ 蒙　六三。勿用取女,见金夫,不有躬,无攸利。

人情之感以诚为本,于五伦间为至情之萃聚,至诚之敷衍。山泽通气以成夫妇,尤重乎此,其可感以外物哉。《易》曰:"勿用取女,见金夫,不有躬,无攸利。"谓见夫之金,躬已不有。慕外慕财,感物徇物,何利之有,非彝伦攸敦之渊薮乎。

䷜ 习坎　六三。来之坎坎,险且枕。入于坎窞,勿用。

阴霾沉沉,日光翳翳,浊流滚滚,漩涡淜淜。飚风怒作,暴浪飞空,水波狂舞,禽兽窜奔。知之思之,见之处之,不欲避之者鲜焉,不为所陷者寡焉。能不心悸乎,能不悲愤乎,尚可用以设险乎。《易》曰:"来之坎坎,险且枕,入于坎窞,勿用。"

䷺ 涣　六三。涣其躬,无悔。

形固可使如槁木,心未尝不可使如死灰。吾已丧我,始闻天籁,吹万不同,咸其自取。《易》曰"涣其躬,无悔",犹破我入法也。

䷧ 解　六三。负且乘,致寇至,贞吝。
《系辞》上:子曰:"作《易》者其知盗乎。《易》曰'负且乘,致寇至'。负也者小人之事也,乘也者君子之器也。小人而乘君子之器,盗思夺之矣。上慢下暴,盗思伐之矣。慢藏诲盗,冶容诲淫。《易》曰'负且乘,致寇至',盗之招也。"

君子不患无位,患所以立,宁有德而不居,决不无德而窃位。或违此义,惟名利是争,幸有所获,其何以制之。则名有不为人所毁乎,利有不为人所夺乎。出乎尔者反乎尔者也,贞之亦奚以为。《易》曰:"负且乘,致寇至,贞吝。"

䷿未济　六三。未济,征凶,利涉大川。

真伪之道辨乎哉,美丑之形存乎哉,是非之理有乎哉,善恶之分严乎哉。似有反复之变,心具神明之德。必以伪正真,真者依然,伪将自灭,盍不反其出征之力以自渡乎。《易》曰:"未济,征凶,利涉大川。"

䷮困　六三。困于石,据于蒺藜,入于其宫,不见其妻,凶。
《系辞》下:《易》曰:"困于石,据于蒺藜,入于其宫,不见其妻,凶。"子曰:"非所困而困焉,名必辱。非所据而据焉,身必危。既辱且危,死期将至,妻其可得见耶。"

安而安之,悦而悦之,不安而不安,不悦而不悦。适性恂达,知命昕昕,非贤者不能也。若不安而安之,不悦而悦之,安而不安,悦而不悦,失性怫郁,丧己妄惑,其生何谓哉。《易》曰"困于石,据于蒺藜,入于其宫,不见其妻,凶",自扰自困之谓也。

䷅讼　六三。食旧德,贞厉,终吉。或从王事,无成。

讼源虽多,合则名利而已。争名于朝,争利于市,前仆后继,如飞蛾之投火,令人感慨系之。《易》曰"食旧德,贞厉,终吉,或从王事,无成",所以塞讼源云。食旧德而不争利,从王事而不争名,贞而守之,虽厉终吉。无成之成,历久不毁,通达之君子必有取焉。

䷗ 复　六三。频复,厉无咎。

事有一往无阻乎,思能畅达无窒乎,初复何以多碍,悟道难免反复。唯阻之窒之之不已,宜事每曲成,思入幽忧。《易》曰"频复,厉无咎",谓有百折不挠之志,是以无咎。

䷚ 颐　六三。拂颐,贞凶。十年勿用,无攸利。

旷安宅而弗居,舍正路而不由,不仁不义,其何以立身于天地哉。人而无礼,何不遄死,穿凿之知,何用之有。其所欲莫甚于生,其所恶莫甚于死。四德沦亡而不顾,虽生犹死,拂颐如是,何颜见大过之虽死犹生。《易》曰:"拂颐,贞凶。十年勿用,无攸利。"

䷂ 屯　六三。即鹿无虞,惟入于林中。君子几,不如舍,往吝。

凡人各有其能,皆足以制物。物性万不同,人之能亦万不同,其可责备于一人乎。故君子之制物也,非必逐物以制之,几在用人之当。不然劳而无功,往而不返,将为物所制,尚足称君子乎。《易》曰:"即鹿无虞,惟入于林中。君子几,不如舍,往吝。"

☲益　六三。益之用凶事，无咎。有孚中行，告公用圭。

生死存亡，孰能免之，吉事凶事，参差见之。若上之益下，尤重凶事。发政施仁，必先穷民无告之鳏寡孤独。能补有憾于天者，尚忍造人伪之凶事乎。况孚以诚，行乃中，不以人灭天，不以性灭命。用圭以通之，得要以益之，益公一人，千万人莫不受益焉。《易》曰："益之用凶事，无咎。有孚中行，告公用圭。"

☳震　六三。震苏苏，震行无眚。

世途险巇，人事叵测，陷人之阱密布，诱人之窟无穷。勾心斗角，争权争利，声色犬马，玩人玩物，皆足以消人之志，丧人之德，腐人之思，毁人之行。若苏苏散乱，衰颓萎靡，莫不由是而起。嗟嗟震道，纯净之元气犹存乎，可不振起以速行之乎。《易》曰："震苏苏，震行无眚。"

☲噬嗑　六三。噬腊肉，遇毒，小吝，无咎。

《易》曰："噬腊肉，遇毒，小吝，无咎。"噬腊肉，其毒何来，矢有毒也。莫须有冤狱何多，位不当耳。正位重明所以解其毒，进德而断，小吝乃无咎。故君子不患遇毒，患不能去，如欧阳崇公之常求其生，犹失之死也。小人则设毒惧毒，偏噬之不舍，呜呼，能免自毒乎。

☱随　六三。系丈夫，失小子，随有求得，利居贞。

阴有长幼宜随，阳有丈夫小子之不同。二位三下，故系小子失丈夫,不必成大过之老夫得其女妻。三位二上,故系丈夫失小子,亦不必成大过之老妇得其士夫。老夫老妇士夫女妻系人而正,大过之颠可免。三索有序,随人之道有得。鰈鹣雍雍,倡随有礼,成刑于之化,收内助之利,无内顾之忧也。《易》曰:"系丈夫,失小子,随有求得,利居贞。"

☷ 无妄　六三。无妄之灾,或系之牛。行人之得,邑人之灾。

　　阴阳具消长之理,动静以得时为贵。当动而义在行,万物归焉,宜静而道属居,万物亦归焉。万物之流行,适时而已矣。何知焉,何心焉,无知无心,是谓无妄。或以动静观之,得失存焉。得者为福,失者罹祸,祸福倚伏,所尚进退。此人事之变迁,世法之推移,人其奈何哉。《易》曰"无妄之灾,或系之牛,行人之得,邑人之灾"者,斯可以语消息焉。

☷ 临　六三。甘临,无攸利,既忧之,无咎。

　　子责子路贼夫人之子,说漆雕开之未能信,其故何在? 盖"甘临无攸利"。孟子曰"人之患在好为人师",临可甘乎哉。如不得已而临之,当战兢以忧,冀咎之不长,非利其临也。

☷ 损　六三。三人行则损一人,一人行则得其友。
《系辞下》:天地絪缊,万物化醇,男女构精,万物化生。《易》曰:"三人行则损一人,一人行则得其友。"言致一也。

　　太极两仪,由一而二。两仪四象,由二而四。三则次于仪象之间,犹太极之一与两仪之二,乃损一以成两仪之阴阳,所损之一又将由一而二。《易》曰"三人行则损一人,一人行则得其友"。谓阴阳之生生云。

☵☱ 节　六三。不节若,则嗟若,无咎。

节之为言,鞭其后也,过者当止,不及者速之。若单豹之养内,虎食其外,是犹无君之杨朱乎。不知节内以鞭外,将何以处世。若张毅之养外,病攻其内,是犹无父之墨翟乎。不知节外以鞭内,将何以自处,是皆不节者也。《易》曰:"不节若,则嗟若,无咎。"自知不节而嗟,速鞭其后,尚可无咎。而或饿虎已遇,热病已发,嗟无及矣。

☴☱ 中孚　六三。得敌,或鼓或罢,或泣或歌。

感而不应者,孚之未诚也。事有不成者,孚之未中也。有外者,孚之未纯也。有敌者,孚之未一也。违逆于诚中纯一之理,尚能化敌乎。鼓者、罢者、泣者、歌者,情有为变,未孚则一。《易》曰"得敌,或鼓或罢,或泣或歌",谓无力以孚敌也。

☳☱ 归妹　六三。归妹以须,反归以娣。

美人迟暮,反归以娣,天涯沦落,伤感万端。花鸟之宜人,触景以增悲,星月之皎洁,感时而嗟叹。往事奈何,徒呼负负,有江州司马为之泪湿矣。《易》曰:"归妹以须,反归以娣。"

☲☱ 睽　六三。见舆曳,其牛掣,其人天且劓,无初有终。

泥泞水滓之涂,舆有不曳乎。牛性尚未驯顺,可使挽车乎。况其人犷悍无行,可使驾狠牛以行车于湿涂乎。涂淤舆陷,牛掣人僇,不啻盲人骑瞎马以驰骋于悬崖绝壁也。危矣哉睽之为道,狂矣哉睽之为义,其可行乎,其可法乎。当修道起舆,服牛教人。《易》曰:"见舆曳,其牛掣,其人天且劓,无初有终。"无初者睽也,有终者合其睽也。

☱ 兑 六三。来兑,凶。

情不可执,欲不可纵,乐不可极,私不可成。而或违之,是谓"来兑,凶"。

☲ 履 六三。眇能视,跛能履,履虎尾,咥人凶。武人为于大君。

《易》曰:"眇能视,跛能履,履虎尾,咥人凶。武人为于大君。"何谓也。夫眇能视,无以与乎五色之文,跛能履,无以行乎大道之平,是皆为形骸之聋盲。曰"履虎尾,咥人凶"者,已不能适境而处,非知之聋盲乎。若武人者,刚毅果敢有余,木讷渊舒不足,故以武人为大君,不可谓无聋盲之弊。或以有为于大君,则尚足为先驱云。

六　四

☷ 坤 六四。括囊,无咎无誉。

《文言》:天地变化,草木蕃,天地闭,贤人隐。《易》曰"括囊,无咎无誉",盖言谨也。

以不跃之祥金，铸三缄之金人，寒蝉自若，秋虫何为。《易》曰"括囊，无咎无誉"，免老子之大患也。

剥　六四。剥床以肤，凶。

足辨已剥，肤有不剥哉。彝伦攸敦，明堂必毁。历时不治，忾羊乃去。甚则八佾舞于庭，三家以雍彻，言皆无父无君，行属率兽食人。《易》曰："剥床以肤，凶。"痛哉，宜孔子惧而作《春秋》，孟子不得已而畅辩焉。

比　六四。外比之，贞吉。

闭门造车能合轨乎，独学无友能博识乎，不究外物能广业乎，不亲贤者能成德乎。《易》曰"外比之，贞吉"，其可忽乎哉。

观　六四。观国之光，利用宾于王。

韩宣子适鲁，见周公之德，季札观乐，知各国之政，不亦善观其光乎。王者尚宾以化之，乃光及天下，宾礼之义不亦重哉。然其光或晦，问鼎轻重者有之，手染鼎实者有之，可不惧之惕之。《易》曰："观国之光，利用宾于王。"

谦　六四。无不利，捴谦。

唯君子知君子，必谦者识谦者。谦谦相捴，将得尤谦者而举之，则其功愈大，其德愈广。以登正位，天下莫不引领而望之。《易》曰"无不利，捴谦"，以戒不谦而争者。

艮 六四。艮其身,无咎。

言教不如身教,一动不如一静。身正者不令而行,身不正者虽令不从。哜有烦言,孰若止之。宁神达忘言之美境,复艮身而寂然。《易》曰"艮其身,无咎",忘身之谓也。

蹇 六四。往蹇,来连。

《易》曰"往蹇,来连",其义若何。曰蹇,难之未解也。君子有守位之责,可以身殉道,未闻以道殉人。况修德有邻而不孤,枉己者何能正人,曰蹇曰连,以戒知往而不知来者。

渐 六四。鸿渐于木,或得其桷,无咎。

由下而上,由内而外,由小而大。其变化之交,渐进之大限乎。从其大体为大人,从其小体为小人。不龟手一也,或以封,或不免于洴澼絖。格物一也,或以役物,或终身役于物。若恋水而不近木,尚知有桷之足安乎。《易》曰"鸿渐于木,或得其桷,无咎",已上之谓也。

师 六四。师左次,无咎。

《易》曰:"师左次,无咎。"夫君子贵左,用兵尚右,师而左次,非王者之师乎。禹拜善言,班师振旅,舞干羽于两阶,七旬有苗格,何咎之有哉。

蒙 六四。困蒙,吝。

《易》曰"困蒙，吝"，其心之苦莫甚焉。盖时逾童蒙，惜未逢发蒙者以发之，包既无缘，击亦未遇。孑然独然，颓然昏然，委靡丧振奋之志，羸弱乏破蒙之力，呜呼困矣。非体仁积德勤学畜能以自厉，蒙将自解乎。困而不学，民斯为下，宜善自惕勉之。

☵ 习坎　六四。樽酒，簋贰，用缶。纳约自牖，终无咎。

饮食以存身，非求口腹之欲也。存身以明道，非求居处器用之美也。况世乱而富且贵，其耻莫甚焉。乐其道而不忧贫，守其理而感其人，其仁莫甚焉。《易》曰："樽酒，簋贰，用缶。纳约自牖，终无咎。"西伯乎，孔颜乎。

☵ 涣　六四。涣其群，元吉。涣有丘，匪夷所思。

《易》曰："涣其群，元吉。涣有丘，匪夷所思。"夫群者，群龙也，龙战于野，争首耳。宜涣之挥之，进之退之，会通之而无首，光大之而有丘。此无思之思，无为之为，犹转识成智，无心复心。四德辉煌，炳耀宇宙，非晦夷者之所思也。

☷ 升　六四。王用亨于歧山，吉无咎。

王升山以亨之，效山之仁也。仁化天下，不仁者灭，民莫不希冀王之亨山也。惜有始皇之刻石，不亦玷辱青山乎，宜亨山未毕，身入鲍鱼。呜呼，无德者其可效颦哉。《易》曰："王用亨于歧山，吉无咎。"仁者之吉，不仁者之凶也。

☶ 蛊　六四。裕父之蛊，往见吝。

从父之令,焉得为孝。奈未为争子于先,竟忍直躬于后,失几希之辨,不成人子。《易》曰:"裕父之蛊,往见吝。"

䷯井　六四。井甃,无咎。

掘地得泉,井水莫不可汲。天下之大,四方人材无穷。惜井而未甃,其洁白之泉不时为泥所塞,为泥所污。犹人材之不加教诲,能免流俗之汩之陷之乎。噫,得泉而未保其清,有材而不竟其用,随得随失,方成即毁。知掘不知甃,知德不知修,劳而寡功,散而无效,咎且甚于不掘泉之自然。《易》曰"井甃,无咎",所以戒掘井者。

䷸巽　六四。悔亡,田获三品。

操田狩之术,有获禽之能,得而辨之,三品井然。或以乾豆,或以宾客,或以充庖,人尽其礼,物尽其用,其技可谓善焉。然匠石无郢人为质,不能见其鼻端之垩。管仲非鲍叔之荐,何以成一匡之业。甚则宋人资章甫以入越,朱泙漫之苦学屠龙,其用何在。是皆巽一阴之悔,必赖震阳始能亡之。巽四曰"悔亡,田获三品",谓亡其悔以显其功也。

䷗复　六四。中行独复。

首阳崷岚,汨罗淳湜,示仁知之中行,立万世之独复。质鬼神,通死生,恬然怡然,恪然惓然。射乾元之光,贯天地之心,伟矣哉,中而独,矫矣哉,独而中。《易》曰"中行独复",长夜之燎炬也。

䷚ 颐　六四。颠颐,吉。虎视眈眈,其欲逐逐,无咎。

　　志大才疏者,思深命阻者,屡罹灾眚,困顿无告,乃自养不足,遑论养人。体肤颠颐,性情未舒,利欲斗进,是非争胜,其气郁郁,其心忡忡。然蹴而与之,乞人不屑,嗟来之食,饿者宁死。贫而不屈,穷不忘义,不失为昂然之君子。《易》曰:"颠颐,吉,虎视眈眈,其欲逐逐,无咎。"

䷂ 屯　六四。乘马班如,求婚媾,往吉,无不利。

　　处在此,思在彼,处在彼,思在此。处思未一,宜有班如之徘徊,朝野之往来。若彼此异境,思有致一者,其婚媾乎。小则结两姓之好,大则通秦晋之交,汉有昭君之和番,唐有文成之归藏。《易》曰"乘马班如,求婚媾,往吉,无不利",亦济屯之一法也。

䷩ 益　六四。中行,告公从,利用为依迁国。

　　或益一人,或益一家,益之小者也。若能益国,其志大矣。是必君臣相从,上下一心,乃有依有迁,有迁有利,有利有益。然依此迁彼,依彼迁此,或彼或此,皆有所益。益之益之,贵得其中,中行告公,莫不从之,迁国之大法也。《易》曰:"中行,告公从,利用为依迁国。"夫盘庚迁殷,犹可说也。若平王东迁,中行云乎哉。

䷣ 明夷　六四。入于左腹,获明夷之心,于出门庭。

　　呜呼,天下之忧,莫忧于怀明夷之心者。天下之情,莫深于入左腹以获明夷之心者。天下之幸,莫幸于获明夷之心而能出门庭者。天下之快,莫快于明明夷之心者。《易》曰:"入于左腹,获明夷之心,于出门庭。"盖已免乎明夷之难焉,然可忘乎怀明夷之心者乎。

䷕贲　六四。贲如皤如,白马翰如,匪寇,婚媾。

《易》曰:"贲如皤如,白马翰如,匪寇,婚媾。"夫《诗》言《礼》立,贲如也,无邪宁俭,皤如也。郁文监于二代,归璞常德乃足,文乎璞乎,为乎无为乎,君子义质礼行,孙出信成,为而无为,无为而无不为。往来如白马翰如之速,亲怨得匪寇婚媾之应,事理无碍,可免正墙,何须以栗。

䷾既济　六四。繻有衣袽,终日戒。

外慕不已,必为物困,未得患得,已得患失。《易》曰"繻有衣袽,终日戒",患失耳。呜呼,以得物为济,能不终乱乎,然世事有不以得物为济者乎。

䷤家人　六四。富家,大吉。

备万不同,之谓富家。人有万不同之德,以制万不同之物,不亦富乎。富属五福之一,虽然德有吉凶,以凶德备凶物,其可乎哉。《易》曰"富家,大吉",具备吉德而已矣。父慈子孝,兄友弟恭,夫义妇顺,非万不同之吉德乎,岂因富而骄奢淫佚哉。

䷒临　六四。至临,无咎。

溯流水之源,探山脉之端,得木之根,究事之本。由是以临,原委了然,不中不远,庶无大误。《易》曰"至临,无咎",坤元在焉。

☷ 损　六四。损其疾,使遄有喜,无咎。

身之有疾,莫不望其速愈,于心疾亦当如是。《易》曰:"损其疾,使遄有喜,无咎。"奈有讳疾忌医者,无损疾之勇者,知过而文者,日攘而为月攘者,则何喜之有。

☵ 节　六四。安节,亨。

日月运行,四时有节。二分二至,中气之主也。夫冬至内蕴,夏至外发,春分由内而外,秋分由外而内。内始见焉,立春以节之;外发将至焉,立夏以节之。外始敛焉,立秋以节之;内蕴将至焉,立冬以节之。中节了了,周流如如,识时以应之,无往而不自乐,心安而处之,无入而不自得。《易》曰"安节,亨",承天命之谓也。

☴ 中孚　六四。月几望,马匹亡,无咎。

性将复焉,奚用情为,盖情之善者,莫不归性。孚将成焉,何必有匹,盖匹敌之孚,孚之小者耳。《易》曰"月几望,马匹亡,无咎",不动心之谓乎。

☷ 泰　六四。翩翩,不富以其邻,不戒以孚。

《易》曰:"翩翩,不富以其邻,不戒以孚。"夫君不患寡而患不均,不患贫而患不安。独富者不仁,富以其邻,不亦可乎。或鄙吝而不富以其邻,能保其富乎哉。若均而安焉,邻皆翩翩,何富之有。无外物之间,其合也诚。十年生聚,十年教训,上下交泰,而君民同心,不戒以孚也。

䷙°大畜　六四。童牛之告,元吉。

畜物易,格物难,格物易,役物难。役物之难在防患耳,有尽心竭力畜物而无其用者,曰殉物。得其用而不顾其患者,曰玩物。有畜物而知其理知其性知其用知其患者,曰格物。有有用无患者,曰役物。玩物而殉物,格物而役物,畜物者当首辨之。《易》曰"童牛之告,元吉",谓防患以役之,宜得元吉矣。

䷄需　六四。需于血,出自穴。

玄黄之血,震帝出焉,宜伯夷太公归乎北海东海之滨。《易》曰:"需于血,出自穴。"盖穴非久居之处,血有可需之位,气血周流,顺之为贵。近朱近墨,乃赤乃黑,视伯夷太公之异,其果可喻,需血之理焉。

䷈°小畜　六四。有孚,血去惕出,无咎。

庶人无罪,怀宝其罪。典籍非宝,然诸侯恐害已而尽去。晋风所趋,秦有挟书之禁,亦成畜藏之祸。《易》曰:"有孚,血去惕出,无咎。"谓畜道以孚为本,孚以去血出惕,始为无咎,可任意而恤哉。

六 五

坤　六五。黄裳元吉。

《文言》:君子黄中通理,正位居体。美在其中,而畅于四支,发于事业,美之至也。

乾玄坤黄,乾衣坤裳,微坤元安足承乾元,非黄裳焉能配玄衣。垂衣裳而天下治,施云雨而天下平。舜承尧,禹承舜,美矣夫禅让之雍熙,至矣夫坤道之元吉。

剥　六五。贯鱼,以宫人宠,无不利。

君一而宫人娭娭,有不争宠乎。硕果仅存而顾者馋涎,能不争食乎。幸阳既一焉,物希为贵,粥粥群阴乃知贵之爱之,鱼贯不乱,略苏剥床之祸,非阳之利乎。《易》曰:"贯鱼,以宫人,宠,无不利。"反观阴柔之间,一如鱼类之相食,乏阳为主。其情狂,其行争,以性命为儿戏,视杀伤为天职。强凌弱,众暴寡,酷不忍睹,惨不忍言,是谓先迷,是谓恶道。然则剥阳之凶何在,消阳者其可悟乎。

豫　六五。贞疾,恒不死。

三折肱可为良医,何惧乎疾哉。富家多纨绔不肖,人之无疾也。无敌国而国亡,国之无疾也。凡人之知,国之兴,莫不生于有疾而能正之。《易》曰"贞疾,恒不死",孤臣孽子之达也。

䷢晋　六五。悔亡,失得勿恤,往吉,无不利。

　　仁言不及仁声,自觉何如觉他。或惟求自进,或口惠无实,悔将不期而生,尚能晋乎。当效伊尹幡然之改,世亲从无著之劝,亡其悔,直道乃得。则晋之无穷,悟之无穷,觉之无穷,证之无穷,何忧之有,何往而不利哉。《易》曰:"悔亡,失得勿恤,往吉,无不利。"

䷎谦　六五。不富以其邻,利用侵伐,无不利。

　　以物凌人,以富骄人,独富不施,亲邻犹贫,何其不仁哉。况尚谦之世,人能容之乎。《易》曰:"不富以其邻,利用侵伐,无不利。"若聚敛者,守财者,偏私者,吝啬者,既无理可喻,侵之伐之以正之,无不利也。

䷳艮　六五。艮其辅,言有序,悔亡。

　　允执其中,四言而尽,尧之艮辅也。十六字心传,天下理得,舜之艮辅也。四时行,百物生,孔子之艮辅也。夫人不言,言必有中,闵子骞之艮辅也。若《易》《礼》《诗》《书》之辞,孔孟载道之文,皆言而有序者也。《易》曰:"艮其辅,言有序,悔亡。"而或终日言之而言不及义,终身舌辩而纵横权诈,喙长三尺不知艮辅,其悔为何如哉,可不戒诸。

䷽小过　六五。密云不雨,自我西郊,公弋取彼在穴。

　　密云已行,微雨将施。然小惠未遍,小信弗福,雷小未足以惊蛰,志小无力以劝大,宜小过之风未改也。彼在穴者依旧,公不弋取,何能自出。《易》曰:"密云不雨,自我西郊,公弋取彼在穴。"若弋而取之,食之乎,养之乎,牢笼之乎,观玩之乎。以己养养鸟,当戒毋使其神不旺,识天地为笼,无碍曳尾涂中。盖未经小过,不知过物而济,观过知仁,公其勉旃。

䷷旅 六五。射雉,一矢亡,终以誉命。

辙乱丧文明之德,安得无旅。旅而一之,一而明之。以文明之物新鼎食,又将获人之誉,受天之命。《易》曰"射雉,一矢亡,终以誉命",不终旅之谓也。

䷆师 六五。田有禽,利执言,无咎。长子帅师,弟子舆尸,贞凶。

人有当伐之罪,我有可征之德。二者具备,且宜敬其事,重其行,哀其民,治其首。帅师有主,尚德不尚杀,仁伐不仁,何其血之流杵。若齐之伐燕,无其德也,秦灭六国,非其罪也。惨则秦白起坑赵卒,楚项羽坑秦卒,怨怨相报,亦其暴耳,骇人听闻,可悲也已。《易》曰:"田有禽,利执言,无咎。长子帅师,弟子舆尸,贞凶。"

䷃蒙 六五。童蒙,吉。

蒙者,蒙之也,冒之也。凡物之稚,非蒙之尚未足以御外物之挠扰,故物生必蒙。夫人之生也,幼赖父母之怙恃,稍长依师保之教养,犹蒙之也。童蒙者,纯洁以亲之,坦然以受之,大孝终身慕父母,保其童蒙耳,吉莫甚焉。《易》曰:"童蒙,吉。"

䷧解　六五。君子惟有解,吉,有孚于小人。

以小人之心度君子,以君子皆为小人,是象为消。以君子之心度小人,以小人皆为君子,是象为息。消息往来,否泰反类,万古未已,情之未解也。若贵乎君子者,君子能知小人,小人不能知君子。故小人必执,君子有解。解其情者,当以君子之心度君子,以小人之心度小人。且君子而生小人之心,岂真为小人,所以有孚于小人,以使小人之化为君子耳。不然欺方不已,消阳其可免乎。《易》曰"君子惟有解,吉,有孚于小人",所以通君子小人之情也。

䷾未济　六五。贞吉,无悔。君子之光,有孚吉。

物不可穷,故受之以未济而终。理不可不穷,故未济有济之之道。济道无穷,光有万殊,莫非苦海之慈航,长夜之明灯。各孚其孚,各济其济,有不吉者乎。《易》曰:"贞吉无悔,君子之光,有孚吉。"其普贤之行愿乎,观音之普门乎。老者安,朋友信,少者怀,三世备矣。

䷭升　六五。贞吉,升阶。

善信美大圣神,人皆可为尧舜。可欲而正,正而升,不亦吉乎。小知而大知,小年而大年,《易》曰"贞吉,升阶"。凡自封自画者,皆蔽在不见阶耳。

䷑蛊　六五。干父之蛊,用誉。

夫孝,始于事亲,中于事君,终于立身。事亲者干其情,事君者干其理,立身者承祖德而大之,以显父母之恩。《易》曰:"干父之蛊,用誉。"人子之天职,誉称其职,应而用之,非求之者也。

䷟恒　六五。恒其德,贞。妇人吉,夫子凶。

恒以一德而贞之,悟用六之永焉,庶无二三其德之羞。然于用九之无首,犹有一间。夫大人者,明其义,言不必信,得其义,行不必果。或恒其信而未明义,如尾生之守而死,或恒其果而未得义,如白公之让而绝,岂夫子之所为。《易》曰:"恒其德,贞。妇人吉,夫子凶。"

䷱鼎　六五。鼎黄耳,金铉,利贞。

立王基定王业,重在凝命。禹铸九鼎以凝之,秦铸十二金人以凝之。鼎有耳以受铉,耳尚黄虚中以受物也。铉以举鼎,铉尚金,贵有德以行之也。若金人有耳其能闻乎,金人有足其能行乎。凝命凝命,孰得而凝之,孰得而贞之哉。《易》曰:"鼎黄耳,金铉,利贞。"

䷗复　六五。敦复,无悔。

约而约,其行也拘,窥观蠡测之谓。约而博,其见也悬,河伯之望洋也。博而博,其思也憾,以有涯随无涯之殆。博而约,其知也全,其守也精,始为君子。《易》曰"敦复,无悔",反约复中之谓,何悔之有。

䷚颐　六五。拂经,居贞吉,不可涉大川。

居尊位以养人,贵得其要。以许行之说,当与民并耕而食;如子产之政,乃以乘舆济人。舍大趋小,其何以养天下之民哉。况君与师友居则王,其养人也皞皞。与大臣居则伯,其养人也欢虞。与侍役居则亡,身且不养,养人云乎哉。故不居于正理,拂经以涉川,养人者之大忌也。《易》曰:"拂经,居贞吉,不可涉大川。"

䷲震　六五。震往来厉,亿,无丧有事。

震元出焉,惜未洁齐于向明之治,尚有所阙。得于马上,可守于马上乎。宜跋前踬后,往来皆厉。若巽入斋戒,有祭主之事,岂非宗庙社稷之福,丧与无丧,其几微矣。《易》曰:"震往来厉,亿,无丧有事。"

䷔噬嗑　六五。噬乾肉,得黄金,贞厉,无咎。

夫治狱犹噬物,去其顽梗者耳。噬乾肉者,无乾肺之骨,无腊肉之毒,虽未若噬肤之脆,亦能噬之无阻。唯乾硬不宜噬也,敬以刚中之道,反复喻之。尚中以观得失之几,坚定以严是非之辨,有不得其情实者乎,如得其情则哀矜勿喜。民散已久,聚之为贵,贞之一之,厉而无咎,君子所重也。《易》曰:"噬乾肉,得黄金,贞厉,无咎。"

䷣明夷　六五。箕子之明夷,利贞。

心怀《洪范》之大法，身处明夷之晦暗。行其道乎，若比干之殉而已矣；去其境乎，若微子之遯而已矣。与其殉道而道仍不行，遯道而道仍不明，岂若藏之而备他日之行，晦之而待他日之明哉。《易》曰"箕子之明夷，利贞"，幽隐之而已矣。

☲ 贲　六五。贲于丘园，束帛戋戋，吝，终吉。

贲丘园以居，以恬淡养志，观自然之变，悟人事之理。执简御繁，得一合众，有待无待，有情无情。隆中期于三顾乎，山中甘为宰相乎。纳帛一束，参天两地，梅妻鹤子，阴阳刚柔。吝乎吉乎，悲乎喜乎，莫不安之贲之，顺之化之，何容心焉。《易》曰："贲于丘园，束帛戋戋，吝，终吉。"

☳ 丰　六五。来章，有庆誉，吉。

日丽中天，足以光照天下。万物丰盛，足以养生送死。仁政广被，足以恩及四海。文明亲亲，足以畅情成性。来章至美，三才全洽，其庆誉极矣。《易》曰"来章，有庆誉，吉"，郅治之谓也。

☲ 离　六五。出涕沱若，戚嗟若，吉。

君子有终身之忧，忧在后明之未能继前明也。夫人道失教，人心不古，尔虞我诈，裂而又裂。外本内末，争民施夺，先天正气，丧失殆尽。其何以能复见天地之心，以继前明哉。《易》曰："出涕沱若，戚嗟若，吉。"明君子忧天下之情，所以感发人之乾元云。

☷ 临　六五。知临，大君之宜，吉。

卷　二

历试诸艰,舜优为之,洪水滔滔,禹善治之,其知不亦大哉。《易》曰:"知临,大君之宜,吉。"教民容民,可不知乎。若穿凿为事,邻国为壑,奚可并论,首宜明辨之,始足与语知临之理。不然,知不中而放诞,知不行而陷溺,岂大君之宜哉。

䷨损　六五。或益之十朋之龟,弗克违,元吉。

损益为对待之言,损下益上,损上益下。无下之损,何有上之益,无上之损,何来下之益。或执损执益,不知损益之利者也。然则损益之辨何在,曰损下益上曰损,损上益下曰益。立下为损益之主,圣人之情也。故损之上中,益之下中,必得弗克违之益。天之所赐,受之为是,损五曰"或益之十朋之龟,弗克违,元吉"。益以龟者,洛书龟文,数以十者,河图五合。或授以图书,得时之谓也。

䷵归妹　六五。帝乙归妹,其君之袂,不如其娣之袂良。月几望,吉。

尚德不尚饰,不亦可乎。然尚德者未尝不饰,乃不使胜德耳。且以饰废德固非,以德废饰亦未全是。其君不以娣袂之良而忌之,庶见其德之可贵,则德将日进,饰必日衰。或一心以绝饰为事,其德亦鲜矣。月望而阙,岂二南几望之化耶。《易》曰:"帝乙归妹,其君之袂,不如其娣之袂良。月几望,吉。"

䷥暌　六五。悔亡,厥宗噬肤,往何咎。

幸哉,《易》有阴阳之理,消息之变。不然各暌其暌,靡所底

159

止,尚成世界乎,尚有人类乎。究夫睽合之际,柔中之一念耳。得其几者,有宗焉,可亲焉,合也易,往也和。《易》曰:"悔亡,厥宗噬肤,往何咎。"若元太祖深契邱处机,非此念乎。

☱ 泰 六五。帝乙归妹,以祉元吉。

归妹之道,以成夫妇之伦,生生相续,非父子君臣之本乎。或以君之故自尊自大,以致其妹其女无所归。以人违天,以情灭性,狂妄悖逆,以废夫妇之道。暴而不仁,可痛亦复可笑。若尧之厘降二女于沩,汭嫔于虞,帝乙之归妹,非明君能之乎。《易》曰"帝乙归妹,以祉元吉",通泰之谓也。

☶ 大畜 六五。豮豕之牙,吉。

天地不仁,以万物为刍狗。畜物者不仁,以豮豕为刍狗。豕而豮之,肥而食之。《易》曰:"豮豕之牙,吉。"畜者之吉,被畜之凶也。然不能不受畜者,其亦有因乎。

☳ 大壮 六五。丧羊于易,无悔。

其性凶邪刚狠者,无德以入王者之世。宜有王者之先驱,为王者以灭之。《易》曰"丧羊于易,无悔",非王者之先驱乎。丧羊以开治世之门,何悔之有。

☲ 大有 六五。厥孚交如,威如,吉。

圣人在上,如天之无所不覆,日之无所不照,其德性也孚及天下。交之以正其性，威之以存其德。性不淫，德不迁，闻在宥天下，何必治天下哉。《易》曰："厥孚交如，威如，吉"，无为之治也。

上　六

䷁坤　上六。龙战于野，其血玄黄。

《文言》：阴疑于阳必战。为其嫌于无阳也，故称龙焉。犹未离其类也，故称血焉。夫玄黄者，天地之杂也，天玄而地黄。

乾阳上亢无已，坤龙野战不休。群龙有首，凝阳见血，形影竞走，奈天下苍生何。四海困穷，天禄永终。汤放桀，武王伐纣，劳坎成艮，帝出乎震。美矣夫后来其苏，善矣夫武不如韶。

䷇比　上六。比之无首，凶。

人以首为主，四支百骸听命焉。人之相比又有首焉，乃聚之而不乱，动之而合序。礼可守，法可循，情有所亲，思有所归，首之为用，岂不大哉。或未明乎此，当比而不比，有首而无首。《易》曰"比之无首，凶"，无父无君，狂逆之谓也。

䷏豫　上六。冥豫，成有渝，无咎。

夏谚曰"吾王不游，吾何以休。吾王不豫，吾何以助"，是之谓乐以天下，忧以天下，豫之正也。而或不众而少，不人而独，酒池肉林，流连荒亡，是之谓"冥豫"，豫之弊也。至于此极，民不堪命焉。如不变其乐之冥，不正其行之邪，咎何如哉，安可久乎。《易》曰"冥豫，成有渝，无咎"，尚勉人以自新也。

萃　上六。赍咨涕洟,无咎。

聚极而散,虽曰天理,有人事焉。天作孽,犹可违,自作孽,不可逭。萃上曰:"赍咨涕洟,无咎。"其心伤,其情哀,其志公,其思仁。睹物以怀古,兴感以垂戒,若箕子咏《麦秀》之歌,后人惜咸阳之火。咎在天乎,抑在人乎,然非赍咨涕洟者之咎也。

谦　上六。鸣谦,利用行师,征邑国。

老子曰"慈以战则胜",又曰"抗兵相加,哀者胜矣"。曰"慈"曰"哀",于《易》为"鸣谦"。鸣以谦,责以正,待以礼,感以诚,而犹不免者,葛伯仇饷之类乎。然后用行师以征之,胜操左券矣。《易》曰:"鸣谦,利用行师,征邑国。"

蹇　上六。往蹇,来硕,吉。利见大人。

是非生死之理,莫若以明。动变时移之道,固将自化。或昧此义,其恳恳之辨明乎哉,忿忿之争化乎哉。若大人者,迨其自明自化而来,得益莫大。故未得来硕之吉而见大人,何能有利。《易》曰:"往蹇,来硕,吉,利见大人。"夫来硕者,非剥而复乎。

小过　上六。弗遇过之,飞鸟离之,凶,是谓灾眚。

时过而过之,人不见其过,遇于时也。或有揣摩趋时者,将包羞于国,过而甚之,则时既弗遇,人能容乎。此自诒伊戚,必成众矢之的,恶皆归焉。《易》曰"弗遇过之,飞鸟离之,凶,是谓灾眚",乃无守喜功者之炯戒也。

䷞咸　上六。咸其辅颊舌。

　　君子之感人也以诚,小人之感人也以口。以诚者,言皆有实,义皆可则,其感人深而人将化。以口者,言不由衷,顾利失义,其感人浅而人必逆。《易》曰"咸其辅颊舌",诚乎口乎。夫言者尚辞,咸其口舌者,可忘圣人之情乎。不然气浮于上,其感人易浅而难深。

䷆师　上六。大君有命,开国承家,小人勿用。

　　师上曰"大君有命,开国承家,小人勿用",犹《武成》之义。夫用师已毕,当归马放牛,偃武修文,反商旧政,以安天下。释箕子,封比干,式商容,散财发粟,大赉四海,以平民愤,以定民心,非大君开国承家之命乎。列爵五,分土三,建官贤,位事能,其可用非贤能之小人乎。凡用师既成,有命如是,庶不愧为大君。如嬴政之功高三皇,德败五帝,以开万世之国,以承万民之家。其皇二世耳,徒留话柄于后人,大君云乎哉。

䷜习坎　上六。系用徽纆,寘于丛棘,三岁不得,凶。

　　动静行止,各有其道,失道有过,有过则陷。陷当思过而改之,斯为得之,得则不陷焉。《易》曰:"系用徽纆,寘于丛棘,三岁不得,凶。"夫系用徽纆者,戒其行动之过也。寘于丛棘者,醒其静止之过也。小人知过不改,至三岁尚不得其道,是以凶。呜呼悲哉,坎水之陷人,何其深耶。大禹之泣,地藏之愿,宜有以感之乎。

䷧解　上六。公用射隼于高墉之上,获之无不利。

《系辞》下:《易》曰:"公用射隼于高墉之上,获之无不利。"子曰:"隼者禽也,弓矢者器也,射之者人也。君子藏器于身,待时而动,何不利之有。动而不括,是以出而有获,语成器而动者也。"

公之德足以射隼高墉之上,易于射隼,德位兼备,隼有不获乎。获隼者,上以格君心之非,下以去害群之马,苏民困,解民厄,公之获天下之利也。《易》曰"公用射隼于高墉之上,获之无不利"。

䷮ 困　上六。困于葛藟,于臲卼。曰动悔,有悔,征吉。

《诗》曰:"莫莫葛藟,施于条枚,岂弟君子,求福不回。"夫求不邪之福,得下之附上,唯恐葛藟之不盛也。而或有回,非时非位,乃臲卼不安,将无所适从,动辄得咎,能不反为葛藟所困乎。虎以皮伤,麝以香亡,田横之得五百人,福乎祸乎。毅然舍葛藟而征者,非有大知者不能。《易》曰:"困于葛藟,于臲卼,曰动悔,有悔,征吉。"

䷭ 升　上六。冥升,利于不息之贞。

有知昼而不知夜者乎,知夜而不知昼者乎,不知者非愚则痴也。然知昼夜之反复,一日也。升而知朔望之消长,一月也。升而知四时之流行,一年也。升而知岁差之周流,恒星之东移也。升而知银河系之回旋,二气之对冲也。升而知河外星系之旁魄,万物之成毁也。其一乎二乎,有穷乎无穷乎,有极乎有中乎,与知昼而不知夜、知夜而不知有昼者,有辨乎无辨乎,是谓冥升。其夜摩天之象乎,他化天之象乎,色界乎,无色界乎。不问何象何界,利于自强不息之正理而已矣。不然三界可出,犹为小乘,大罗天可游,仍将遇劫,君子奚取焉。《易》曰:"冥升,利于不息之贞。"然冥升之道,足以破域进域退之陋见,亦何可废哉。

䷯井 上六。井收,勿幕。有孚,元吉。

收井以知,勿幕以仁。成其知,知属贞,广其仁,仁属元。贞下起元,孚及天下,六虚生生之大用在焉,内圣外王之易道成矣。井上曰:"井收,勿幕。有孚,元吉。"

䷟恒 上六。振恒,凶。

动静相间,一起一止,若天地之昼夜,人之呼吸。辟阖屈伸,阴阳之易也。然振恒者,竟执动废静而恒之,振奋不已,犹有昼无夜,有起无止,奈呼之久,气有不竭哉。《老子》曰"飘风不终朝,骤雨不终日",欲收振恒之功者,凶而已矣。《易》曰:"振恒,凶。"

䷛大过 上六。过涉灭顶,凶,无咎。

生与义有不可得兼,必遇大过之象,当舍生以取义,奚可贪生而忘义。凡殉道殉礼殉国殉家者,其情确,其志固,其思矫哉,其气劲哉。《易》曰:"过涉灭顶,凶,无咎。"凶而无咎,全《易》中惟此爻耳。或孜孜于一己之名利以殉者,尚凶而有咎,未足并论云。

䷗复 上六。迷复,凶。有灾眚。用行师,终有大败,以其国君,凶。至于十年不克征。

有体无体,太极无极,极与体固有乎,抑无乎。曰有而不可言有,故无之,无而不可言无,故有之。有与无,其可必乎,必有必无,有不谬乎。惜乎人之多必,则皆知美之斯恶已,皆知是之斯非已,皆知善之斯不善已,皆知复之斯迷复已。《易》曰:"迷复凶,有灾眚。用行师,终有大败,以其国君凶。至于十年不克征。"呜呼,以至善之复道,尚复而执之,执而必之,必而迷之,迷而用之。以致内外之灾眚并至,身死国灭,为天下笑,何其愚蠢哉,何其痴呆哉。

䷂ 屯 上六。乘马班如,泣血涟如。

有济世之志,失治乱之机,有救民之情,无拯拔之力。不中无援,辗转不前,时不吾待,自悲以终。天乎人乎,人乎天乎。《易》曰:"乘马班如,泣血涟如。"

䷲ 震 上六。震索索,视矍矍,征凶。震不于其躬于其邻,无咎,婚媾有言。

捷径以窘步,眣视而失章,征而不正,震元之凶。前车不戒,后王之惯。当哀邻而反躬,如夫妇之黾勉,无咎存悔,庶不愧为震出云。《易》曰"震索索,视矍矍,征凶。震不于其躬于其邻,无咎。婚媾有言",谓善补过也。

䷐ 随 上六。拘系之,乃从维之,王用亨于西山。

清骨铿铿,纯思懋懋,怡怡如醉,悄悄如静,野客乎,王臣乎。《易》曰:"拘系之,乃从维之。"《诗》曰:"执之维之,以永今夕。"然王而不用亨于西山,能无退心乎。夫亨山显仁,西山见义,未有仁而遗其亲,未有义而后其君。故唯恐王之不亨,亨则尚有不随者哉。

䷣明夷　上六。不明晦,初登于天,后入于地。

日出而明,日入而晦,自然之循环。尚自然而任其明晦,固不待言。若夫人之德,尚明不尚晦,其可因日之入,并德亦晦之乎。《易》曰:"不明晦,初登于天,后入于地。"既有登天之明德,何取乎入地之晼莽,斯之谓天工人代。

䷾既济　上六。濡其首,厉。

人之所以为人,役物而不役于物。首出庶物,万国咸宁,不已济乎。惜既济之极,初吉终乱,首乃濡溺而不出,上曰"濡其首,厉"。呜呼,为物所役,可叹亦复可惜,可痛亦复可悲。叹者叹其无志以出首,惜者惜其濡首之何可久,痛者痛咸宁由是而毁,悲者悲万民之又将沉沦焉。

䷶丰　上六。丰其屋,蔀其家,窥其户,阒其无人,三岁不觌,凶。

丰屋蔀家,圬者王承福亲历其境而知其理焉。无德而贪,王子伯廖闻曼满之言而知其果焉。然旁观清当事迷,德未润身,偏喜富以润屋。屋丰以安身,其身固能安乎。高位以求禄,其禄固能得乎。《易》曰:"丰其屋,蔀其家,窥其户,阒其无人,三岁不觌,凶。"所谓无人,岂真无人哉,皆为无德之人也。三岁不觌,其功能无凶乎。反观大禹之功,尚卑宫室而尽力乎沟洫,孟子之德,犹弗为堂高数仞榱题数尺,君子可不鉴诸。盖士而怀居,不足以为士矣。

䷰革　上六。君子豹变,小人革面,征凶,居贞吉。

君子有俨然之容,其立命也坚。温然以即人,待乎其人之自知其命也。厉然之言,所以改人之命。若小人者,不知命者也。有大人君子为之立命,不亦幸乎。能革面以从之,已获益焉。或不知而妄作,则不信而狂,迷信而痴,凶矣。当居于所改之命,大人君子岂诳汝者。《易》曰:"君子豹变,小人革面,征凶,居贞吉。"

䷒临　上六。敦临,吉,无咎。

君子之待人也,以厚为贵。厚则与人为善也易,与人进德也速。宏其思,推其恩,大其量,广其仁,不亦厚乎。是谓敦临,吉而无咎,自然之应也。

䷻节　上六。苦节,贞凶,悔亡。

节可苦乎哉,不可也。惟无度而狂,无则而散,始为节之。节以见道,有道可循,循道而行,乐之不胜,何苦之有。或因节而节,不究节之之理,削足就履,圆凿方枘,欲其相入,不亦苦乎。尚贞之不已,有不凶者乎,非改其节,其苦何能亡哉。《易》曰:"苦节,贞凶,悔亡。"然或有执苦节之弊,不知所以改之,并节而去之,因噎废食,我未见其知也。

䷵归妹　上六。女承筐无实,士刲羊无血,无攸利。

承而不诚,虚而无实,狠戾未灭,刲而无血。视阴阳为敌,合两姓以欺,或则婚约不成,或则成而无终。其何以承先祖,奉祭祀,非不孝之大者乎。夫郑忽辞齐,君子惜之,硕人之赋,卫人悲之。《易》曰:"女承筐无实,士刲羊无血,无攸利。"

兑 上六。引兑。

人情有为外物所引而莫能自已者,嗜之谓乎。三月不知肉味,孔子嗜乐之甚。屈到嗜芰,至死耿耿。庄宗嗜伶,社稷以灭。僚嗜丸,秋嗜奕,伯伦嗜酒,五柳嗜菊。甚则若长孺之嗜爪,刘邕之嗜痂。《易》曰"引兑",义犹嗜乎。其嗜不一,其情不同,宜无断辞,君子尤当慎之。

泰 上六。城复于隍,勿用师,自邑告命,贞吝。

城复于隍,泰反于否。天行如是,知不可为而为之,其性壮烈。知不可为而守之,其情沉笃。知不可为而痛之,其情悲哀。知不可为而忘之,其情豁达。情虽万异,莫不有深感焉。然逆天者不祥,用师者遭殃。当知其理,申其命,何必常念往事,来日之变化正殷。安之顺之,退之观之,庶以免贞之吝。《易》曰"城复于隍,勿用师,自邑告命,贞吝"。人事如是,正云乎哉。

需 上六。入于穴,有不速之客三人来,敬之终吉。

普天之下莫非王土,率土之滨莫非王臣。以身入穴,其可免乎。虽然,王者之来,感之也非绝之也,通之也非害之也,何必自与于顽。《易》曰:"入于穴,有不速之客三人来,敬之终吉"。

䷡大壮　上六。羝羊触藩,不能退,不能遂,无攸利,艰则吉。

　　见阻而冲,见藩而触,羝羊之性,犹阿修罗乎。安知冲之触之之是非,何识毁之决之之得失。迨既冲既触而进退维谷,自罹其咎焉,其咎不足惜。或堤溃而洪水泛滥,槛折而猛兽纵横,则流离失所,痛哭呼号,悲情惨境,孰之过耶。幸能顿改前非,知止而止之,不亦善乎。奈阳一阴二,无利将倍于艰吉,此世之所以多乱欤。《易》曰:"羝羊触藩,不能退,不能遂,无攸利,艰则吉。"

䷪夬　上六。无号,终有凶。

　　君子道长小人道消,壮矣哉。息阳之盛,纯矣哉。万众一心,其《甘誓》欤,《胤征》欤,《汤誓》欤,《牧誓》欤。而或侮五行,弃三正,扰天纪,失天时,无号之残贼,终必凶矣。《易》曰:"无号,终有凶。"

跋

　　二十余年前,余初读《易》,实觉茫然。独于《系辞》中之释爻,不期好焉,盖美其辞义耳。如曰:"君子居其室,出其言善,则千里之外应之,况其迩者乎。居其室,出其言不善,则千里之外违之,况其迩者乎。言出乎身,加乎民,行发乎迩,见乎远。言行,君子之枢机,枢机之发,荣辱之主也。言行,君子之所以动天地也,可不慎乎。"其辞人皆可明,义则精深而纯,然何与于中孚九二。读"鸣鹤在阴,其子和之,我有好爵,吾与尔靡之"之爻辞,何以能生此义,当时亦未喻其妙,仅赞叹翼《易》者之确能神而明之。其他诸爻,大率类此。症结在怀,数年未解。后一心研《易》,由朱子《本义》、王注、孔疏、程传、来注等归于《周易折中》,凡数十家之说,于二篇之义略有所知,更详思《易传》之释爻,始有所悟。如上引中孚九二爻辞曰"在阴",故释曰"居其室",爻辞曰"鸣鹤""子和",故以远近之相应释之。且由父子之应,大之君民。又"鸣"当言,"好爵靡之"当行,乃究乎爵之好,明善不善以得荣辱之报,末以"慎"字垂戒。其理醇厚之至,读《易》之情可见矣。惜所释者只三十爻,未释者有待乎后人之发挥耳。

　　约于十六年前,予曾准此义,于爻辞有会心者,间或述之,数年间

171

积得五六十爻。其后及于取象,渐与初义不同。如当时释升三曰:"阳实,阴虚,坤为邑。"升三曰"升虚邑",谓九三至六四,阳而升阴,由实而虚,又阴虚当外卦坤邑,故为"升虚邑"云。然写述之旨既变,其志未一,何能成书。及读《易》百余家后,实知《易》本在象,观象未明,岂可玩辞,乃置此稿而专攻易象。于《周易集解》一书,读之思之,究之体之,竟逾十年。所述诸书皆以观象为主,然象明以玩辞,不亦宜乎。因续旧稿,舍其象而不言,明理而已。于数十爻之文,颇有改动。如释升三曰:"有道于心,修德于身。信也诚,知也正,其诚足以感人,其正足以觉人。以时而溥其德,孰不亲之下之,从之戴之。唯我独尊,舍我其谁也。《易》曰'升虚邑',邑始有主。"庶合玩辞之旨。旨定理顺,始有逢原之思。继述三百余爻之文,二月而成。然《系辞》随意举例之次未可用,故以九六二用各统一百九十二爻,爻位十二各具三十二变,以先天图之次序之。象理汇参,究其自然之消息,亦读《易》之一法也。

公元一九六六年岁次丙午夏至前三日二观二玩斋主跋

衍变通论

自　序

《周易》于《周礼》为太卜所掌，秦之焚书，《易》属卜筮而幸免。况二篇之辞，蒙曰"初筮"，比曰"原筮"，革五又曰"未占有孚"。《系辞》且以卜筮尚占为四道之一。然则谓《周易》无与于筮占，可乎？乃后世所传之种种迷信，莫不借重于《易》。观易道流传之广，或有赖于迷信，奈易道真义之晦，非囿于迷信乎。《周易》固为迷信之书乎哉。

或以《周易》为迷信者，端在生著。盖以大衍之数，经四营十有八变而得卦象。然后观象玩辞，凡辞中之物象，所断之吉凶，皆由筮而得。考筮法之信手中分，可阴可阳，此随意触几，迷信之源也。今详述筮法之变化，总而观之，其几有天则存焉。信手者，固信手乎？缘宇宙间之变化，随时随处，莫不中分。不同之几，庶应不同之事物。生著以示其变化，观象而究其发挥，一叶知秋，一脔知味，岂迷信哉。若执一辞，忽全《易》变化之理，信琐琐之吉凶，必言行之动静，不可谓不迷信。然决非《周易》尚占之道，君子详之。

夫讳言《易》为筮占之书者，未足以语《易》；知其为筮占之书而迷之者，尤不足与语《易》。是书者，明筮占之精义，先迷后得主，以复易道之元。弃不经之说，存三才之真，何往而不利哉。不然《易》因卜筮

175

而存,今将因卜筮而亡,忍见先圣之觉人大道废于一旦乎!

全书为文八篇,非一时所成。合而读之,略尽筮占之理,总名曰《衍变通论》云。

岁次丙午二观二玩斋主自序

引　言

　　《衍变通论》者,明大衍数之变化。盖以大衍用数四十九,演变成卦象六十四。七七之神,八八之知,神知之感通,有至精至妙之理。《说卦》曰"幽赞于神明而生蓍",详见"生蓍释义"。若生蓍之几,在乎四象,生数成数,有相应究变之法。十有八变,三极之道也,详见"四象释义"。夫总观挂扐数之变,中有不变之比数,乃知阴阳变化之理,绝非偶然,详见"述挂扐之变"。进而观其概率,其理尤显,知变化之道者,其知神之所为乎,详见"论生蓍之概率"。至于蓍数之四营,以七七方阵示之,其揲蓍数之变化,自然呈三才八卦之象。此非巧也,正倚参天两地之数,详见"释揲蓍之象"。况七八九六阴阳变不变兼具方圆之象、虚实之理、奇偶之数,元画象爻之变通,岂有求而为哉,详见"四营论"。又揲蓍以四,策数乃生,乾坤之策两端也,二篇之策总数也。凡策数四十九种,以应四十九类卦象,当四千有九十六卦,天地人物之赜备矣,详见"策数释义"。蓍生卦,卦合蓍,六位之相杂也。考卦爻辞之源,实准筮法,观象系辞,各指所之。合一元,散一切,圣人之情,妙物之言也,详见"卦爻辞溯源"。又以蓍生象是谓筮,玩辞而断是谓占。理通三才,情归无咎,筮而不筮,占而不占,寂然之感,是谓"衍变通论"云。

一、 生蓍释义

《说卦》曰："幽赞于神明而生蓍。"生蓍者,以蓍生卦之谓。《龟策传》曰:"天下和平王道得,而蓍茎长丈,其丛生满百茎。"盖合"百物不废"之象。百物者,天地十数之方,十即河图数。《系》上曰:"大衍之数五十。"谓开百物而取其半。义当河图中数十,散之四方成洛书,凡洛书对称于中数五之二数,和皆为十,以五乘之,积为五十。邵子以五为蓍之小衍,五十为大衍,义取乎此。算式如下:

$$10^2 \quad = \quad 100$$

天地十数　　百物不废

$$100 \div \quad 2 \quad = \quad 50$$

百物　开而取其半　大衍之数

$$5(4+6)=50$$
$$5(3+7)=50$$
$$5(2+8)=50$$
$$5(1+9)=50$$

小衍　　　大衍

上式中,由百物而得大衍之数,是曰"开物",河图当之。由小衍而得大衍之数,是曰"成务",洛书当之。衍者,郑氏玄曰"演也",干氏宝曰"合也"。演谓卦象皆由此流出,合谓卦象皆会归于此。《庄子·至乐篇》"万物皆出于几,皆入于几",犹衍也。观庄子是节之理与佛教轮回说同,佛贵出三界之六道轮回,庄子贵知"未尝死,未尝生"之境,义当《系》上"原始反终,故知死生之说"。知此说而衍之,发菩提心以自觉觉他,则出入无疾,无为而无不为,庶足以当大衍欤。

若以形言,百物之半五十物,未可开方,乃减一成四十九当七之方,即一为体而四十九为用。以面积论,四十九同五十,义当体已散入于用,故用外无体,《系》上曰"神无方而易无体"是也。以数论,四十九已少一于五十,故实有其一之体,《系》下曰"阴阳合德而刚柔有体"是也。一与四十九,似二而一,皆所以冒天下之道,太极是也。下述生蓍之法,即太极生生云:

$$50 - 1 = 49 \qquad 易有太极$$

大衍之数　体　其用

$$(49 - x) + x = 49 \qquad 是生两仪$$

天　　　地　　　(分而为二以象两)

上式明信手中分四十九蓍策为二,(49-x)当左手所分得之蓍策以象天,x 当右手所分得之蓍策以象地。若 x 之值,似可于一至四十八之间($1 \leqslant x \leqslant 48$)。然贵乎中分,如仅分一策二策,则他手为四十八策四十七策,殊失中分之义,且有碍于以下之挂一揲四等。故宜以五之小衍数为限,乃 x 之值,当在五至四十四之间($5 \leqslant x \leqslant 44$)。实则五与四十四,其偏已甚,于信手中分时,亦不应常有此数。不慎而得此,则尚可衍之。或更越此限,数已不足挂一揲四,当合而重分。凡信手中分后,已定两仪之一,以下诸法,皆所以明阴阳耳。

$$[(49-x)-1] + x + 1 = 49 \quad (挂一以象三)$$
$$天 \qquad 地 \qquad 人$$

上式明于左手所分得之蓍策中,取一策以置于右手之另处,是谓挂一,义当天施地生而生人。象三者,象天地人三才也。

$$\left.\begin{array}{l} \dfrac{(49-x)-1}{4}=A+\dfrac{a}{4} \\[4mm] \dfrac{x}{4}=B+\dfrac{b}{4} \end{array}\right\}(揲之以四以象四时)$$

上式之前者以四揲左手之蓍,后者以四揲右手之蓍。揲,郑氏玄曰"取也",谓于左右手中之蓍策中,各以四取之,象春夏秋冬四时。然非以取一次四策象四时,盖总以左右手之揲四,各象四时一年。以日月运行言,数值如下:

地绕日一周 $=365\dfrac{1}{4}$ 日 $=365.25$ 日

月绕地一周 $=29\dfrac{499}{940}$ 日 $=29.530851$ 日

十二月之日数 $=29.530851$ 日 $\times 12 = 354.370212$ 日

一年十二月外所余之日数 $=365.25$ 日 -354.370212 日 $=10.879788$ 日

由上数值,明每年分四时十二月,尚多 10.879788 日。故揲四以象四时之数,当分为二。上式中 A、B,为左右手之过揲数,a、b 为左右手之揲余数。过揲数者,揲四之总数,以象四时十二月。揲余数者,揲四后之余数,以象每年之余日。且余日必有,故揲四而如无余数,即以四为揲余数。由是 a、b 之变化,可得见下表:

a	1	2	3	4
b	3	2	1	4

又以挂一归之,当下式:

$$a+b+1=l=5 \text{ 或 } 9$$

（归奇于扐以象闰）

挂一之一曰奇,扐即揲余。虞氏翻曰:"奇所挂一策,扐所揲之余,不一则二,不三则四也。"此奇扐数命曰 l,犹二年之余日,尚不足置闰月。故不计挂一,则四含一四,一为阳,八含二四,二为阴。分二象两之阴阳,至此乃明。凡经分二、揲一、揲四、归奇之四度营为,故曰"四营而成《易》",是谓一变。其后于过揲数又须四营,式如下:

$$L=A+B=49-l \qquad \text{易有太极}$$

$$(L-x)+x=L \qquad \text{是生两仪}$$

$$\text{天} \qquad \text{地} \qquad \text{（分而为二以象两）}$$

上式中 L 为一变后之过揲数,数由 l 而变。x 之值,又由 L 而变,详见下表。若二三两变中 x 之值,过揲数与上限之差,仍以小衍五数为限,下限乃可始于四,则其间之变化数,与第一变同为四之倍数云:

l	5	9
L	44	40
x	$4 \leqslant x \leqslant 39$	$4 \leqslant x \leqslant 35$

当既生天地,两仪又定,以下诸法亦同:

$$[(L-x)-1]+x+1=L \qquad \text{（挂一以象三）}$$

$$\text{天} \qquad \text{地} \qquad \text{人}$$

$$\left. \begin{array}{l} \dfrac{(L-x)-1}{4}=A'+\dfrac{a'}{4} \\[2mm] \dfrac{x}{4}=B'+\dfrac{b'}{4} \end{array} \right\} \text{（揲之以四以象四时）}$$

181

a'	1	2	3	4
b'	2	1	4	3

$$a'+b'+1=m=4 \text{ 或 } 8 \qquad \text{两仪生四象}$$

（归奇于扐以象闰）

命 m 为第二变之奇扐数,亦二年之余日,故以象闰,或四或八,即所生之两仪。又此二年之余日,合第一变二年之余日,已足置闰月,故当计挂一。则四含一四,一为阳,八含二四,二为阴。此两仪中之两仪,当两仪生四象,是谓二变。其后于过揲数又须四营,式如下:

$$M=A'+B'=L-m \qquad \text{易有太极}$$
$$(M-x)+\ x\ =M \qquad \text{是生两仪}$$
$$\text{天} \qquad \text{地} \qquad \text{（分而为二以象两）}$$

上式中,M 为二变后之过揲数,数由 L、m 而变。x 之值,又因 M 而变,详见下表:

L	44	44	40	40
m	4	8	4	8
M	40	36		32
x	$4 \leqslant x \leqslant 35$	$4 \leqslant x \leqslant 31$		$4 \leqslant x \leqslant 27$

当第二变 L 之值有二,此第三变 M 之值有三。以三值中任何一值中分之,又生两仪,以下诸法仍同,且奇扐数亦与第二变同:

$$[(M-x)-1]+x+1=M \qquad \text{（挂一以象三）}$$
$$\text{天} \qquad \text{地} \qquad \text{人}$$
$$\left.\begin{aligned} \frac{(M-x)-1}{4} &= A''+\frac{a''}{4} \\ \frac{x}{4} &= B''+\frac{b''}{4} \end{aligned}\right\} \text{（揲之以四以象四时）}$$

182

a″	1	2	3	4
b″	2	1	4	3

a″＋b″＋1＝n＝4 或 8　　　四象生八卦

(归奇于扐以象闰)

命 n 为第三变之奇扐数,亦二年之余日,故以象闰,或四或八,即所生之两仪。又此二年之余日,合上置一闰月后之余日,又足置闰月,故当记挂一,则四含一四,一为阳,八含二四,二为阴,此四象中之两仪,当四象生八卦,是谓三变。此三变六年,以历法论当为五岁再闰,凡置闰法,乃三岁一闰,五岁再闰,十九岁七闰,其值见下:

10. 879788 日×3＝32. 639364 日　已足置一闰

10. 879788 日×5＝54. 398940 日　已近二闰

10. 879788 日×19＝206. 715972 日　已足置七闰

206. 715972 日－(29. 530851 日×7)＝206. 715972 日

－206. 715957 日＝0. 000015 日　十九岁置七闰后之余日

以上数值,乃吾国之古法,然十九岁七闰之置于今仍然,若生蓍时仅象其再闰耳。唯六年之未可三闰,故曰"再扐",再扐之扐义当扐加归奇以象闰月,故三变之扐不计第一变而为再扐。又曰"而后卦者",谓必再扐而后生小成之八卦,下曰"八卦而小成"是也。见下表:

八卦	☷	☶	☵	☴	☳	☲	☱	☰
n	8	4	8	4	8	4	8	4
m	8	8	4	4	8	8	4	4
l	9	9	9	9	5	5	5	5

此所成之八卦,盖以奇扐言,先儒皆以揲余策目之。若对应于此之过揲策,其变化如下式:

183

$$N＝A''＋B''＝M－n$$
$$又\ M＝L－m$$
$$L＝49－l$$
$$故\ N＝49－l－m－n$$

上式 N 为第三变后之过揲数,其数之变化,见下表:

揲四成四象	6	7	8	9
N		24　　28　　32　　36		
M		32　　36　　40		
L		40　　44		

若此六七八九四象,盖明阴阳之变不变。六八为阴,七九为阳,七八不变为画,九六变为爻。故小成之八卦,仅当一画或一爻而已。凡乾为九,阳将变阴。坤为六,阴将变阳。震坎艮三男为七,阳将不变。巽离兑三女为八,阴将不变。

以上为三变成四象,可布两仪之爻画。然后总合蓍策,复三次四营而得此。则以揲余言,即大成之六十四卦,以过揲言,可布四象之爻画。是即引而伸之当一极,于洛书犹四六开物,以上为六变。更触类而长之,则十二变为二极之大成,可布十六互卦之爻画,于洛书犹三七开物。十八变为三极之大成,可布六十四卦之爻画,于洛书犹一九开物。《系》上曰:"六爻之动,三极之道也。"其此之谓乎。三极十有八变而成卦,乃一卦可之六十四卦,天下之能事可云毕矣。幽者赞之,此蓍德之神也。

二、四象释义

《系辞》上曰:"两仪生四象,四象生八卦。"其后又曰:"《易》有四象,所以示也。"历代于四象之解,殊多不同,合而言之,盖为汉宋分歧点之一。

以宋易论,四象为太阳、少阴、少阳、太阴,其数一二三四,位当两仪八卦之间。故四象中每象各含二卦,即太阳含乾兑,少阴含离震,少阳含巽坎,太阴含艮坤是也。此密合太极生生之次,确为两仪所生,而又为八卦。所由生之四象,见下图:

坤 ☷	艮 ☶	坎 ☵	巽 ☴	震 ☳	离 ☲	兑 ☱	乾 ☰	象		八卦
八	七	六	五	四	三	二	一	数		
太阴 ☷		少阳 ☵		少阴 ☲		太阳 ☰		象		四象
四		三		二		一		数		
阴仪 - -				阳仪 —				象		两仪
二				一				数		
○								象		太极
一								数		

185

以汉易论,四象为六七八九。郑玄言四象曰:"布六于北方以象水,布八于东方以象木,布九于西方以象金,布七于南方以象火,备为一爻而正,谓四营而成。"盖明四象由四营而得。荀爽曰:"营者谓七八九六也。"义同。此四象中,九六各含一卦,乾九坤六是也,七八各含三卦,七当震坎艮三男,八当巽离兑三女是也,即三索之象。《说卦》曰:"乾天也,故称乎父。坤地也,故称乎母。震一索而得男,故谓之长男。巽一索而得女,故谓之长女。坎再索而得男,故谓之中男。离再索而得女,故谓之中女。艮三索而得男,故谓之少男。兑三索而得女,故谓之少女。"确为三男三女宜合一,且更切乎画象之数。《说卦》曰:"参天两地而倚数。"参天者可指阳画连当三分之三,两地者,可指阴画断当三分之二。故乾天三阳画,三三而九,坤地三阴画,三二而为六。三男一阳画二阴画,一三二二而为七,三女二阳画一阴画,二三一二而为八。然则八卦之合此四象,岂有求而为哉,以四象之数而当八卦之象,不亦善乎。见下图:

坤地母	艮三索少男	坎再索中男	震一索长男	巽一索长女	离再索中女	兑三索少女	乾天父	象	八卦
母六	七	七	七	八	八	八	父九	数	四象

然清代之汉易家,皆执此而不取先天之四象,仍未可取。盖各有所当,安可偏废。观"两仪生四象,四象生八卦"之言,此四象之数,当为一二三四。谓"《易》有四象,所以示也",此四象之数当为九八七六。此非同名而异其实,乃一二三四与九八七六,属同体而异用耳。前者为生数,后者为成数,曰"四象"者,义兼生成。故或以生数言,或以成数言,其实无异。下以生蓍法阐明之。

夫生数犹揲余数,成数犹过揲数。以揲余数言,宜分别观其三次四营。第一次四营当两仪,第二次四营当四象,第三次四营当八卦,此之谓"刚柔相摩"。以过揲数言,仅观其三次四营后,乃当揲余数成八卦,过揲数同时已成,是即成数四数。其生成四象之相应,见下图:

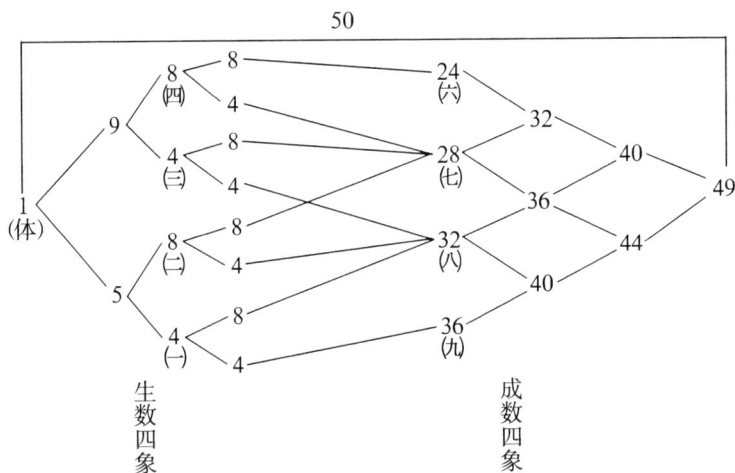

50

生数四象

1（体）

9
　8（四）
　4（三）
5
　8（二）
　4（一）

8　4　8　4　8　4　8　4

成数四象

24（六）
28（七）
32（八）
36（九）

32　36　40　44　40

49

由上图,盖见生成四象相应者,皆合成四十九蓍数耳。九一者乾,六四者坤,七三者坎,八二者离。若有七四之艮,即有七二之震,合之仍为七三。有八一之兑,即有八三之巽,合之仍为八二。合一而生成一贯,可一览而喻。故知《系辞》言太极之生生,必当生数之四象。又言"以示"者,谓示人以阴阳变不变,是即成数之四象。汉宋之争,其可已乎。又揲余数者,义当周期之变,故其生也速,数属几何级数。过揲数者,已为周期所限,故其成也缓,数属算术级数。马尔萨斯之《人口论》,即据此数,惜其未闻易道。易道者,贵使父母子女之彝伦攸叙,则何患生数之多于成数哉。再者以成数四象布卦,仅当两仪之变不变,故布生数四象之变不变,须引伸六变而得成数四象者二,是当"八卦相荡"之一极,"百物不废"之谓也。以下则"触类而长之",凡得变不变之生数四象三,是极"三极"而生蓍之道备矣。故生蓍者,所以反复会通

187

生成四象,四象者,生蓍之核心也。不知生蓍之法,何以见四象之含义,不知生成四象相应,又何以见生蓍之神明耶? 其十有八变之情状,见下图:

生 蓍	揲 余 数	过揲数	策 数	
一变 50 二变 三变	两仪 生数四象 八卦(小成)(刚柔相摩)	成数四象	两仪之爻画 (4 变)	引而伸之由小成而大成,当百物不废为一极
四变 50 五变 六变	两仪(互卦) 生数四象(伍卦) 八卦(大成)(八卦相荡)	成数四象	四象之爻画 (16 变)	
七变 50 八变 九变	两仪 生数四象 八卦(小成)(刚柔相摩)	成数四象	两仪之爻画 (64 变)	引而伸之由小成而大成,当百物不废为一极
十变 50 十一变 十二变	两仪(互卦) 生数四象(伍卦) 八卦(大成)(八卦相荡)	成数四象	四象之爻画 (256 变)	
十三变 50 十四变 十五变	两仪 生数四象 八卦(小成)(刚柔相摩)	成数四象	两仪之爻画 (1024 变)	引而伸之由小成而大成,当百物不废为一极
十六变 50 十七变 十八变	两仪(互卦) 生数四象(伍卦) 八卦(大成)(八卦相荡)	成数四象	四象之爻画 (4096 变)	

右侧总括:触类而长之当六爻之动三极之道

《系》上曰:"刚柔相摩,八卦相荡,鼓之以雷霆,润之以风雨,日月运行,一寒一暑,乾道成男、坤道成女。"此亦明生生卦之次与生成四象之相应。朱子曰:"六十四卦之初,刚柔两画而已,两相摩而为四,四相摩而为八,八相荡而为六十四。"其次与生蓍法全同,惟此乃总言其本。生蓍者,得其刚柔相摩中之成刚或柔,以至相荡成六十四卦中之一卦耳,以摩荡论自然成先天之次。以下四句盖明八卦之象。虞翻曰:"雷震霆艮风巽雨兑也,日离月坎寒乾暑坤也。"然先天为生数四象,

188

乃继之曰成男成女,荀爽曰:"男谓乾初适坤为震,二适坤为坎,三适坤为艮,以成三男也。女谓坤初适乾为巽,二适乾为离,三适乾为兑,以成三女也。"是即三索云。若先天变三索者,当震巽易位,见下图:

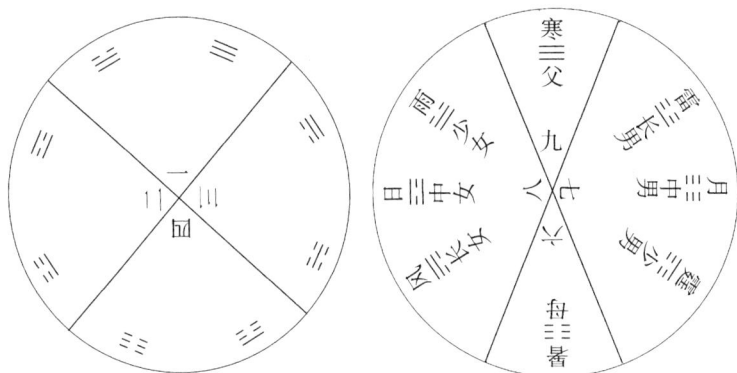

此震巽易位,虞翻以"究"字当之,义极精。《说卦》曰:"震……其究为健为蕃鲜","巽……其究为躁卦",究者穷画也,极也,仅见于震巽之象。虞翻曰:"震雷巽风无形,故卦特变耳。"夫究犹消息,然消息为阴阳自然变化之总名,究属乾坤消息中震巽二卦之特变。且消息有八卦六十四卦之异,此处唯以八卦明究。观震象者,一阳始生为息。究者,由兑而乾,乾健也。更由乾而巽,巽为蕃鲜。蕃,草木茂盛也,《文言》于坤四曰"天地变化草木蕃"是其义。鲜,明也,絜齐也,谓草木蕃而絜齐,故为巽象。当一阳出震而至一阴入巽,已穷尽而极,是之谓究。又巽象者,一阴始生为消,究者由艮而坤而震,震为决躁,曰躁卦者,震也。当一阴入巽而至一阳出震,亦穷尽而极,是之谓究。又震究及健者,明震巽之究仍属乾坤消息。巽究不及坤顺者,震出而顺在其中也。由此震巽之究,乃能易位,易则生数四象成成数四象,先天摩荡之次变而为父母三索之序,究之为义,不亦妙乎。

见下图:

189

至于成数四象之位,郑玄以河图论,此则同洛书。体用各有所当,此四象之示人阴阳爻画之易道备矣。若生数四象之实,即元亨利贞四德之象也。太阳属元,犹太极乾元,《系》下曰"《易》者象也",谓整个易象即此元象。少阴属亨,犹阴阳变通,《系》上曰"极其数遂定天下之象",谓极数定象,则种种变通皆有所准,《系》上曰"《易》与天地准"是也。数分天地,极数者,一极百物而摩荡之象定,非亨之本欤。少阳属利,犹三才之义,《系》下曰"彖者材也",材才通,虞翻曰:"彖说三才,则三分天象以为三才,谓天地人道也。"《系》上曰:"彖者言乎象者也。"谓彖象分三,易道之"广大悉备,有天道焉,有人道焉,有地道焉",三才之道至赜而各有其义,彖象之利也。《系》下曰"八卦以象告",卦象各别,乃有利焉。太阴属贞,犹四时之变,《系》下曰"爻也者,效天下之动者也",变通趋时,动贞夫一,爻象之位也。《系》下曰"爻象以情言",谓四时六位,各有其象,爻象变动,卦象以告。《文言》曰:"利贞者,性情也。"推情合性而不言所利,又为大哉乾元,此之谓贞下起元。凡此四德之象犹四营也,分两为亨而生成数四象以定,挂一为利而三才之象象备,揲四为贞而时位之变动一致,爻象乃化,归奇为贞下起元,而生生之易象寓焉。其数五与十,《文言》曰"乾元者始而亨者也",谓有元之始,自然而亨,是即图书四周之数也。能识此"易象"、"定象"、"象象"、"爻象"四者,于易道其殆庶几乎。总上之义,见下页图。

二、四象释义

《系》上曰:"圣人有以见天下之赜而拟诸其形容,象其物宜,是故谓之象。"象者在天而成者,研《易》之君子首当明象。观此生成四象而玩其辞,变动而玩其占,圣人之易道莫外焉。

生数	四营	四德	四象	图书数	成数	四营	四德	四象	图书数
1	归奇	元	易象	5、10	9	9	父	阳变(爻)	9
2	分两	亨	定象	1、2、3、4 9、8、7、6	8	8	女	阴不变(画)	8
3	挂一	利	象象	7、8	7	7	子	阳不变(画)	7
4	揲四	贞	爻象	9、6	6	6	母	阴变(爻)	6

三、 述挂扐之变

以蓍策四营之，自然得六七八九之四象。当信手中分，四象之变化已定。凡第一变不五则九，第二、第三变不四则八。若以挂扐观之，于第三次变化中，共有六十四种不同，是谓挂扐之变。自朱子成《启蒙》，此六十四种变化已明辨焉。今准其自然之理，作成下列四表，于变化之情状，可一览而尽矣。

表一　挂扐之变得六,有四种不同

不同数	第一变			第二变			第三变		
	挂	扐		挂	扐		挂	扐	
		左	右		左	右		左	右
1	1	4	4	1	4	3	1	4	3
2	1	4	4	1	4	3	1	3	4
3	1	4	4	1	3	4	1	4	3
4	1	4	4	1	3	4	1	3	4

三、述挂扐之变

表二 挂扐之变得七,有二十种不同

不同数	第一变			第二变			第三变		
	挂	扐		挂	扐		挂	扐	
		左	右		左	右		左	右
1	1	4	4	1	4	3	1	2	1
2	1	4	4	1	4	3	1	1	2
3	1	4	4	1	3	4	1	2	1
4	1	4	4	1	3	4	1	1	2
5	1	4	4	1	2	1	1	4	3
6	1	4	4	1	2	1	1	3	4
7	1	4	4	1	1	2	1	4	3
8	1	4	4	1	1	2	1	3	4
9	1	3	1	1	4	3	1	4	3
10	1	3	1	1	4	3	1	3	4
11	1	3	1	1	3	4	1	4	3
12	1	3	1	1	3	4	1	3	4
13	1	2	2	1	4	3	1	4	3
14	1	2	2	1	4	3	1	3	4
15	1	2	2	1	3	4	1	4	3
16	1	2	2	1	3	4	1	3	4
17	1	1	3	1	4	3	1	4	3
18	1	1	3	1	4	3	1	3	4
19	1	1	3	1	3	4	1	4	3
20	1	1	3	1	3	4	1	3	4

193

表三　挂扐之变得八,有二十八种不同

不同数	第一变			第二变			第三变		
	挂	扐		挂	扐		挂	扐	
		左	右		左	右		左	右
1	1	4	4	1	2	1	1	2	1
2	1	4	4	1	2	1	1	1	2
3	1	4	4	1	1	2	1	2	1
4	1	4	4	1	1	2	1	1	2
5	1	3	1	1	4	3	1	2	1
6	1	3	1	1	4	3	1	1	2
7	1	3	1	1	3	4	1	2	1
8	1	3	1	1	3	4	1	1	2
9	1	2	2	1	4	3	1	2	1
10	1	2	2	1	4	3	1	1	2
11	1	2	2	1	3	4	1	2	1
12	1	2	2	1	3	4	1	1	2
13	1	1	3	1	4	3	1	2	1
14	1	1	3	1	4	3	1	1	2
15	1	1	3	1	3	4	1	2	1
16	1	1	3	1	3	4	1	1	2
17	1	3	1	1	2	1	1	4	3
18	1	3	1	1	2	1	1	3	4
19	1	3	1	1	1	2	1	4	3
20	1	3	1	1	1	2	1	3	4
21	1	2	2	1	2	1	1	4	3
22	1	2	2	1	2	1	1	3	4
23	1	2	2	1	1	2	1	4	3
24	1	2	2	1	1	2	1	3	4
25	1	1	3	1	2	1	1	4	3
26	1	1	3	1	2	1	1	3	4
27	1	1	3	1	1	2	1	4	3
28	1	1	3	1	1	2	1	3	4

表四　挂扐之变得九,有十二种不同

不同数	第一变			第二变			第三变		
	挂	扐		挂	扐		挂	扐	
		左	右		左	右		左	右
1	1	3	1	1	2	1	1	2	1
2	1	3	1	1	2	1	1	1	2
3	1	3	1	1	1	2	1	2	1
4	1	3	1	1	1	2	1	1	2
5	1	2	2	1	2	1	1	2	1
6	1	2	2	1	2	1	1	1	2
7	1	2	2	1	1	2	1	2	1
8	1	2	2	1	1	2	1	1	2
9	1	1	3	1	2	1	1	2	1
10	1	1	3	1	2	1	1	1	2
11	1	1	3	1	1	2	1	2	1
12	1	1	3	1	1	2	1	1	2

　　合上四表,即六十四种不同之变化,由三次信手中分而成。若得六者四种,得七者二十种,得八者二十八种,得九者十二种,数皆不同而有阴阳变不变之自然之比例。凡七九为阳,六八为阴,观二者之和各为三十二种,可见阴阳之均,《系》上曰"一阴一阳之谓道"是也,此当本卦之象。更以变不变言,凡九六为变,七八为不变,观二者之和,则变者为十六,不变者为四十八,其比数当一比三。盖以变不变论,变者为阴,而不变者为阳,此乃阳三阴一之义。考阳三阴一之比同于阳一阴二之比,缘阳一阴二则阳三阴六,以五周期而论,六犹一也。河图五位相得而一六共宗是其象,故阳三阴一即阳一阴二之变耳。盖六十四之数未能除三得整数而成一二之比,而能除四得整数而成三一之比云。

　　夫阴阳之比例,最重要者不外一比一与一比二。一比一者,卦画之比数阴阳相同,一比二者,阳画一而阴画中断为二也。而此二者之比,皆得于挂扐之变,不亦妙乎。蓍之德圆而神,非虚语也。当信手中分时,虽曰信手而不变之比数已在其中,故能知变化之道者,其知神之所为乎。若由此比数而更推其概率,尤可见阴阳变化之迹。另详《论生蓍之概率》。

四、论生蓍之概率

生蓍凡十有八变而成卦,于每变中皆所以定其阴阳。然当四营成《易》时,本诸信手中分,故未可必其阴阳,唯总观中分之数,则可知得阴阳之概率(probability)。

当第一变中分之变化共四十,每十种之揲余情形同。详见下表:

分左	左去挂一	分右	左扐	右扐	左右扐不闰不归奇
5	1	44			
9	1	40			
13	1	36			
17	1	32			
21	1	28	4	4	8
25	1	24			
29	1	20			
33	1	16			
37	1	12			
41	1	8			

分左	左去挂一	分右	左扐	右扐	左右扐不闰不归奇
6	1	43			
10	1	39			
14	1	35			
18	1	31			
22	1	27	1	3	4
26	1	23			
30	1	19			
34	1	15			
38	1	11			
42	1	7			

分左	左去挂一	分右	左扐	右扐	左右扐不闰不归奇
7	1	42			
11	1	38			
15	1	34			
19	1	30			
23	1	26	2	2	4
27	1	22			
31	1	18			
35	1	14			
39	1	10			
43	1	6			

分左	左去挂一	分右	左扐	右扐	左右扐不闰不归奇
8	1	41			
12	1	37			
16	1	33			
20	1	29			
24	1	25	3	1	4
28	1	21			
32	1	17			
36	1	13			
40	1	9			
44	1	5			

由上表,可见得四策而为阳者占四分之三,得八策而为阴者占四分之一。此阳三阴一之理。以下第二变中分数有二,四十四或四十,第三变之中分数有三,四十或三十六或三十二,其间四十策可当第二变亦可当第三变,盖第二变与第三变之概率同。分四表明之。

其一,第二变之中分四十四策,变化共三十六,每九种揲余情况同:

分左	左去挂一	分右	左扐	右扐	左右扐归奇象闰
5	1	39			
9	1	35			
13	1	31			
17	1	27			
21	1	23	4	3	8
25	1	19			
29	1	15			
33	1	11			
37	1	7			

分左	左去挂一	分右	左扐	右扐	左右扐归奇象闰
6	1	38			
10	1	34			
14	1	30			
18	1	26			
22	1	22	1	2	4
26	1	18			
30	1	14			
34	1	10			
38	1	6			

分左	左去挂一	分右	左扐	右扐	左右扐归奇象闰
7	1	37			
11	1	33			
15	1	29			
19	1	25			
23	1	21	2	1	4
27	1	17			
31	1	13			
35	1	9			
39	1	5			

分左	左去挂一	分右	左扐	右扐	左右扐归奇象闰
8	1	36			
12	1	32			
16	1	28			
20	1	24			
24	1	20	3	4	8
28	1	16			
32	1	12			
36	1	8			
40	1	4			

其二,第二变或第三变之中分四十策变化共三十二,每八种之揲余情形同:

分左	左去挂一	分右	左扐	右扐	左右扐归奇象闰
5	1	35			
9	1	31			
13	1	27			
17	1	23			
21	1	19	4	3	8
25	1	15			
29	1	11			
33	1	7			

四、论生蓍之概率

分左	左去挂一	分右	左扐	右扐	左右扐归奇象闰
6	1	34			
10	1	30			
14	1	26			
18	1	22			
22	1	18	1	2	4
26	1	14			
30	1	10			
34	1	6			

分左	左去挂一	分右	左扐	右扐	左右扐归奇象闰
7	1	33			
11	1	29			
15	1	25			
19	1	21			
23	1	17	2	1	4
27	1	13			
31	1	9			
35	1	5			

分左	左去挂一	分右	左扐	右扐	左右扐归奇象闰
8	1	32			
12	1	28			
16	1	24			
20	1	20			
24	1	16	3	4	8
28	1	12			
32	1	8			
36	1	4			

其三,第三变之中分三十六策,变化共二十八,每七种之揲余情形同。

分左	左去挂一	分右	左扐	右扐	左右扐归奇象闰
5	1	31			
9	1	27			
13	1	23			
17	1	19	4	3	8
21	1	15			
25	1	11			
29	1	7			

分左	左去挂一	分右	左扐	右扐	左右扐归奇象闰
6	1	30			
10	1	26			
14	1	22			
18	1	18	1	2	4
22	1	14			
26	1	10			
30	1	6			

分左	左去挂一	分右	左扐	右扐	左右扐归奇象闰
7	1	29			
11	1	25			
15	1	21			
19	1	17	2	1	4
23	1	13			
27	1	9			
31	1	5			

分左	左去挂一	分右	左扐	右扐	左右扐归奇象闰
8	1	28			
12	1	24			
16	1	20			
20	1	16	3	4	8
24	1	12			
28	1	8			
32	1	4			

其四,第三变之中分三十二策,变化共二十四,每六种之揲余情形同。

分左	左去挂一	分右	左扐	右扐	左右扐归奇象闰
5	1	27			
9	1	23			
13	1	19			
17	1	15	4	3	8
21	1	11			
25	1	7			

分左	左去挂一	分右	左扐	右扐	左右扐归奇象闰
6	1	26			
10	1	22			
14	1	18			
18	1	14	1	2	4
22	1	10			
26	1	6			

分左	左去挂一	分右	左扐	右扐	左右扐归奇象闰
7	1	25			
11	1	21			
15	1	17	2	1	4
19	1	13			
23	1	9			
27	1	5			

分左	左去挂一	分右	左扐	右扐	左右扐归奇象闰
8	1	24			
12	1	20			
16	1	16	3	4	8
20	1	12			
24	1	8			
28	1	4			

　　由上四表,可见于第二变中,不论四十四策或四十策,凡得四策而为阳,得八策而为阴,皆各占二分之一。于第三变中,不论四十策或三十六策或三十二策,凡得四策而为阳,得八策而为阴,亦各占二分之一。此一阴一阳之理,以下引伸成一极,触类而长成三极,其法同,则概率亦同。故十八变之概率,不外以上三种,详见下表:

十　八　变						得阴阳之概率
1	4	7	10	13	16	得阳——$\frac{3}{4}$ 得阴——$\frac{1}{4}$
2	5	8	11	14	17	得阳——$\frac{1}{2}$
3	6	9	12	15	18	得阴——$\frac{1}{2}$

此十八变中,凡三变而得小成八卦之一,六变而得大成六十四卦之一,其概率皆可知,分见下表:

小成八卦	概　　　率	两　　仪
☰乾	$\frac{3}{4} \cdot \frac{1}{2} \cdot \frac{1}{2} = \frac{3}{16}$	
☱兑	$\frac{3}{4} \cdot \frac{1}{2} \cdot \frac{1}{2} = \frac{3}{16}$	
☲离	$\frac{3}{4} \cdot \frac{1}{2} \cdot \frac{1}{2} = \frac{3}{16}$	阳　仪
☳震	$\frac{3}{4} \cdot \frac{1}{2} \cdot \frac{1}{2} = \frac{3}{16}$	
☴巽	$\frac{1}{4} \cdot \frac{1}{2} \cdot \frac{1}{2} = \frac{1}{16}$	
☵坎	$\frac{1}{4} \cdot \frac{1}{2} \cdot \frac{1}{2} = \frac{1}{16}$	
☶艮	$\frac{1}{4} \cdot \frac{1}{2} \cdot \frac{1}{2} = \frac{1}{16}$	阴　仪
☷坤	$\frac{1}{4} \cdot \frac{1}{2} \cdot \frac{1}{2} = \frac{1}{16}$	

观乎上表,可悟先天之分阴阳仪。盖同其概率,得阳仪之卦,其概率为十六分之三。得阴仪之卦,其概率为十六分之一。阳三阴一之理,非先天之两仪乎。由是而求大成六十四卦之概率,不外此两仪生四象之变化。可以内卦贞外卦悔明之,凡贞悔一二三四当乾兑离震为阳仪,贞悔五六七八当巽坎艮坤为阴仪。此两仪生四象者,即贞悔皆阳仪、贞阳仪悔阴仪、贞阴仪悔阳仪、贞悔皆阴仪四者是也。其概率见下表:

两仪生四象	概　　　率	四　　象
贞悔皆阳仪之卦	$\frac{3}{16} \cdot \frac{3}{16} = \frac{9}{256}$	太　阳
贞阳仪悔阴仪之卦	$\frac{3}{16} \cdot \frac{1}{16} = \frac{3}{256}$	少　阴
贞阴仪悔阳仪之卦	$\frac{1}{16} \cdot \frac{3}{16} = \frac{3}{256}$	少　阳
贞悔皆阴仪之卦	$\frac{1}{16} \cdot \frac{1}{16} = \frac{1}{256}$	太　阴

以上四象之概率,代入先天方图中,每象为十六卦,是即得大成六十四卦之概率。见下表:

8	7	6	5	4	3	2	1	
$\frac{1}{256}$	$\frac{1}{256}$	$\frac{1}{256}$	$\frac{1}{256}$	$\frac{1}{256}$	$\frac{1}{256}$	$\frac{1}{256}$	$\frac{1}{256}$	8
$\frac{1}{256}$	$\frac{1}{256}$	$\frac{1}{256}$	$\frac{1}{256}$	$\frac{3}{256}$	$\frac{3}{256}$	$\frac{3}{256}$	$\frac{3}{256}$	7
$\frac{1}{256}$	$\frac{1}{256}$	$\frac{1}{256}$	$\frac{1}{256}$	$\frac{3}{256}$	$\frac{3}{256}$	$\frac{3}{256}$	$\frac{3}{256}$	6
$\frac{1}{256}$	$\frac{1}{256}$	$\frac{1}{256}$	$\frac{1}{256}$	$\frac{3}{256}$	$\frac{3}{256}$	$\frac{3}{256}$	$\frac{3}{256}$	5
$\frac{3}{256}$	$\frac{3}{256}$	$\frac{3}{256}$	$\frac{3}{256}$	$\frac{9}{256}$	$\frac{9}{256}$	$\frac{9}{256}$	$\frac{9}{256}$	4
$\frac{3}{256}$	$\frac{3}{256}$	$\frac{3}{256}$	$\frac{3}{256}$	$\frac{9}{256}$	$\frac{9}{256}$	$\frac{9}{256}$	$\frac{9}{256}$	3
$\frac{3}{256}$	$\frac{3}{256}$	$\frac{3}{256}$	$\frac{3}{256}$	$\frac{9}{256}$	$\frac{9}{256}$	$\frac{9}{256}$	$\frac{9}{256}$	2
$\frac{3}{256}$	$\frac{3}{256}$	$\frac{3}{256}$	$\frac{3}{256}$	$\frac{9}{256}$	$\frac{9}{256}$	$\frac{9}{256}$	$\frac{9}{256}$	1

此大成六十四卦之概率,已当六变一极,其比为 9：3：3：1 即 $(3：1)^2$。以下触类而长成三极,求概率之法同,其通式为 $(3：1)^n$。凡三变则 $n=1$,每增一三变,n 之数亦增一,故十有八变而成卦。n 之数莫大于六,是即六爻之义,其概率总见下表:

十八变 六爻 三极 概率	三变 初爻 小成 $(3：1)^1$	六变 二爻 大成一极 $(3：1)^2$	九变 三爻 小成 $(3：1)^3$	十二变 四爻 大成一极 $(3：1)^4$	十五变 五爻 小成 $(3：1)^5$	十八变 上爻 大成一极 $(3：1)^6$

上述之概率,仅以生数四象论,若 1：1 及 $(3：1)^n$,实当天地间太极生阴阳两仪之自然比例。盖天地已然,其间之生物,亦莫不皆然。

四、论生蓍之概率

奥国人孟德尔(Mendel,公元 1822—1884 年)之两遗传定律——分离定律与自由组合定律——即得此比数。美国人摩尔根(T. H. Morgan,公元 1866—1945 年)继而证实之、发挥之,其言曰:"孟德尔的功绩在于发现了两条遗传基本定律,从而奠定了现代遗传理论的基础。"(录自《基因论》)推重可见,而生蓍之概率,即当此数,是岂偶然哉。

再者,以成数四象论其概率,由过揲策数而定。见下表:

过揲策数	概　率	四象爻画
36	$\frac{3}{16}$(乾)	太阳一爻
32	$\frac{3}{16}$(兑)$+\frac{3}{16}$(离)$+\frac{1}{16}$(巽)$=\frac{7}{16}$	少阴一画
28	$\frac{3}{16}$(震)$+\frac{1}{16}$(坎)$+\frac{1}{16}$(艮)$=\frac{5}{16}$	少阳一画
24	$\frac{1}{16}$(坤)	太阴一爻

上表之概率,可以下图示之:

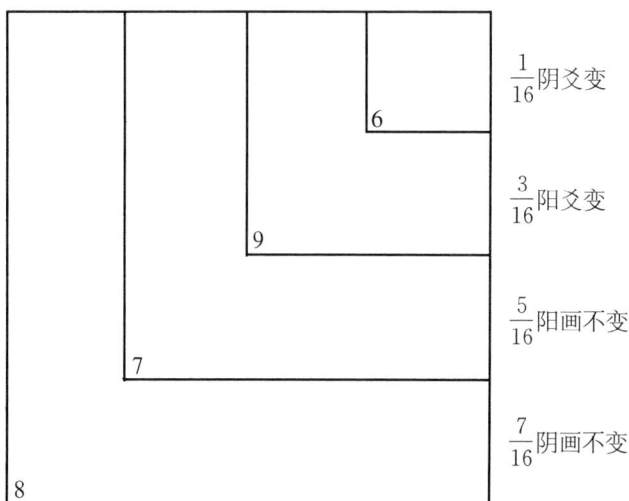

$\frac{1}{16}$阴爻变

$\frac{3}{16}$阳爻变

$\frac{5}{16}$阳画不变

$\frac{7}{16}$阴画不变

夫由过揲策数而得成数四象之概率,其比数为 7(阴画)：5(阳画)：3(阳爻)：1(阴爻),义当得阴画之可能性最大,得阳画次之,得阳爻又次之,得阴爻之可能性最小。或不论画爻而以阴阳论,其概率见下：

$$得阴之概率 = \frac{7}{16}(阴画) + \frac{1}{16}(阴爻) = \frac{8}{16} = \frac{1}{2}$$

$$得阳之概率 = \frac{5}{16}(阳画) + \frac{3}{16}(阳爻) = \frac{8}{16} = \frac{1}{2}$$

此阴阳之概率各半者,后天三索之两仪也。反之或不论阴阳而以画爻论,其概率见下：

$$得画之概率 = \frac{7}{16}(阴画) + \frac{5}{16}(阳画) = \frac{12}{16} = \frac{3}{4}$$

$$得爻之概率 = \frac{1}{16}(阴爻) + \frac{3}{16}(阳爻) = \frac{4}{16} = \frac{1}{4}$$

观此画爻之概率,知画犹先天之阳仪,爻犹先天之阴仪。画为阳而爻为阴,亦可由此而见焉。更以之卦之阴阳论,则阴爻阳画为阳,阳爻阴画为阴,其概率见下：

$$之卦得阳之概率 = \frac{1}{16}(阴爻) + \frac{5}{16}(阳画) = \frac{6}{16} = \frac{3}{8}$$

$$之卦得阴之概率 = \frac{3}{16}(阳爻) + \frac{7}{16}(阴画) = \frac{10}{16} = \frac{5}{8}$$

《系》上曰"参伍以变",可当此数。参伍者,犹谓三比五,如八次中之阳之机会有三次,之阴之机会有五次。夫本卦曰贞,贞者正也,盖得阴阳之概率同。然《易》有扶阳抑阴之义,而之卦得阴阳之概率,阴反多于阳,先圣以悔字名之卦,其义深焉。

至于求阴阳爻画之概率,可由下式：

设 A 为得 6 之概率 $=\dfrac{1}{16}$

B 为得 7 之概率 $=\dfrac{5}{16}$

C 为得 8 之概率 $=\dfrac{7}{16}$

D 为得 9 之概率 $=\dfrac{1}{16}$

得阴阳爻画之概率 $= A^n \cdot B^m \cdot C^l \cdot D^r \cdot \left(\begin{matrix} n,m \\ l,r \end{matrix} = 0,1,2,3,4,5,6 \text{ 且 } n+m+l+r=6 \right)$

试举例明之。如六次三变得七八七八六九,当贲之既济,其概率见下:

贲之既济之概率 $= A^n \cdot B^m \cdot C^l \cdot D^r$

$= \dfrac{1}{16} \cdot \left(\dfrac{5}{16}\right)^2 \cdot \left(\dfrac{7}{16}\right)^2 \cdot \dfrac{3}{16}$

$= \dfrac{1}{4565^{+}}$

义当约 4565 次中,可能有一次得此贲之既济。又如六次三变得九八七九八八,当丰之谦,其概率如下:

丰之谦之概率 $= A^n \cdot B^m \cdot C^l \cdot D^r$

$= \left(\dfrac{1}{16}\right)^0 \cdot \dfrac{5}{16} \cdot \left(\dfrac{7}{16}\right)^3 \cdot \left(\dfrac{3}{16}\right)^2$

$= \dfrac{1}{1086^{+}}$

义当约于 1086 次中,可能有一次得此丰之谦。由上二例,可观其余。若观其概率之最大者莫大于坤之坤,其最小者,莫小于坤之乾。式如下:

坤 $\begin{array}{l}-\,-\,八\,-\,-\\-\,-\,八\,-\,-\\之\;-\,-\,八\,-\,-\\-\,-\,八\,-\,-\\坤\;-\,-\,八\,-\,-\\-\,-\,八\,-\,-\end{array}$

$$坤之坤之概率 = A^n \cdot B^m \cdot C^l \cdot D^r$$

$$= \left(\frac{1}{16}\right)^0 \cdot \left(\frac{5}{16}\right)^0 \cdot \left(\frac{7}{16}\right)^6 \cdot \left(\frac{1}{16}\right)^0$$

$$= \frac{1}{142^+}$$

坤 $\begin{array}{l}-\,-\,六\,-\!\!-\\-\,-\,六\,-\!\!-\\之\;-\,-\,六\,-\!\!-\\-\,-\,六\,-\!\!-\\乾\;-\,-\,六\,-\!\!-\\-\,-\,六\,-\!\!-\end{array}$

$$坤之乾之概率 = A^n \cdot B^m \cdot C^l \cdot D^r$$

$$= \left(\frac{1}{16}\right)^6 \cdot \left(\frac{5}{16}\right)^0 \cdot \left(\frac{7}{16}\right)^0 \cdot \left(\frac{3}{16}\right)^0$$

$$= \frac{1}{16777216}$$

盖约于 142 次中,已可能有一次坤之坤,而必于 16777216 次中始可能有一次坤之乾,阴凝难化之情不亦显乎。然唯坤之乾庶为乾七而当乾卦辞"元亨利贞",故成象而得乾象之境,岂易言哉。

总上所述,生蓍之概率,生于 3∶1 及 1∶1 而会通于 7∶5∶3∶1,此阴阳画爻,足尽天地间人物德业之变化。《系》上曰"一阴一阳之谓道","阴阳不测之谓神",又曰"知变化之道者,其知神之所为乎"。此由不测其阴阳,而测其阴阳变化之情状,非神而何。盖尚占亹亹,鼓舞以尽神,悟知命而至命,合消息而一之,此大衍之神妙也。易道之中心,其在此太和太极之中乎。

五、 释揲蓍之象

　　大衍之数五十者,百物之半,河洛之中数,犹太极也。其用四十有九者,犹太极生生之数。以象言,盖生两仪四象八卦以至六十四卦。以数言,四营之而成象,十有八变而成四千有九十六卦,此象数之会通也。圣人之生蓍,即以蓍之百茎,以象百物,半之以象大衍之数,舍一不用,而成七七之用是也。

　　若揲蓍以成象,于数之变化殊妙,作蓍数变化图以示之。图一示七七四十九大衍之数,凡一格当一数,以下各图皆同。夫七数者,天地数之和也。盖天一地二奇偶之本,又天以兼地故取天三地二,是谓参天两地。此两者之积,乃一三得三,二二得四,七即三四之和,天地之象在焉,宜蓍数本之。观先儒之说,每以径一围三为圆,径一围四为方,以当天圆地方之象,此实大误。盖圆径一,其圆不止三也。误执圆三方四,又生天圆地方之误,不亦谬哉。至于天三地四之数,未尝有误,或以推论之误,并其数而弃之,亦非。此天地之数,一曰水,二曰火,一三得三,三曰木,二二得四,四曰金,由天地以生人,本诸土,土数五,五行备矣。此天三地四人五,犹勾股弦之数,于大衍用数中自然而得。其中心之一为人之象。《系》上曰"分而为二以象两,挂一以象三",两即天地,三即天地人,以图二示之。图之四隅同例。所注者,皆举一隅耳,揲四以象四时,即此四隅云。凡经分二挂一揲四归奇曰四营,四营为一变,四十九数中共三变。以数分之,第一变十七,第二、第三变皆十六,见图三、图四、图五。盖第一变有中心之一,宜较第二、第三变为多,故其揲余数不五则九,即较第二、第三变之揲余数不四则八多一也。图中以△为揲余数,×为过揲数,〇为变化数。变化由分二时决定,既可为揲余数,亦可为过揲数,即蓍之神。神者,阴阳不测之谓也。至于过揲数,于一变时,凡第二、第三变之数皆是。又合二变之过揲数,故或为四十,或为三十六,或为三十二。于三变时,则合一二两变之过揲数,故或为三十六,或为三十二,或为二十八,或为二十四,分四隅而观之即九八七六之数,所以成一爻之变不变者也。见一爻变化图。图中皆以中心一为准,其四正方设为三次之揲余数,其四隅方设为三次之变化数,其他之位则为过揲数,由是以观蓍数之变化,卦象显矣。凡得六为坤,见图七,揲余数九八八,于过揲数以短画示之,犹坤卦之象。得七者三卦,第一变揲余数为五,其他二变为八,则初为长画,其他二画为短画,犹震卦之象,见图八。第二变揲余数为四,其他二变为九为八,则中为长画,其他二画为短,犹坎卦之象,见图九。第三变揲余为四,其他二变为九为八,则上为长画,其他二画为短,犹艮卦之象,见图十。以上得七三卦,即三男也。得八者亦三卦。第一变揲余数为九,其他二变为四,则初为短画,其他二画为长,犹巽卦之象,见图十一。第二变揲余数为八,其他二变为五为四,则中为短画,其他二画为长,犹离卦之象,见图十二。第三变揲余数为八,其他二变为五为四,则上为短画,其他二画为长,犹兑卦之象,见图十三。以上得八三卦,即三女也。得九为乾,见图十四,揲余数为五四四,于过揲数以长画示之,犹乾卦之象。

蓍数变化图

大衍用数图

图 一

蓍数三才图

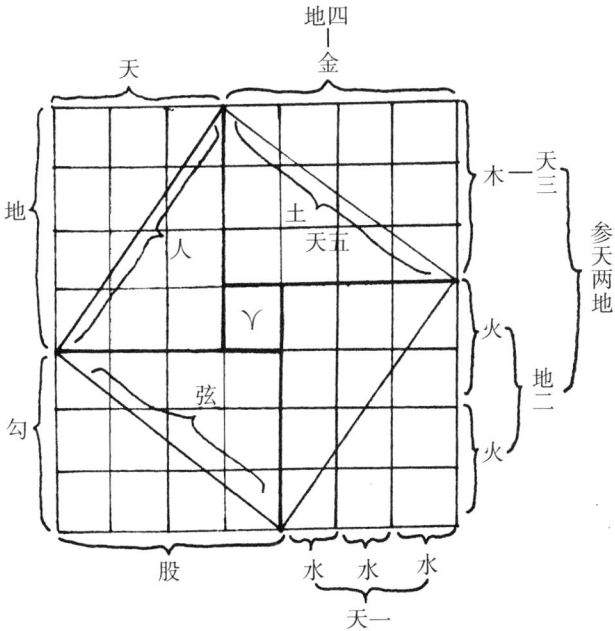

图 二

衍变通论

四营一变图

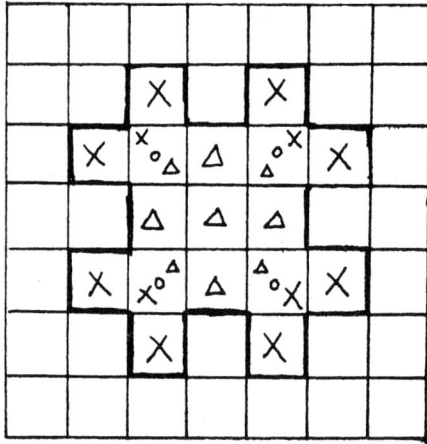

图　　三

四营二变图

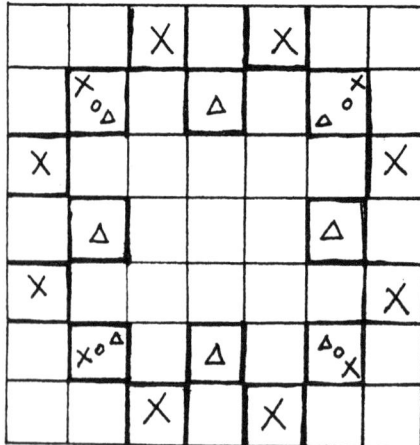

图　　四

214

四营三变图

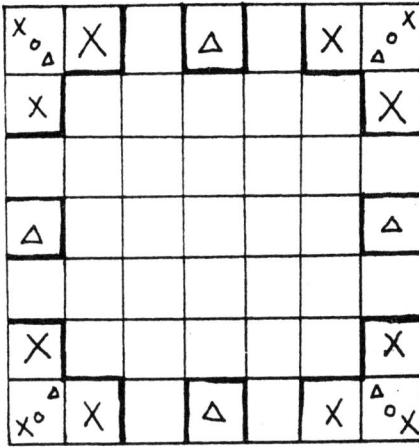

图　　五

一爻变化图

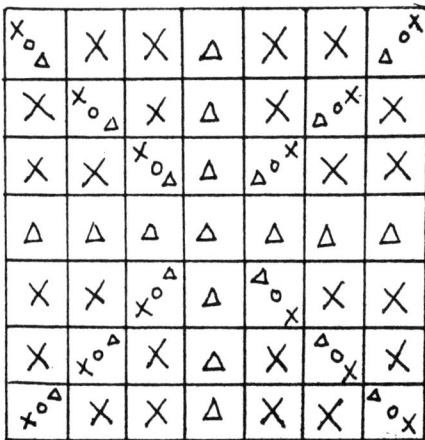

图　　六

衍变通论

得六坤象图

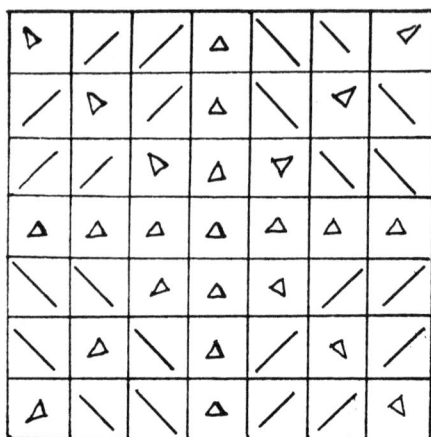

图　七

得七震象图

图　八

五、释揲蓍之象

得七坎象图

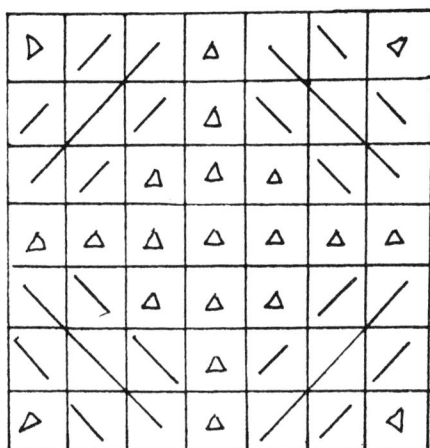

图　九

得七艮象图

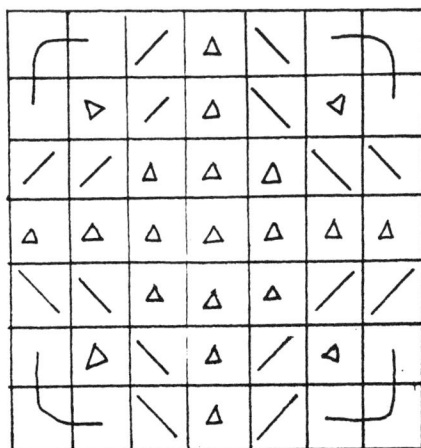

图　十

217

衍变通论

得八巽象图

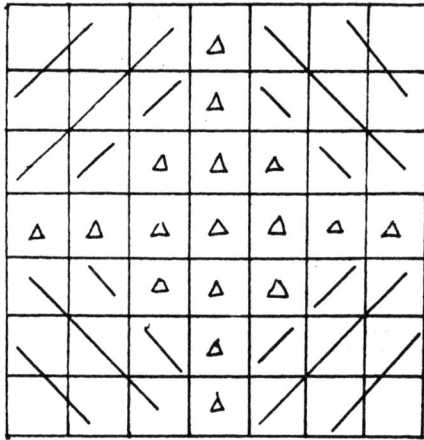

图 十 一

得八离象图

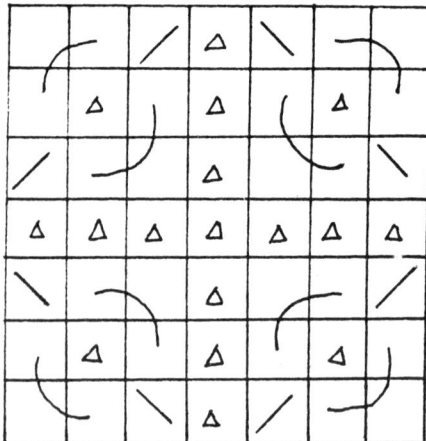

图 十 二

得八兑象图

图 十 三

得九乾象图

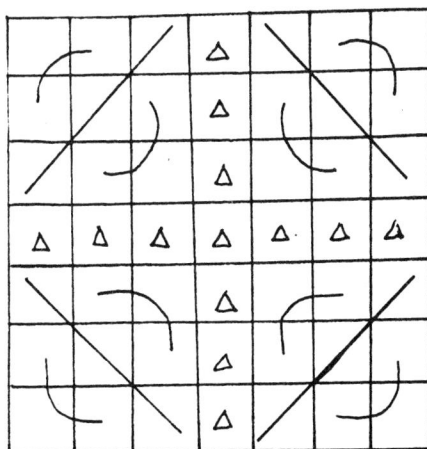

图 十 四

　　以上十四图,可见蓍数变化之自然。七分三四为天地,人受天地之中而生,非变化之旨乎。至于方圆之象,先儒误以圆三方四者,实违《系辞》之言。《系辞》上曰:"蓍之德圆而神,卦之德方以知。"故圆、方为蓍、卦。以数言,七七四十九蓍,宜圆数七,八八六十四卦,宜方数八。盖圆非径一围三,径一围三者,为六边形。故同径圆,必以六圆围一圆,合之为七,是谓圆数。虽圆周之密率,永不能绝对正确,而七圆之密合无间,乃万世不易。蓍取圆德而用四十九,不亦神乎。神即揲余数与过揲数之变化而阴阳不测也。然究其变化之情状唯八,图七至图十四所示者是也,即为八卦。凡同径方,必以八方围一方。卦德方知者,犹八卦之方位,故方数八。知谓先后天之方位,皆有定而不可变者也。若圆七而虚中为六,方八而实中为九,义当四营卦爻之变,另详《四营论》。

六、 四营论

  《系》上曰:"四营而成《易》。"陆绩曰:"分而为二以象两,一营也;挂一以象三,二营也;揲之以四以象四时,三营也;归奇于扐以象闰,四营也。谓四度营为,方成《易》之一爻者也。"荀爽曰:"营者谓七八九六也。"夫荀、陆二家之注四营,似不同而实同。陆氏以当四十九蓍之四度营为,荀氏以当四度营为后之四种结果,必本七八九六四者之一,而后成《易》一爻之变不变。变曰爻,其数九六,不变曰象,其数七八。郑玄曰"卦画七八爻称九六"是也。若此四数之当阴阳变不变,有至理存焉。盖阴阳之异,宜合数象理三者以明之。数则阳奇阴偶,象则阳圆阴方,理则阳实阴虚。故一圆实于中阳也,二方虚于外阴也。见阳一阴二图:

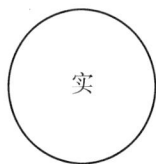

阳一阴二图

此阳一阴二,乾元坤元之谓。

《乾凿度》曰:"一变而为七。"又曰:"阳以七、阴以八为象。"盖明由乾元一,生阳画七,由坤元二,生阴画八。凡一圆而生外围六圆,其数为七。二方而生一虚围,其数为八。见阳七阴八图:

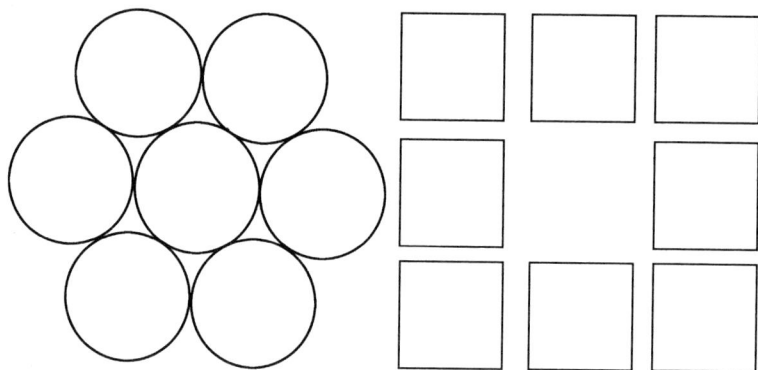

阳七阴八图

观阳七者,数奇而圆,其中实,三者皆属阳,乃守阳而不变。阴八者,数偶而方,其中虚,三者皆属阴,乃守阴而不变。阴阳不变曰画,象者总断六画之象也。故四营得七而阳不变,得八而阴不变,是名象。

《乾凿度》曰:"七变而为九。"又曰:"阳变七之九,阴变八之六","阳动而进,变七之九","阴动而退,变八之六"。盖明由画而爻。凡画静爻动,《系辞》上曰:"夫乾,其静也专,其动也直,是以大生焉。夫坤,其静也翕,其动也辟,是以广生焉。"专者,圆而转也,故乾阳静而不变,其数为七。若由静而动之曰直,直者圆动而向方也,当阳七中实之圆。动直而方,自然生外围八方而其数为九,故阳动而进,变七之九。又方圆相对,由中实之一圆,动而向方,必有外虚之二方,动而向圆。二圆而生一虚围,其数为六,故阴动而退,变八之六。见阳九阴六图:

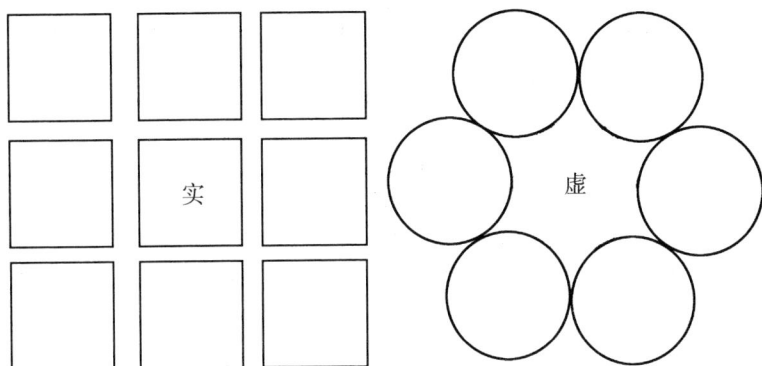

阳九阴六图

观阳九者,数奇而中实属阳,然方已属阴。三者中二者为阳,故仍为阳,已有阴焉,故阳将变阴。阴六者,数偶而中虚属阴,然圆已属阳。三者中有二者为阴,故仍为阴,已有阳焉,故阴将变阳。阴阳将变曰爻,爻者言乎变者也。故四营得九而阳变阴,得六而阴变阳,是名爻。若爻变之道,阳九中,实者虚之,即成阴画;阴六中,虚者实之,即成阳画。见四营变通图(图见下页)。

《系》下曰:"通其变,使民不倦,神而化之,使民宜之。《易》穷则变,变则通,通则久。是以自天右之,吉,无不利。"陆绩曰:"阴穷则变为阳,阳穷则变为阴,天之道也。"又曰:"穷则变,变则通,与天终始,故可久。民得其用,故无所不利也。"究乎四营之变,盖有二焉。其一动静之变,即"通其变,使民不倦",不倦者方圆互变,推而行之存乎通也,故阴则八而六、六而八,阳则七而九、九而七,谓之通。其一阴阳之变,即"神而化之,使民宜之",宜之者虚实互变,化而裁之存乎变也,故阴则六而七,阳则九而八,谓之变。凡阳圆而方,其方不能复为圆,阴方而圆,其圆不能复为方,斯为穷。故阴穷则变为阳,虚者实矣,阳穷则变为阴,实者虚矣。虚实之变既成,是之谓化,神化而民宜,变则通也,又为动静之变。如是之变通无已,乃与天终始而可久,神明默成,尚有不利者哉。

223

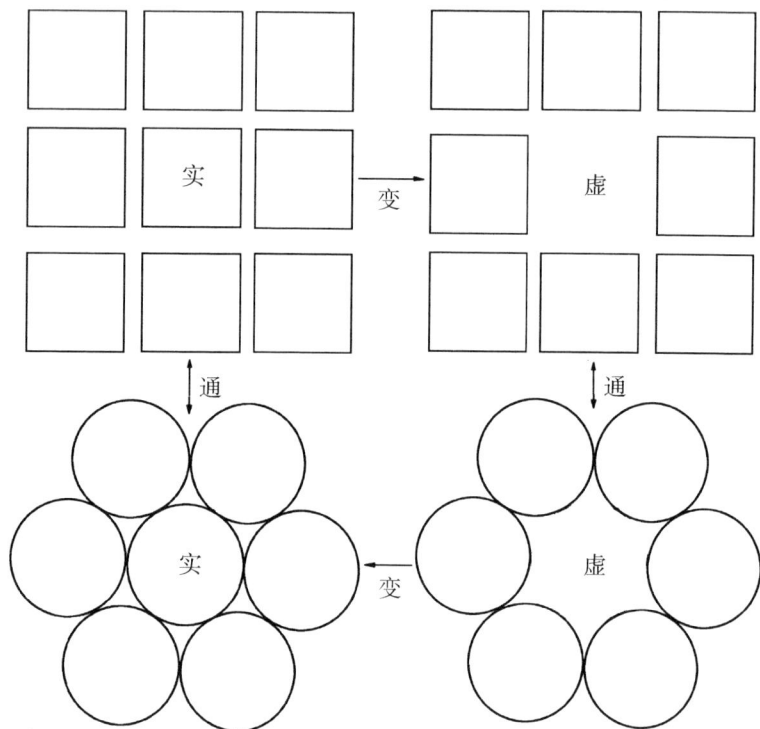

四营变通图

再者,四营之变,须明辨观变玩占之异。玩占者,九六之穷变,必为阴阳之变,故尚占中殊无九而七,六而八之例。若观变者,则当九六之穷变时,宜视其位,其位未正者为阴阳之变,其位已正者为动静之变,故尚变中不可不知九而七、六而八之例。此二者不即不离,占以知命,变以至命。君子知命以穷理,所以尽天命之性也;复性以至于命,特以顺性命之理也。盖知命者,知四营之周流,即之卦之谓,见下页四营知命图。

至命者,知命之至,由九六而各正性命,即之正之谓,见四营至命图。

知命乐天,何忧之有;至命安土,守位以仁。仁者不忧,玩占而观

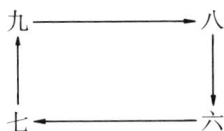

四营知命图

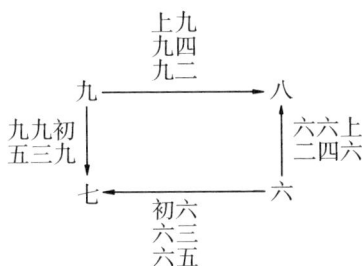

四营至命图

变,《易》其成矣。

《系》上曰:"河出图、洛出书,圣人则之。"若四营之于图书,其合尤自然。以河图之成数论,南七东八,当专与翕,为象之静。西九北六,当直与辟,为爻之动。故西南与东北之对角线,所以别动静也。又南七西九当专与直,为阳之大生。东八北六当翕与辟,为阴之广生。故东南与西北之对角线,所以别阴阳也。凡由阳动而至阴静,成由阴动而至阳静,各当一太极曲线云。又以动静互变视之,则太极曲线即成大生广生之两圆。故阴阳互变为波,动静互变为圆,波与圆,光之性也,各有其宜。当九六之动及乎中,定既济之位焉,乃初六、九二、六三、九四、六五、上九之为波,云行雨施也。初九、六二、九三、六四、九五、上六之为圆,保合太和也。而或及此而失宜,当波而圆为阴凝消阳,蹢躅以积不善,能免龙战之穷乎。又当圆而波为放心务外,拔确然而用之,成牛山之濯濯,其违禽兽不远矣。见河图四营图:

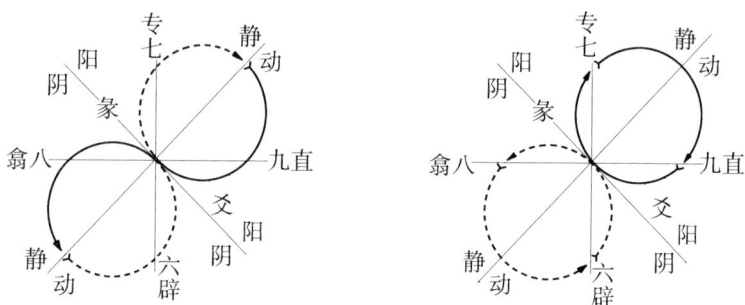

河图四营图

至于洛书之四营,盖由河图易其七九之位,乃玩占之次成一圆矣。又河图者,以生成数当内外二层,洛书者,以奇偶数当四正四维。故七九之位既易,复以玩占之次,旋转偶数之四维,即成洛书(另详《原河洛之变》)。然四营者,以成数论,非分奇偶数言,故洛书四维之偶数,仍宜合于四正而观之,见洛书四营图:

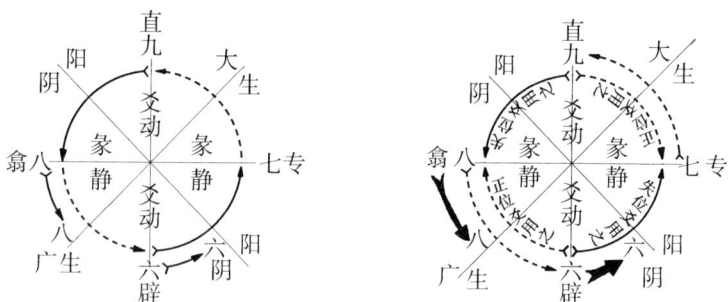

洛书四营图

于东南至西北之对角线,仍以分阴阳,然西南至东北之对角线,已非辨动静,凡静当左右,动当上下云。

若粗线所示,即以玩占之次,旋偶数之四维而成洛书也。又虚线当动静之通变,实线当阴阳之变化。《系》上曰:"极数知来之谓占,通变之谓事。"此之谓欤。事者以洛书九畴,举措天下生民,富有之大业也。业用以位,仁以守之,变通而久之,日新之盛德也。可久可大,贤人之德业,广大互根,易道之生生。故君子日乾夕惕以进德修业及时而变之,四营易简之理得矣。

总上所述,明四营之自然变通,且与图书数之相合耳。其理既得,乃可以实例喻之。如六次四营皆七为乾象,则之卦为乾爻;皆九为乾爻,则之卦为坤象;皆八为坤象,则之卦为坤爻;皆六为坤爻,则之卦复为乾象。又如六次四营中,刚柔杂居而得七八八八七八为屯象,则之卦为屯爻;得九六六六九六为屯爻,则之卦为鼎象;得八七七七八七为鼎象,则之卦为鼎爻;得六九九九六九为鼎爻,则之卦复为屯象。又如六次四营中,刚柔与动静皆杂居而得七六八八九六为屯之损,损当九七六六八七而为损之鼎,鼎当八九七七六九而为鼎之咸,咸当六八九九七八而为咸之屯,此屯即当七六八八九六而复为屯之损。此类可再举一例,如得九六六八七六为屯之巽,巽当八七七六九七而为巽之鼎,鼎当六九九七八九而为鼎之震,震当七八八九六八而为震之屯,此屯即当九六六八七六而复为屯之巽。见下页四营举例图。按四营之变化共有四千有九十六,以合变合一,凡一千有二十四。上所举之四例,即一千有二十四中之一耳。观此四例,殊可概其余。

夫玩占而得四营之数,此不可必之命也。然之卦之之卦,实当错卦,此可必之性也。性者天命,天命者,命之命也。故观玩之君子,不必其不可必之命,而尽其可必之性,穷究乎错卦之象,研几乎相反相成之理,准天地之广大,法四时之变通,时乘六龙以各正性命,发挥一致而定位既济,此幽赞四营之门户,乾元用九之天则乎。

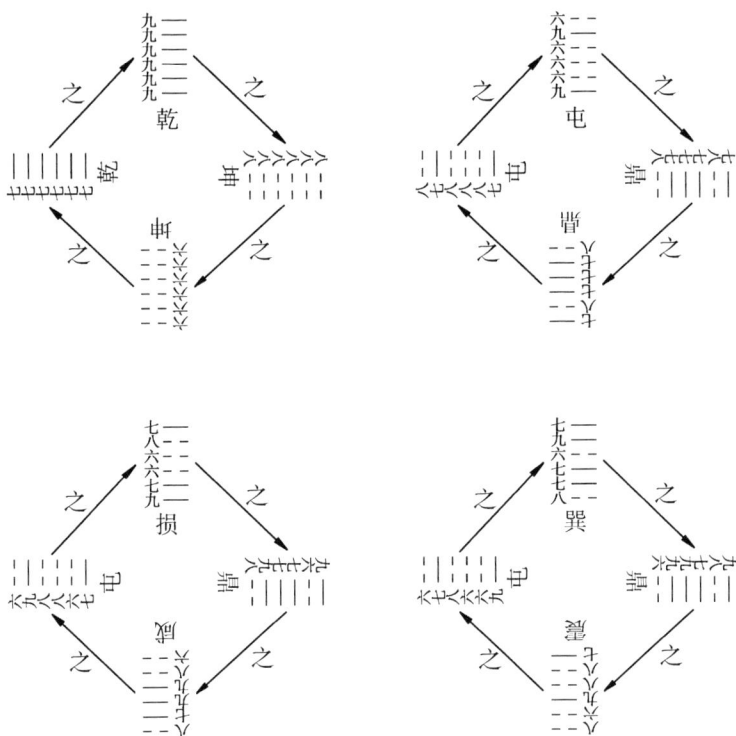

四营举例图

七、策数释义

策数者,计过揲之蓍数也。凡以四十九蓍,三次四营而数其过揲之蓍,其数即策数。故老阳之策数为三十六,少阴之策数为三十二,少阳之策数为二十八,老阴之策数为二十四。此四象中,老当一爻,少当一画,经十八次四营而成卦。合其过揲数,即卦之策数,《系》上曰:"乾之策二百一十有六,坤之策百四十有四。"指乾用九坤用六言。又用九用六者,非限于乾坤十二爻而已。三百八十四爻中,一百九十二阳爻皆用九,一百九十二阴爻皆用六。《系》上又曰:"二篇之策,万有一千五百二十。"即指六十四卦三百八十四爻言。其算式如下:

36(一爻用九之策数)×6 爻=216　　六爻用九之策数,即乾之策

24(一爻用六之策数)×6 爻=144　　六爻用六之策数,即坤之策

36(一爻用九之策数)×192 爻+24(一爻用六之策数)×192 爻=11520 策
为六十四卦三百八十四爻之策数,即二篇之策

又先儒每以蓍策并称,且揲余之蓍数,亦以策数目之,盖各有其义。然宜阐明之,以免混淆。考《楚辞·卜居》有曰"端策拂龟",《史记·封禅书》有曰"黄帝得宝鼎神策,于是迎日推策"。又策同筴,《仪

礼·士冠礼》"筮人执策",《礼记·曲礼》"龟为卜筮为筮"。可见以蓍之一茎为一策,古义也。故以蓍之五十茎以当大衍之数五十,即五十策,以蓍之四十九茎以当其用四十有九,即四十九策。蓍策并称,不亦宜乎。唯五十策与四十九策,当名蓍数,非策数也。乃于四营后,蓍数分为二,一为过揲数,一为挂一揲余数。且一变或二变后之过揲数,尚非策数,必三变后之过揲数,始立策数之名。以揲余数言,一二三变后之数,各加挂一,其数与策数相应,即皆合成蓍数四十九,是谓揲余策数。故以蓍策并称,其数或一或二,以至四十九、五十皆可名一策二策以至四十九策五十策。若以策数言,其数唯三十六、三十二、二十八、二十四之四象,以揲余策数言,其数唯十三、十七、二十一、二十五,以应四象云。

至于总观十有八变之数,四象相杂焉。然莫大于乾之策,莫小于坤之策,二百十六与一百四十四,其两端耳。当四象相杂后,每隔四数皆为策数,故策数之不同,共有十九种。每种策数各有卦象与之相应,而每一卦象之变动,亦各有其策数。象数之相合,自然之理也。

夫卦象六十有四,以策数辨之,宜分七类。乾卦,五阳卦,四阳卦,三阳卦,二阳卦,一阳卦,坤卦是也。同类之卦,其策数同。更以一卦"之"六十四卦言,"所之"之卦,亦分上述七类。二者相乘,为四十九类,所以以策数明辨四千有九十六卦之卦象,详见四十九类策数表。如四阳之五阳,策数为一百六十八,以卦言,大壮之大有、需之小畜等等皆是。又如二阳之一阳,策数为一百九十二,以卦言,震之师、解之比等等皆是。示之如下:

大壮之大有	需之小畜	震之师	解之比
—24—	--24--	--32--	--32--
--32--	—28—	--32--	—24—
—28—	--32--	—36—	—36—
—28—	—28—	--32--	--32--
—28—	—28—	—24—	—36—
—28—	—28—	—36—	--32--
168	**168**	**192**	**192**

其他各类各卦可例推。故知由蓍策四十有九,成策数十九,以应四十九类卦象,当卦数四千有九十六,以象天地人物之变。《说卦》曰:"昔者圣人之作《易》也,幽赞于神明而生蓍。"盖谓此也。《系》上曰:"蓍之德圆而神。"不其数乎。此一卦可变六十四卦,广义之卦变也。《周礼》太卜所掌之《周易》必系此法,《左传》、《国语》所记之筮占皆用此,孔子赞《周易》,乃于《系辞》中述之。迨汉之焦赣,深思此四千有九十六卦之卦象,各述数语以抒其情,非有悟于易象能之乎。若其编次一准《序卦》,另见《焦赣卦变图》。然以本卦之本卦置于前,当图中之对角线,乃始于乾之乾而终于未济之既济。本首乾而不变,变未济而济之,诚《序卦》之精义也。后世读其书者徒执其迹,以卜筮小数视之,不亦惜乎。独朱子奋起于一千二百余年后,成《启蒙》以继之(《启蒙》成于淳熙十三年丙午,即公元 1186 年。焦赣生卒及成书之年未可考,然知其徒京房年四十一卒于汉元帝建昭二年,即公元前 37 年)。舍其迹而得其神,承周孔之遗风,明伏羲之赜象,书成而得诗曰:"忽然半夜一声雷,万户千门次第开,若识无心涵有象,许君亲见伏羲来。"不愧贤者气象。若《启蒙》之卦图共三十二,皆乾坤一图,而此图即准策数,另见《朱子启蒙卦变图》,所谓"万户千门次第开",非此象乎? 其间一百六十八至一百九十二在对角线上之策数,即狭义之卦变,以分成两三角形,是当消息之一义。凡乾之坤为消,坤之乾为息,又于广义之卦变中,略其不变之画,是谓爻变。观历代易著,每论消息与卦爻变,而其本皆可得于此。《系》上曰:"卦之德方以知,六爻之义易以贡。"盖与蓍策数相须而不相离者也。

四十九类策数表

策数	揲余数	四千有九十六卦卦象凡四十九类						
		之乾	之五阳	之四阳	之三阳	之二阳	之一阳	之坤
216	78							乾
212	82							五阳
208	86						乾	四阳
204	90						五阳	三阳
200	94					乾	四阳	二阳
196	98					五阳	三阳	一阳
192	102				乾	四阳	二阳	坤
188	106				五阳	三阳	一阳	
184	110			乾	四阳	二阳	坤	
180	114			五阳	三阳	一阳		
176	118		乾	四阳	二阳	坤		
172	122		五阳	三阳	一阳			
168	126	乾	四阳	二阳	坤			
164	130	五阳	三阳	一阳				
160	134	四阳	二阳	坤				
156	138	三阳	一阳					
152	142	二阳	坤					
148	146	一阳						
144	150	坤						

八、卦爻辞溯源

　　《系》下曰:"《易》之兴也,其当殷之末世,周之盛德邪,当文王与纣之事耶,是故其辞危。"郑玄曰:"据此言,以《易》是文王所作,断可知矣。"司马迁曰:"文王拘而演《周易》。"皇甫谧曰:"文王在羑里演六十四卦,著七八九六之爻,是谓《周易》。"夫文王囚羑里而演《易》,演之为言,以大演之数,演而得七八九六之数,积十有八变而成卦,然后观卦象而系之辞。《系》上曰:"圣人设卦观象系辞焉而明吉凶。"又曰:"《易》有四象,所以示也。《系辞》焉,所以告也。定之以吉凶,所以断也。"设卦云者,积四营而布卦也。所布者有二卦,曰本卦曰之卦,卦各有象。《系》下曰"八卦以象告。"文王所系之辞所以告此卦象。《系》上曰:"辞也者各指其所之。"之者之卦也。然一卦之六十四卦,情伪杂焉,故断之以吉凶,所以定其所之,此圣人之情也。《系》下曰:"圣人之情见乎辞。"又曰:"爻象以情言,刚柔杂居而吉凶可见矣。"若此,吉凶杂居是谓命,知命而至命,准消息以之正,即利贞之性其情,义当危者平易者倾,则有吉无凶,而其要无咎。此易之道也,亦文王系辞之苦心乎。

　　玩二篇之辞,凡卦有卦辞,共六十四。卦分六爻,爻有爻辞,共三百八十四。又用爻不外九六,乃合而系用九用六于乾坤六爻之下,故系辞共四百五十条。

$$文王之辞＝卦辞64＋爻辞384＋用2＝450条$$

每条之义,孔子赞之曰:"其旨远,其辞文,其言曲而中,其事肆而隐。"诚切实至当,圣圣相印,不其然乎。至于此四百五十条之系,皆承生蓍消息之理,法生蓍以演《易》,本消息以增爻,是之谓《周易》也。

以生蓍言,六次得七八九六四者之一而成卦,所成本卦之卦之变化,数当 4^6 即四千有九十六种,乃类而系之辞。《系》下曰:"于稽其类,其衰世之意邪。"韩康伯曰:"有忧患而后作《易》,世衰则失得弥彰,爻繇之辞,所以明失得,故知衰世之意邪,稽犹考也。"侯果曰:"于,嗟也。稽,考也。易象考其事类,但以吉凶得失为主,则非淳古之时也,故云衰世之意耳。言邪,示疑,不欲切指也。"言此尚辞,当知稽类,若类而系辞,可分卦爻以明之。

1. 系卦辞,义当六次中皆得阴阳画,或阴阳爻。画则由静而动,其阴阳未变,故以本卦七八言。爻则由动而静,其阴阳已变,故以之卦七八言。七八为象,凡此类之变化,画爻数各当 2^6,即为六十四卦卦辞。故卦辞之义二,其一,体本卦而用其象。其二,用错卦而体本卦之象。前者为画而爻,后者为爻而画。然卦辞之义虽当兼二,而似以后者为主,前者盖将散为六爻。其后赞《易》更系以六十四卦之《大象》,即当其象数云。

若分而辨之,系卦辞之象数,宜分七类。

其一,六次皆得六或七,系乾卦之卦辞。

其二,六次中五次得六或七,一次得九或八,其变化有六,系姤、同人、履、小畜、大有、夬六卦之卦辞。

其三,六次中四次得六或七,二次得九或八,其变化有十五,系遁、讼、巽、鼎、大过、无妄、家人、离、革、中孚、睽、兑、大畜、需、大壮十五卦之卦辞。

其四,六次中三次得六或七,三次得九或八,其变化有二十,系否、渐、旅、咸、涣、未济、困、蛊、井、恒、益、噬嗑、随、贲、既济、丰、损、节、归妹、泰二十卦之卦辞。

其五,六次中二次得六或七,四次得九或八,其变化有十五,系观、晋、萃、艮、蹇、小过、蒙、坎、解、升、颐、屯、震、明夷、临十五卦之卦辞。

其六,六次中一次得六或七,五次得九或八,其变化有六,系剥、比、豫、谦、师、复六卦之卦辞。

其七,六次中皆得九或八,系坤卦之卦辞。

以上七类,凡六十四种画而爻,六十四种爻而画,皆以卦辞当之,示如下:

乾　元亨利贞。

夬　扬于王庭,孚号有厉。
告自邑,不利即戎,利有攸往。

大壮　利贞。

泰　小往大来,吉,亨。

临　元亨利贞,
至于八月有凶。

复　亨,出入无疾,朋来无咎。
反复其道,七日来复,利有攸往。

```
九一          八--         六--
九一          八--         六--
九一  爻而画   八-- 画而爻  六--
九一  乾之坤→  八-- 坤之坤→ 六--
九一          八--         六--
九一          八--         六--
```

坤　　元亨,利牝马之贞。君子有攸往,
先迷后得主。利西南得朋,东北丧朋,安贞吉。

于复卦卦辞曰:"七日来复。"七即初画。于临卦卦辞曰:"八月有凶。"八即二画。画数七八而当卦辞者,于复临可证。除上 128 种外,尚有 3968 种,皆所以系爻辞焉。

2. 系爻辞,义当六次中皆为画爻相杂,则于阴阳外,更有动静之不同。由是动静相比而其动乃见,是之谓爻。爻也者,效天下之动者也。若分而辨之,其象宜分为五类:

其一,六次中五次得七或八,一次得九或六,其变化有六。且七与八、九与六可相杂,数当 $2^5 \times 2$,故变化共有 384 种。

$$6 \times 2^5 \times 2 = 384$$

其二,六次中四次得七或八,二次得九或六,其变化有十五。且七与八、九与六可相杂,数当 $2^4 \times 2^2$,故变化共有 960 种。

$$15 \times 2^4 \times 2^2 = 960$$

其三,六次中三次得七或八,三次得九或六,其变化有二十。且七与八、九与六可相杂,数当 $2^3 \times 2^3$,故变化共有 1280 种。

$$20 \times 2^3 \times 2^3 = 1280$$

其四,六次中二次得七或八,四次得九或六,其变化有十五。且七与八、九与六可相杂,数当 $2^2 \times 2^4$,故变化共有 960 种。

$$15 \times 2^2 \times 2^4 = 960$$

其五,六次中一次得七或八,五次得九或六,其变化有六。且七与八、九与六可相杂,数当 2×2^5,故变化共有 384 种。

$$6 \times 2 \times 2^5 = 384$$

合上五项,即为 3968 种。若爻辞之系,盖本其一之 384 种。尚宜分六爻言之。

其一,初爻。凡二三四五上为七八相杂,变化共三十二,初则或九或六。

即系初九、初六各三十二爻爻辞。

其二,二爻。凡初三四五上为七八相杂,变化共三十二,二则或九或六。

即系九二、六二各三十二爻爻辞。

其三,三爻。凡初二四五上为七八相杂,变化共三十二,三则或九或六。

即系九三、六三各三十二爻爻辞。

其四,四爻。凡初二三五上为七八相杂,变化共三十二,四则或九或六。

即系九四、六四各三十二爻爻辞。

其五,五爻。凡初二三四上为七八相杂,变化共三十二,五则或九或六。

即系九五、六五各三十二爻爻辞。

其六,上爻。凡初二三四五为七八相杂,变化共三十二,上则或九或六。

即系以上九、上六各三十二爻爻辞。

以上六爻可以下表示之,爻辞此归于二用者也。

六位	九 六 当 六 位						二 用 系 爻	
上 五	七八 七八	七八 七八	七八 七八	七八 七八	七八 九六	九六 七八	系上九三十二爻　系上六三十二爻 系九五三十二爻　系六五三十二爻	
四 三	七八 七八	七八 七八	七八 九六	九六 七八	七八 七八	七八 七八	系九四三十二爻　系六四三十二爻 系九三三十二爻　系六三三十二爻	
二 初	七八 九六	九六 七八	七八 七八	七八 七八	七八 七八	七八 七八	系九二三十二爻　系六二三十二爻 系初九三十二爻　系初六三十二爻	
	初九　九二　九三　九四　九五　上九　为用九共一百九十二爻 初六　六二　六三　六四　六五　上六　为用六共一百九十二爻 　　　　　　　　　　　　　　　　二用共三百八十四爻							

　　再者爻辞之系，虽本其一之 384 种，而其言之妙，能兼及其下四类。其二者合二爻之爻辞言。其三者合三爻之爻辞言。其四者合四爻之爻辞言，其五者合五爻之爻辞言。且以上所述，皆当本卦，更观之卦之画爻，则其一之五画一爻，之卦为五爻一画，其二之四画二爻，之卦为四爻二画。其三之三画三爻，之卦为三爻三画。其四之二画四爻，之卦为二爻四画，其五之一画五爻，之卦为一爻五画。凡合本卦与之卦，仍为六画六爻，盖画爻未杂而为卦，已杂而为爻。卦爻辞之所之，不亦一言而可喻乎。

　　若系爻辞之五类，亦宜各举一例示如下：

```
七  一                    九  一
七  一                    九  一
七  一                    九  一
九  一 九三 君子终日乾乾，夕惕若，   八  — —
。    厉无咎
七  一                    九  一
七  一                    九  一
```

　　乾之履(此例当384之一)

238

八 - -　　　　　　　　　　　六 - -
○六 - - 六五 黄裳元吉　　　七 —
八 - -　　　　　　　　　　　六 - -
八 - -　　　　　　　　　　　六 - -
八 - -　　　　　　　　　　　六 - -
○六 - - 初六 履霜,坚冰至　　七 —

坤之屯(此例当960之一)

八 - -　　　　　　　　　　　　　　　　　六 - -
七 —　　　　　　　　　　　　　　　　　　○九 —
○六 - - 六四 乘马斑如,求婚媾,往吉,无不利　　七 —
○六 - - 六三 即鹿无虞,唯入于林中,君子几,不如舍,往吝　七 —
八 - -　　　　　　　　　　　　　　　　　六 - -
○九 — 初九 磐桓,利居贞,利建侯　　　　　八 - -

屯之咸(此例当1280之一)

七 —　　　　　　　　　　　　　　　　○九 — 上九 王用出征,有嘉折首,获匪其丑,无咎
八 - -　　　　　　　　　　　　　　　　○六 - - 六五 出涕沱若,戚嗟若沱吉
六 - - 六四 困蒙,吝　　　　　　　　　　七 —
六 - - 六三 勿用取女,见金夫,不有躬,无攸利　七 —
九 — 九二 包蒙吉,纳妇吉,子克家　　　　八 - -
六 - - 初六 发蒙,利用刑人,用说桎梏,以往吝　七 —

蒙之离(此例当960之一)

六 - - 上六 入于穴,有不速之客三人来,敬之终吉　　七 —
九 — 九五 需于酒食,贞吉　　　　　　　　八 - -
六 - - 六四 需于血,出自穴　　　　　　　　七 —
九 — 九三 需于泥,至寇至　　　　　　　　八 - -
九 — 九二 需于沙,小有言,终吉　　　　　　八 - -
七 —　　　　　　　　　　　　　　　　　○九 — 初九 履校灭趾,无咎

需之噬嗑(此例当384之一)

　　由上五例,已尽爻辞相杂之变化。间于本卦之卦之取舍,尚当一论。夫本卦此未变之卦也,之卦此已变之卦也。当一爻动时,其动尚未及五画之静,故无力变本卦成之卦,而之卦之五动一静,其静亦未足以稳定五画之动。可见是时中心仍在本卦,唯以一动爻为主耳。反之,当五爻动时,其动已远胜一画之静,故自然变本卦成之卦,其五静一动,象亦稳定。可见是时之中心,已移至之卦,亦以一动爻为主。若二爻动时,其动犹未及四画之静,故亦无力变本卦成之卦,而之卦之四动二静,其静仍未足以稳定四爻之动。可见是时之中心,亦在本卦,唯以二动爻为主耳。反之当四爻动时,其动已胜二画之静,故亦自然变

本卦成之卦,其四静二动,象亦稳定。可见是时之中心已移至之卦,唯以二动爻为主。此外仅存三爻动时,其时动静相当,本卦之卦皆然,中心分散。唯爻既言动,故虽与静等势,仍当以动爻论。若于本卦之卦间,盖本卦为贞而之卦为悔,坤三曰"可贞",而乾上曰"有悔",贞悔之情,已见乎辞。故于不得不变时,如四爻动五爻动,自然以之卦之动爻为主。于可变可不变之时,则"可贞"而"无祗悔",当以本卦之三动爻为主是也。以上五例中,加圈者为主爻。由是3968种之生著变化,皆有爻辞与之相应,《系》下曰:"其称名也杂而不越。"此之谓也。合上卦动,总见下表:

生著数	变　　　动		爻　　象
64	不变——本卦	动	彖——卦辞
384		动一爻	爻——爻辞
960		动二爻	爻——爻辞
1280		动三爻	爻——爻辞
960	变——之卦	动二爻	爻——爻辞
384		动一爻	爻——爻辞
64		不动	彖——卦辞

《系》下曰:"知者观其彖辞,则思过半矣。"彖辞即卦辞,义当变动之两端,凡爻辞之变化皆在其中,故观之而思过半矣。若六十四卦之卦辞,主于刚柔未杂之乾坤,而坤又顺承于乾,故乾卦之卦辞,彖之本也。更观三百八十四爻之爻辞,于动静相杂之中亦主于刚柔未杂者,甚而乾坤十二爻,爻合而为卦之用。乾六爻为用九,坤六爻为用六,彖体一而爻用二,是三条其系辞之主乎。又"用九见群龙无首吉",此元亨也。"用六利永贞",此利贞也。用合于体而四德归一,乾元而已矣。见下表:

	刚柔已杂	刚柔未杂	合　阴　阳

动静未杂——卦辞64——2卦 { 乾七 → 坤八 → } （坤合于乾）乾元亨 利贞 →（四德合一）乾元

动静已杂——爻辞384——12爻 { 乾六爻九 → 坤六爻六 → } （爻合于卦之用）用九见群无首吉　用六利永贞

（用合于体）

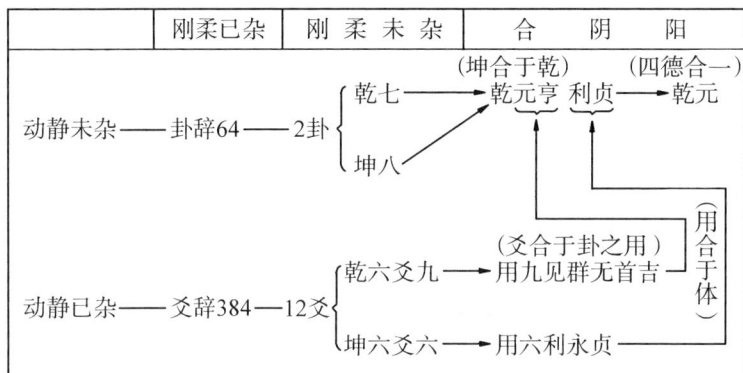

夫文王演《易》,系辞而成《周易》,终始条理,易简而絜齐,与生蓍之理密合无间。450 条之合于一元,其一不用之体也,一元之散成一切,其用四十有九也。至若 450 条系辞之大义,盖有三:其一,64 条卦辞间之相互呼应。其二,384 条爻辞间之相互呼应。其三,由用九用六而使卦爻辞间相互呼应。以上三者皆绵绵若存,息息相通,此鸣则彼和,彼动则此变,枢机之发,吉凶随之。凡情伪相感,得失反复,远近相取,爱恶相攻,三才之险象毕具,其辞不亦危哉。然以健以顺而知险知阻,虽危而必有归无咎之道焉。《说卦》曰:"神也者,妙万物而为言者也。"其唯二篇之辞乎。

附录一

易学的时空结构

（1989 年春参加中日学术研讨会的论文）

提　纲

　　易学的特点,在于能结合时空为一而了解时空的变化。合诸西方自然科学的成就,牛顿的理论尚分裂时空,然其作用决不可忽视。及爱因斯坦创立四维时—空连续区的相对论,方能扩大牛顿力学的结构。或仅知时空分裂而不知时空合一,则尚未进入二十世纪的认识论。至于时间的可逆问题,红位移的问题,及超越时—空问题等等,迄今仍在深入研究中。

　　反观中国易学的思维形象,对时空结构的认识已极深邃,早知时空合一后,仍能分合自如。此论文分四个方面,说明易学的时空结构:

　　一、易理本于天地人"三才之道"的整体——此"三才之道"的含义就是"人参天地",结合天时地势,乃能形成人的时空结构。

　　二、《易》的符号,主要分卦与爻两种形象——近一二十年来,始发现《易》的符号本为数字卦,其后则成为阴阳符号卦。由此发现可进一步认识阴阳符号卦与数字有密切的关系。故卦与爻两种形象的分辨,就在于数。凡卦数七八,爻数九六,七八卦数当卦时,九六爻数当爻位,时即时间,位指地位即空间。故易学的卦爻变化,理同时空结构的变化。更析而言之,卦有卦变,以见时间本身相应于空间,可见不同的种种变化;爻有爻变,以见空间本身相应于时间,亦可见不同的种种变化。识此不同的卦爻变,方能了解易学中的时空结构有其独特的形象。

三、八卦及六十四卦的次序与方位,犹时空结构的具体形象——八卦及六十四卦的次序与方位,变化甚多,此论文仅能择其要,以论先后天八卦的时空结构。

四、易象的消息,可见时与空的结构,分合自如,密合无间——于消息之象,分八卦与六十四卦的两种情况。简而言之,八卦为乾坤与坎离,六十四卦为乾坤与既济未济。各以阴阳之分合,示时空的结构,变动不居,贵得时空之几。

由以上理、数、象、消息四个方面,殊可初步认识易学的时空结构。

易学的时空结构

发言的题目是"易学的时空结构",对这一个题目,先作简要的分析。其一为易学:有关易学的内容非常复杂,且各位的理解不可能一样,这次发言亦很难讲得全面。其二为时空结构:有关时空结构的概念虽亦复杂,然仍可加以明确的认识。在这次发言中,根据爱因斯坦的相对论,以四维时—空连续区作为时空结构的基本观点。有此基本观点,方可研究讨论,并说明易学的时空结构与四维时—空连续区的同异。

爱因斯坦于 1953 年有给美国加利福尼亚州圣马托 J. E. 斯威策的信,原文为:"西方科学的发展是以两个伟大的成就为基础,那就是希腊哲学家发明形式逻辑体系(在欧几里得几何学中),以及通过系统的实验发现有可能找出因果关系(在文艺复兴时期)。在我看来,中国的贤哲没有走上这两步,那是用不着惊奇的,令人惊奇的倒是这些发现[在中国]全都做出来了。"(《爱因斯坦文集》第一卷,574页)爱因斯坦于这封信中,并未说明中国"全都做出来了"些什么。以文意观之,是说中国虽然没有能走上这两步,亦能做出走上这两步后所得到的结果。至于由此两步所得到的结果是什么,当以爱因斯坦的相对论为准,就是已能结合时空而做出了四维时—空连续区的宇宙形象,亦就是已了解时间与空间为决不可分割的整体。此时空不可分割的概念,的确有极为深刻的哲理,此在中国古代的哲学家早已理解,有文献为证:

> 《庄子·庚桑楚》:"出无本,入无窍。有实而无乎处,有长而无乎本剽,有所出而无窍者有实。有实而无乎处者,宇也。有长而无本剽者,宙也。有乎生,有乎死,有乎出,有乎入。入出而无见其形,是谓天门。天门者,无有也,万物出乎无有。有不能以有为有,必出乎无有,而无有一无有,圣人藏乎是。"

这一段的哲理,有其思路。今天每多摘取"有实而无乎处者,宇也。有长而无本剽者,宙也"二句,作为宇宙的定义,而研究时空结构,应当理解其整段的意义,不可断章取义。又于庄子的思想外,更应提及汉初《淮南子》的思想,原文亦录于下:

> 《淮南子·齐俗训》:"朴至大者无形状,道至眇者无度量,故天之圆也不得规,地之方也不得矩。往古来今谓之宙,四方上下谓之宇,道在其间而莫知其所。故其见不远者,不可与语大;其智不宏者,不可与论至。"

这段文献中的宇宙定义,尤其简单明白。往古来今谓之宙就是时间,四方上下谓之宇就是空间。至于时空结构的问题,应当理解在时间与空间之间而莫知其所的道。上引两段文献属楚文化,有其继承关系。且于庄子前,早有易学的理论在说明并研究时空结构的形象。这一形象,可由各种角度来加以认识,此论文特取理、数、象、消息四个方面说明易学的时空结构。

一、理

《周易·系辞下》:"易之为书也,广大悉备。有天道焉,有人道焉,有地道焉。兼三才而两之,故六,六者非它也,三才之道也。"

这段文字,解释六十四卦中每卦六爻的基本内容是什么,试以乾卦为例。乾"初九潜龙勿用。九二见龙在田,利见大人"。此二爻初指地下有水,故曰"潜龙";二指地面之上,故曰"在田"。凡地下地上同为地道。继之"九三君子终日乾乾,夕惕若,厉无咎。九四或跃在渊,无咎"。此二爻三指人之正位,故曰君子日乾夕惕;四指人之变化,或则跃至天位,或则返诸地位之渊。凡正位而兼及天地,同为人道。又继之"九五飞龙在天,利见大人。上九亢龙有悔"。此二爻五指天之正位,能与二位相应,故同曰"利见大人"。上指天之极,未能与人道相应,故"有悔"。总上三才之道以考察易学的时空结构,于天地之间,当以人参其中,非仅论天地。凡天时犹时间,乾《大象》"天行健,君子以自强不息"是其义,地势犹空间,坤《大象》"地势坤,君子以厚德载物"是其义,故天地犹时空,犹宇宙。而易学的时空结构,除必须理解客观天地的时空结构外,尚须理解主观人的时空结构。此主客观的统一,形成种种不同时空数量级之间的关系。先以易学"兼三才而两之"的情况,来说明主客观有二种不同的统一方法,其一三画卦的三画为天地人。示如下：

```
———天
———人    （其他七卦相同）
———地
```

其二，由三画卦而六画卦，造成"两之"的不同方法，故六画卦的天地人，更示如下：

```
———天      ———天
———人      ———天
———地      ———人
———天      ———人    （其他六十三卦相同）
———人      ———地
———地      ———地
 （一）      （二）
```

以上略解乾卦的六爻，基本取初二地道，三四人道，五上天道。然必须了解另一种，故二五爻同曰利见大人，亢龙者上未应三，四不跃当在渊应初。由是知天地的时空结构，不可不与人的时空结构相应。在中国的文字中，除"宇宙"为时空，尚惯用"世界"亦指时空，《说文》："世，三十年为一世，从世而曳长之，亦取其声。""界，竟也，从田介声。"凡三十年一世，犹人的生物钟，约当生育的平均时间。界指田的四境，人的生存空间。当翻译佛经时，对时空的概念，不用传统的"宇宙"，而另用"世界"，其义相似，皆指时空必须结合。于易学中则用时位，乾《象》有言"六位时成，时乘六龙以御天"是其义。为进一步深入分辨不同的时空结构，则宇宙犹天地的时空结构，世界犹人的时空结构。其间有种种不同的时一空数量级，不仅分宏观微观两端所能尽。故以易理言，三才之道的时空结构，已较四维时一空连续区为复杂而作用更大。

二、数

最近一二十年来,已了解八卦的卦象由数字卦发展而成。直至马王堆本的卦象,作一与八。其间一为七,八即八字,故知卦数为七与八。加以爻用九六,故七九八六的数,实为易数以当阴阳的变不变。凡卦数七为阳不变,爻数九为阳变;卦数八为阴不变,爻数六为阴变。且以卦爻言,卦指卦时即时间,爻指爻位当所处的地位即空间。其间依照卜筮的方法,这四个数的辗转次序如下:

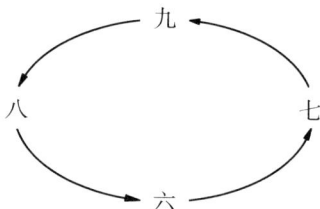

此见时位的相互影响,由七八的时间,将成九六的空间,又由九六的空间,可成八七的时间。《系辞上》有言:“夫乾,其静也专,其动也直,是以大生焉。夫坤,其静也翕,其动也辟,是以广生焉。”此专犹七,直犹九,翕犹八,辟犹六。四数辗转,广大生生,犹天地的时空结构。而其间尚可逆向而变,则犹人的时空结构,有人定胜天的意义在其中,这就是易道的可贵处。且可以七八为主,历代的易学著作中已产生了数十种卦变法,此所以考虑时代变化的规律,包括自然界的天地与社会界的人。又有以九六为主,历代的易学著作中亦产生了数十种爻变法,此所以考虑同一时代中地位的变化,亦包括三才之道。

三、象

自成立阴阳符号卦后,于八卦及六十四卦的卦象,结合时空的三才之道变化极多,尤其是六十四卦的卦次问题等,不可能在数天内讲清楚。故仅取先后天的八卦方位,略为阐明其含义。以下先示后天图以当三才之道的易象。

　　《说卦》:"帝出乎震,齐乎巽,相见乎离,致役乎坤,说言乎兑,战乎乾,劳乎坎,成言乎艮。"

　　这就是八卦辗转的次序,约成于战国中后期,其间既可当天文的时间,又可当地势方位的空间,最重要的坐标是根据顶天立地直立的人。当唐宋间陈抟又排列自然的卦次,名之曰先天图,故此图又名之曰后天图。

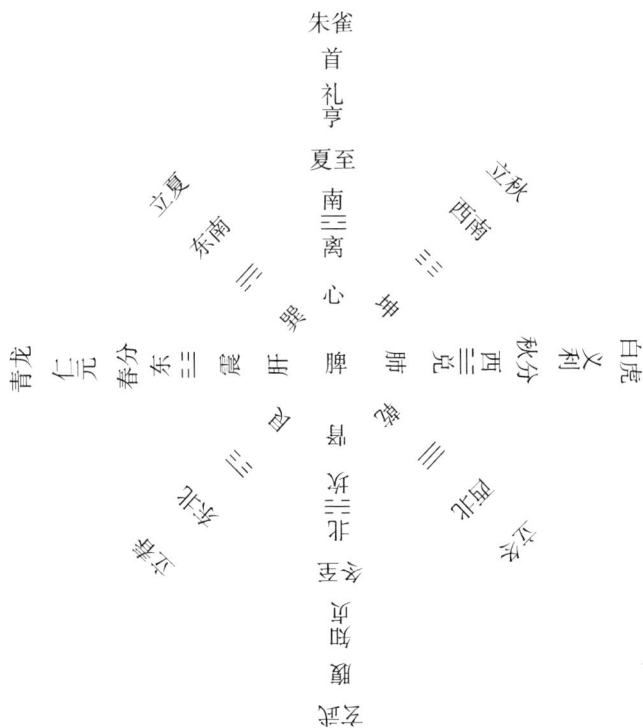

　　以下是后天图合诸天地人三才之道的坐标,可称为易学时空结构的整体。必以南在上北在下,就是合诸人的首在上腹在下。更以先天图言,其卦象尤自然,亦准诸《说卦》而陈抟定之以方位,并采用一分为二的卦次。

　　　　《说卦》:"天地定位,山泽通气,雷风相薄,水火不相射,八卦相错。"

　　今据马王堆本,无"不相射"的"不"字,其次亦有不同,然此皆无关重要。因天山雷水为阳卦,地泽风火为阴卦,其先后未尝不同,而此节《说卦》之次,要在明阴阳相错的卦使之相对,且亦未言方位,与"帝出乎震"图完全不同。妙在陈抟能自悟而绘出其方位,则确可与"帝出乎震"图相辅相成,而名之曰先后天八卦图。于先天图之次为莱布尼兹重视而确可合诸二进位制,况在电子计算机中已起了大作用,然今人提及者甚多,此处从略。主要须说明者在其方位,亦就是坎离与乾坤的变化。详示如下:

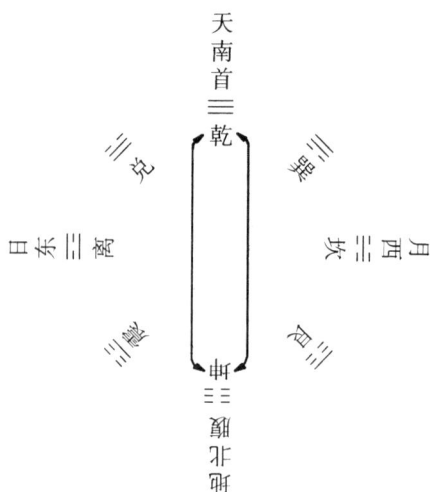

此先天图更合乾为首坤为腹的卦象,故自宋代起认识乾坤为坎离之体,坎离为乾坤之用,取坎填离,性命双修,由后天返先天,亦就是由世界而归诸宇宙。如此由八卦相错而得其交点,是之谓有生于无,"无有一无有,圣人藏乎是",庶见太极两仪变化之妙,此要在能反身而得。

四、消息

消息的意义,是用卦象的符号以表示阴阳的变动。基本以消息指时间的变化,其实亦可以消息指空间的变化。且时空的消息变化,恰可当消息的两端,如有时间的消息,逐步可影响空间的消息,及其中间,则半为时间消息半为空间消息。更进而观之,则将以空间消息为主,逐步减少时间消息的影响,终于成为空间的消息。反之亦可由空间消息变成时间消息。此以六十四卦言,两端的卦象,就是乾坤与既济未济。今人论《易》,必取卦气图中的十二辟卦的消息。此图的确重要,但仅为属于时间的消息,示如下:

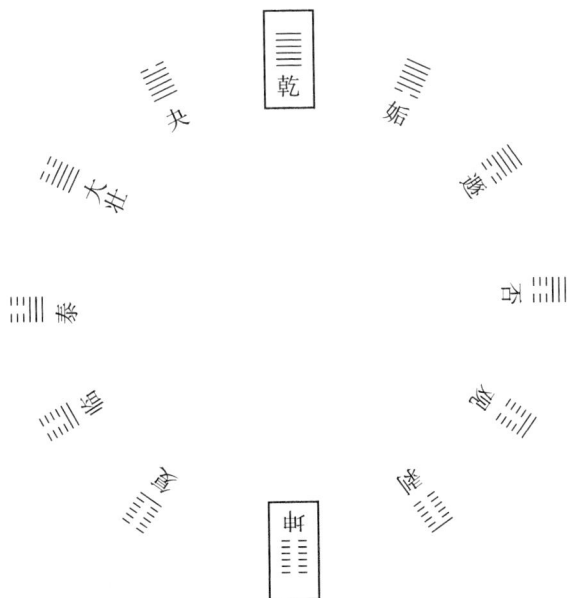

除上图外,尚有属于空间的消息,亦示如下:

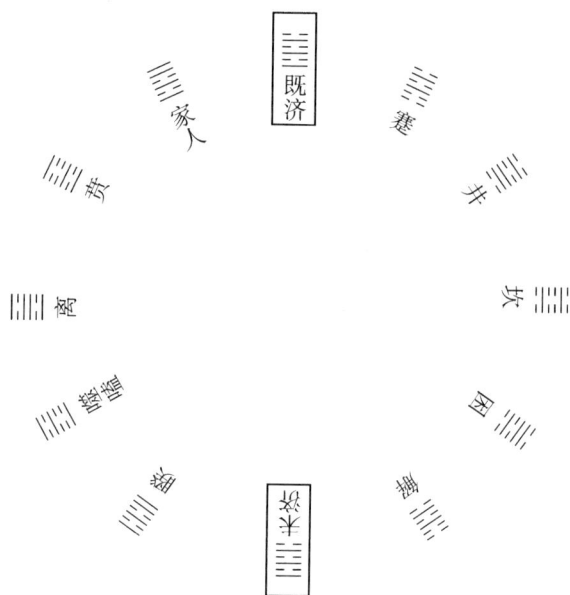

必须兼及上示的二种消息图,方可深入了解易学的消息,不可分裂时空为二,最关键的变化,应悟及时空消息之间的变化。凡已能细读虞翻易注者,自然可知卦象的消息,决不限于乾坤两卦,总计有三十二种消息。而上述二种就是时空的两端,泰"九三无平不陂,无往不复",于平陂的消息指空间的地势,既济未济之消息图当之;于往复的消息则指时间的天气,乾坤之消息图当之。此外三十种消息图尚有其次,有兴者可仿此以作,妙在自然之次不待安排者。

如能总上四方面的观点,逐步加以会通,则见易学的时空结构,本有其特色。不仅在时空的分合,要在能见时空的顺逆。

附录二

论《周易》大衍筮法与
正则六维空间的一一对应关系

　　《周易》大衍筮法,初备于西周初期(公元前十一世纪),尚可能更早。因不久前已于西岐掘得甲骨,当时的卦象,用数字表示其变化,与筮法有相应关系(注 1)。然最后完成直至今日仍保存的大衍筮法,文献见《周易·系辞上》(注 2),至迟在扬雄(公元前 53—公元 19)法《周易》以著《太玄》前。因《太玄》中亦有筮法,全部模仿大衍筮法而成(注 3)。故《周易》大衍筮法的产生,上下限可有千年,即以下限论,客观存在已有二千年。二千年前有此相当复杂的数学方法,以求得阴阳变化的概率,此不可不重视之。

　　西方数学中的多维空间理论,从格拉斯曼(Grassmann,1809—1877)于 1844 年第一次提出其概念,迄今仅有一百四十年历史。由多元代数的思维以应于多维空间,亦就是扩充立体解析几何的坐标概念。且多维空间的形成,不可忽略非欧几何(non-Euclidean geometry)的建立。进而合诸连续不连续的概念,更不可不知有非阿几何(non-Archimedean geometry)。凡论整数的维数变化,皆属不连续的非阿几何。自希尔伯特(Hilbert,1862—1943)以二十世纪的数学水平总结欧氏几何,又建立以基

253

本方体推至∞维,且定义为凸的(Convex)希尔伯特空间,则已备∞维空间的基本坐标。于1920—1921年希尔伯特讲演《直观几何》(Geometry and the Imagination)于古庭根,讲稿经S.康福森(S. Cohn-Vossen)整理成书,希尔伯特作自序时已当1932年。书中有关多维空间的直观形象,对偶(Dual)原理等,可一览而明。故以纯数学言,三维以上的正则多维空间,各有其肯定的数据,推至∞维空间亦然,此于数学原理已毫无神秘。

至于取多维空间的形象,以相应于客观的物理世界,则始于爱因斯坦(Einstein,1879—1955)的相对论,已取四维时—空连续区。于四维以上的空间,是否尚有相应的客观世界,包括生物世界等,此为正须继续研究的课题。然此文仅以纯数学论,不期吾国已存在了二千年的《周易》大衍筮法的数据,与正则六维空间的数据及其对偶理论,完全相同。以下先概述其数据。

《周易》大衍筮法,以四十九蓍,经十有八变而成卦。卦分六爻,凡三变成一爻,"爻者,言乎变者也"。每爻当一元本具阴阳,乾、坤《彖传》所谓"大哉乾元"、"至哉坤元"是其义。经三变四营而得七、八、九、六四种变化之一,计六爻六元之变化,是之谓"爻象以情言",恰通于以六元代数对应于正则六维空间的数据。见下表一。

表一:六维以下正则多维空间边界数据表

相 互 对 偶		
自 对 偶		
2n 类型	n+1 类型	2^n 类型
(6—12) 边界为 12 个(5—10)	(6—7) 边界为 7 个(5—6)	(6—64) 边界为 64 个(5—6)
(5—10) 边界为 10 个(4—8)	(5—6) 边界为 6 个(4—5)	(5—32) 边界为 32 个(4—5)

(4—8) 边界为 8 个(3—6)	(4—5) 边界为 5 个(3—4)	(4—16) 边界为 16 个(3—4)
(3—6) 边界为 6 个(2—4)	(3—4) 边界为 4 个(2—3)	(3—8) 边界为 8 个(2—3)
(2—4) 边界为 4 个(1—2)	(2—3) 边界为 3 个(1—2)	(2—4) 边界为 4 个(1—2)
(1—2) 边界为 2 个(0—1)	(1—2) 边界为 2 个(0—1)	(1—2) 边界为 2 个(0—1)

注:表中所用括号(x—y)的意义,前一数 x 代表维数(Dimension),后一数 y 代表边界数。三维以上的边界,另有专名为胞腔(Cell)。

上述三种类型的名称,以胞腔数为准。如以坐标中心点观之,$2n$ 类型的 n 根坐标轴,当 $2n$ 类型空间的胞腔中心点。2^n 类型的 n 根坐标轴,为 2^n 类型空间的顶点。$n+1$ 类型的 $n+1$ 根坐标轴,一端当 $n+1$ 类型空间的胞腔中心点,一端当 $n+1$ 类型空间的顶点。故 $2n$ 类型的正则多维空间,对偶于 2^n 类型的正则多维空间。$n+1$ 类型的正则多维空间为自对偶的正则多维空间。准上数据,于《周易》大衍筮法的形象当从 $n+1$ 类型说起。《周易·系辞上》有言:"蓍之德圆而神,卦之德方以知,六爻之义易以贡。"此蓍卦爻三者,恰相应于三种类型的正则多维空间。凡自五维空间以上,正则多维空间的类型唯此三种。曰蓍,相应于 $n+1$ 类型。曰卦,相应于 $2n$ 类型。曰爻,相应于 2^n 类型。蓍数取四十有九,当七之平方,七数之象对应于(6—7)的 7 个(5—6)。每 1 个(5—6)各有其中心点,此中心点 7 对偶于(6—7)的 7 顶点。因属自对偶,于七数的内容可相同,其间对偶的变化凡七。

255

七七四十九种不同的对偶,即《周易》大衍筮法的用数。此七种变化,吾国有传统的概念,就是阴阳五行。其数可据《尚书·洪范》:"一五行。一曰水,二曰火,三曰木,四曰金,五曰土。"又"七稽疑"中,亦及"贞悔"。贞静而其数阴八阳七,悔动而其数阴六阳九,此明著数本兼阴阳动静(注4)。下以矩阵的形式,示此四十九著以应于四十九种不同的对偶。见下表二。

表二:(6—7)对应于阴阳五行自对偶矩阵表

阳 7 9	阴 6 8	土 5	金 4	木 3	火 2	水 1	7个(5—6)的中心点　自对偶的49种变化　(6—7)的7顶点
⚊	⚋	土一	金一	木一	火一	水一	9 7 阳
⚋	⚋	土--	金--	木--	火--	水--	8 6 阴
一土	一土	土土	金土	木土	火土	水土	5 土
一金	--金	土金	金金	木金	火金	水金	4 金
一木	--木	土木	金木	木木	火木	水木	3 木
一火	--火	土火	金火	木火	火火	水火	2 火
一水	--水	土水	金水	木水	火水	水水	1 水

直观 n+1 类型的正则多维空间,可见其本属球体,此四十九著以应于(6—7)即六维球,《系辞》曰"圆而神"是其义。由筮法三变而得六、七、八、九四数之一,且经十有八变而得六数。其变化总数的算式如下:

$$4^6 = 4096$$

此四千有九十六数,就是六十四卦变六十四卦。凡六十四卦名"本卦",以顶点当 2n 类型,应于(6—12)。每卦各可变六十四卦名"之卦","之卦"与"本卦"的不同,全准用九用六的爻数变化,以顶点当 2^n 类型,应于(6—64)。所谓卦德方知、爻义易贡,即应于六维正则空间的相互对偶,故 6 维 2^n 类型的正则空间顶点数 64,即六十四卦卦数。胞腔数同胞腔中心点的点数 12,即体七体八的十二画画数。以对偶言,6 维 2^n 类型的正则空间顶点数 12,即用九用六的十二爻爻数。胞腔数同胞腔中心点的点数 64,即六十四象象数。此卦画爻象四种概念,属《周易》大衍筮法的基本象数,而与六维 2n 与 2^n 类型正则空间的数据完全一致。据此卦画爻象以分类,于变化总数四千有九十六,当分七类。下示其名称与变化数,见下表:

表三:大衍象数分类表

类别与变化情况	名　称	变 化 数
1. 不变	六画　象	64 种
2. 变六分之一	五画　一爻	384 种
3. 变三分之一	四画　二爻	960 种
4. 变二分之一	三画　三爻	1280 种
5. 变三分之二	二画　四爻	960 种
6. 变六分之五	一画　五爻	384 种
7. 全变	卦　六爻	64 种
不变⇆全变	画卦　象爻	4096 种

凡画数七、八,六画名象,其象静。爻数九、六,六爻名卦,其象动。又六八数偶,当阴之动静,九七数奇,当阳之动静。于筮得六、七、八、九四数之一,乃知其阴阳动静之象。此四者的变化情况特示如下:

257

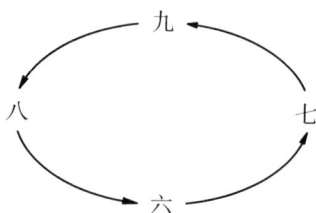

此于《周易》大衍筮法,属三变成一元,"引而申之,触类而长之,天下之能事毕矣"。于十有八变之六元,义如下示:

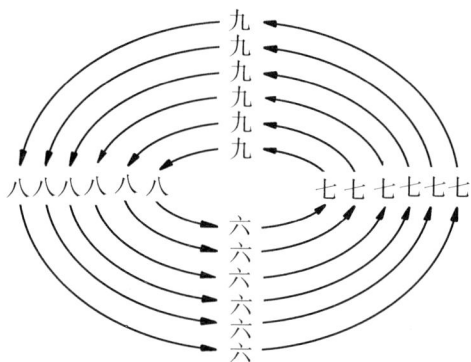

以上六元之辗转,可尽《周易》大衍筮法之究竟。实须反复六次蓍数,以成此六维正则空间的形象。然自对偶之阴阳,化成相互对偶之阴阳,已由二而四。故 $n+1$ 类型属蓍,顶点与胞腔中心点可互变,以当"阴阳不测之谓神"。既成相互对偶之阴阳,以当"一阴一阳之谓道"。于 $2n$ 类型属卦,宜为阴者,因 $2n$ 类型之胞腔形象,即希尔伯特的基本方体,是谓"方以知"。2^n 类型属爻,宜为阳者,因 2^n 类型之胞腔形象,即 $n-1$ 维球,是谓"易以贡",易犹对偶之象。合而观之,$2n$ 类型之顶点,与 2^n 类型之胞腔中心点相互对偶以当卦象。卦象者,爻画之合。2^n 类型之顶点,与 $2n$ 类型之胞腔中心点相互对偶以当爻画。爻画者,卦象之分。故蓍则自对偶而阴阳可一,成卦则必有相互对偶而生爻,且相互对偶各有顶点与胞腔中心点而四,乃六元筮数变

258

成卦象爻画四类,正当六维分合动静、奇偶、阴阳对偶之异。

凡上述不变至全变七类,可一一对应于六维以下正则子空间相互对偶的直观几何图形。见下表四:

表四：卦象爻画对偶表

卦	象	七类	爻	画
(6-12) 顶点64 六位96,合当64卦 12个(5-10)中心点	(6-64) 顶点12 64个(5-6)中心点 六位78,合当64象	1	(0-1) 顶点1 0位96,分当有体 无	(0-1) 顶点1 无 0位78,分当易无体
(5-10) 顶点32 五位96,合当32卦 10个(4-8)中心点	(5-32) 顶点10 32个(4-5)中心点 五位78,合当32象	2	(1-2) 顶点2 一位96,分当2爻 2个(0-1)中心点	(1-2) 顶点2 2个(0-1)中心点 一位78,分当2画
(4-8) 顶点16 4位96,合当16卦 8个(3-6)中心点	(4-16) 顶点8 16个(3-4)中心点 四位78,合当16象	3	(2-4) 顶点4 二位96,分当4爻 4个(1-2)中心点	(2-4) 顶点4 4个(1-2)中心点 二位78,分当4画
(3-6) 顶点8 三位96,合当8卦 6个(2-4)中心点	(3-8) 顶点6 8个(2-3)中心点 三位78,合当8象	4	(3-8) 顶点6 三位96,分当6爻 8个(2-3)中心点	(3-6) 顶点8 6个(2-4)中心点 三位78,分当6画
(2-4) 顶点4 二位96,合当4卦 4个(1-2)中心点	(2-4) 顶点4 4个(1-2)中心点 三位78,合当4象	5	(4-16) 顶点8 四位96,分当8爻 16个(3-4)中心点	(4-8) 顶点16 8个(3-6)中心点 四位78,分当8画
(1-2) 顶点2 一位96,合当2卦 2个(0-1)中心点	(1-2) 顶点2 2个(0-1)中心点 一位78,合当2象	6	(5-32) 顶点10 五位96,分当10爻 32个(4-5)中心点	(5-10) 顶点32 10个(4-8)中心点 五位98,分当10画
(0-1) 顶点1 0位96,合当太极 无	(0-1) 顶点1 无 0位78,合当无极	7	(6-64) 顶点12 六位96,分当12爻 64个(5-6)中心点	(6-12) 顶点64 12个(5-10)中心点 六位78,分当12画

注:顶点数96,胞腔中心点数78。当78而96,分则由画而爻,合则由象而卦。当96而87,分则由爻而画,合则由卦而象。故由2^{n}类型之2n类型,合取由象而卦,分取由爻而画。由2n类型之2^{n}类型,合取由卦而象,分取由画而爻。乃成不变全变间顺逆相辅之7类。上表中用符号，兼及与，并指六维以下2n类型与2^{n}类型间子空间之相互对偶。

由上表所示 7 类之对偶,合诸筮数六元之辗转,于 7 类中分合各有 12 种对偶。见下表五:

表五:七类十二种对偶表

七类名称	筮　数	旋转度	分合对偶情况	
1. 六画象	六元为七或八	180°	分	12 个(5—10)中心点⇒(6—64)顶点
			合	64 个(5—6)中心点⇒(6—12)顶点
2. 五画	五元为七或八	180°	分	10 个(4—8)中心点⇒(5—32)顶点
			合	32 个(4—5)中心点⇒(5—10)顶点
一爻	一元为九或六	90°或270°	分	2 个(0—1)中心点⇐(1—2)顶点
			合	2 个(0—1)中心点⇐(1—2)顶点
3. 四画	四元为七或八	180°	分	8 个(3—6)中心点⇒(4—16)顶点
			合	16 个(3—4)中心点⇒(4—8)顶点
二爻	二元为九或六	90°或270°	分	4 个(1—2)中心点⇐(2—4)顶点
			合	4 个(1—2)中心点⇐(2—4)顶点
4. 三画	三元为七或八	180°	分	6 个(2—4)中心点⇒(3—8)顶点
			合	8 个(2—3)中心点⇒(3—6)顶点
三爻	三元为九或六	90°或270°	分	6 个(2—4)中心点⇐(3—8)顶点
			合	8 个(2—3)中心点⇐(3—6)顶点
5. 二画	二元为七或八	180°	分	4 个(1—2)中心点⇒(2—4)顶点
			合	4 个(1—2)中心点⇒(2—4)顶点
四爻	四元为九或六	90°或270°	分	8 个(3—6)中心点⇐(4—16)顶点
			合	16 个(3—4)中心点⇐(4—8)顶点
6. 一画	一元为七或八	180°	分	2 个(0—1)中心点⇒(1—2)顶点
			合	2 个(0—1)中心点⇒(1—2)顶点
五爻	五元为九或六	90°或270°	分	10 个(4—8)中心点⇐(5—32)顶点
			合	32 个(4—5)中心点⇐(5—10)顶点
7. 卦六爻	六元为九或六	90°或270°	合	64 个(5—6)中心点⇐(6—12)顶点
			分	12 个(5—10)中心点⇐(6—64)顶点

此七类十二种之分合对偶,已尽六维以下所有子空间的对偶。凡由胞腔中心点对偶于顶点,当由静而动,且阴阳不变而维数增一。由

顶点对偶于胞腔中心点,当由动而静,且变其阴阳而维数减一。其唯增一维之象,方能变通减一维之阴阳,是之谓爻。故不经过增一维之过程,决不能变其阴阳,否则犹造成逻辑悖论。可见"易以贡"之对偶,已具一增一减,《周易》复卦卦辞曰"出入无疾",一增犹出,一减犹入。阴阳各有出入而无疾,此所以成筮数之辗转而复《彖》所谓"复其见天地之心"。"天地之心"者,以几何形象论,犹由相互对偶而归诸自对偶之象。

若以分合对偶详计其变化数,出则以七八为主,入则以九六为主,于位数的变化,当二项式六次方的系数。故七类共四千有九十六种变化,各有相应的不同对偶,且可分成由 2^n 类型之 2n 类型与由 2n 类型之 2^n 类型二表。见下表六、表七。

表六:由 2^n 类型之 2n 类型对偶表

类别	七八元数(出)	九六元数(入)	六位变数	变化数		对偶情况
1	2^6	2^0	1	= 64	合	64 个(5—6)中心点⇒(6—12)顶点
					分	易无体⇐刚柔有体
2	2^5	2^1	6	= 384	合	32 个(4—5)中心点⇒(5—10)顶点
					分	2 个(0—1)中心点⇐(1—2)顶点
3	2^4	2^2	15	= 960	合	16 个(3—4)中心点⇒(4—8)顶点
					分	4 个(1—2)中心点⇐(2—4)顶点
4	2^3	2^3	20	= 1280	合	8 个(2—3)中心点⇒(3—6)顶点
					分	6 个(2—4)中心点⇐(3—8)顶点
5	2^2	2^4	15	= 960	合	4 个(1—2)中心点⇒(2—4)顶点
					分	8 个(3—6)中心点⇐(4—16)顶点
6	2^1	2^5	6	= 384	合	2 个(0—1)中心点⇒(1—2)顶点
					分	10 个(4—5)中心点⇐(5—32)顶点
7	2^0	2^6	1	= 64	合	无极⇒太极 而
					分	12 个(5—10)中心点⇐(6—64)顶点

表七:由 2n 类型之 2^n 类型对偶表

类别	七八元数(出)	九六元数(入)	六位变化	变化数	对 偶 情 况
1	2^6 ×	2^0 ×	1 =	64	分 12 个(5—10)中心点⇒(6—64)顶点 合 无极⇐太极 本
2	2^5 ×	2^1 ×	6 =	384	分 10 个(4—8)中心点⇒(5—32)顶点 合 2 个(0—1)中心点⇐(1—2)顶点
3	2^4 ×	2^2 ×	15 =	960	分 8 个(3—6)中心点⇒(4—16)顶点 合 4 个(1—2)中心点⇐(2—4)顶点
4	2^3 ×	2^3 ×	20 =	1280	分 6 个(2—4)中心点⇒(3—8)顶点 合 8 个(2—3)中心点⇐(3—6)顶点
5	2^2 ×	2^4 ×	15 =	960	分 4 个(1—2)中心点⇒(2—4)顶点 合 16 个(3—4)中心点⇐(4—8)顶点
6	2^1 ×	2^5 ×	6 =	384	分 2 个(0—1)中心点⇒(1—2)顶点 合 32 个(4—5)中心点⇐(5—10)顶点
7	2^0 ×	2^6 ×	1 =	64	分 易无体⇐刚柔有体 合 64 个(5—6)中心点⇐(6—12)顶点

以上二表分示 2n 类型与 2^n 类型之对偶,实即宋李之才(公元? —1045)之"卦变图"。于一爻变与五爻变,二爻变与四爻变,三爻变与三爻变,虽同而不可不因位而重复之。今以 2n 类型与 2^n 类型的对偶观之,始见重复的卦象,于一一对应的几何图形,各不相同。故于"七类十二种对偶表",当分成上述的二种对偶表,以应于《周易》固有的消息卦变。若"无极而太极","太极本无极","刚柔有体"与"易无体"之变,象数具在,可直观而知之,亦不待烦琐之说理。凡由卦爻画象的象数,而知《周易》极于六维,故太极犹(6—12)的中心,刚柔有体之体犹(6—64)的中心。于〇维之点既无边界,此唯一的极体,以对偶论,自然有无极无体之象。

262

至于六位变化之次,犹孟氏易的消息卦变。虞翻(170—233)五世家传,其卦变法仍用一阴一阳、二阴二阳、三阴三阳分类,截然整齐,已在利用二项式系数,文献尚部分保存。考李之才"卦变图"与虞氏说近似,宜朱熹(1130—1200)用之以作《启蒙》,其次优于《易林》之准《序卦》。下录七类中六位之变,且有二种不同的标准。一以不变为主视其变爻,见下表八。一以全变为主视其不变画,见下表九。

表八:六位爻变表

类别	变化数	爻　变　情　况				
1	1	本卦(不变)				
2	6	初　二　三　四　五　上				
3	15	初二	初三	初四	初五	初上
		二三	二四	二五	二上	三四
		三五	三上	四五	四上	五上
4	20	初二三	初二四	初二五	初二上	初三四
		初三五	初三上	初四五	初四上	初五上
		四五上	三五上	三四上	三四五	二五上
		二四上	二四五	二三上	二三五	二三四
5	15	初二三四	初二三五	初二三上	初二四五	初二四上
		初二五上	初三四五	初三四上	初三五上	初四五上
		二三四五	二三四上	二三五上	二四五上	三四五上
6	6	初二三四五	初二三四上	初二三五上		
		初二四五上	初三四五上	二三四五上		
7	1	初二三四五上(全变)				

263

表九：六位画不变表

类别	变化数	画　不　变　情　况				
1	1	初二三四五上(不变)				
2	6	二三四五上　　初三四五上　　初二四五上				
		初二三五上　　初二三四上　　初二三四五				
3	15	三四五上　二四五上　二三五上　二三四上　二三四五				
		初四五上　初三五上　初三四上　初三四五　初二五上				
		初二四上　初二四五　初二三上　初二三五　初二三四				
4	20	四五上　三五上　三四上　三四五　二五上				
		二四上　二四五　二三上　二三五　二三四				
		初二三　初二四　初二五　初二上　初三四				
		初三五　初三上　初四五　初四上　初五上				
5	15	五上　四上　四五　三上　三五　三四　二上　二五				
		二四　二三　初上　初五　初四　初三　初二				
6	6	上　五　四　三　二　初				
7	1	本卦(全变)				

　　以上二表可各取变不变之少者,合成一表。于爻变取 1,2,3 三类,画不变取 5,6,7 三类,唯 4 类之变不变同,宜各取其半,是即汉虞氏消息所重之"否泰反类"。宋朱子《启蒙》于三爻变有前后十卦之辨,见下表十。

表十：六位爻画变不变表

类别	变化数	爻　变　情　况							
1	1	(不变)							
2	6	(变一爻) 初　二　三　四　五　上							
3	15	(变二爻) 初二　初三　初四　初五　初上　二三　二四　二五							
		二上　三四　三五　三上　四五　四上　五上							
4	10	(变三爻) 初二三　初二四　初二五　初二上　初三四							

类别	变化数	爻　变　情　况				
4	10	(不变三画) 初三五 四五上 二四上	初三上 三五上 二四五	初四五 三四上 二三上	初四上 三四五 二三五	初五上 二五上 二三四
5	15	(不变二画) 五上 四上 四五 三上 三五 三四 二上 二五 二四 二三 初上 初五 初四 初三 初二				
6	6	(不变一画) 上 五 四 三 二 初				
7	1	(全变)				

类别	变化数	画　不　变　情　况

以上既述六维以下包括子空间所有的种种对偶情况,今此表不用虞氏之“否泰反类”,而以《启蒙》之次为主,则四千有九十六种“本卦”、“之卦”的形象,可取定唯一的一种几何图形,见下表十一。

表十一:本卦之卦对偶表

类别情况	本　　卦	对偶	之　　卦	变化数
1.(7或8)⁶	64个(5—6)中心点之一	⇒出	(6—12)64顶点之一	64
2.{(7或8)⁵ (9或6)¹	32个(4—5)中心点之一 (1—2)2顶点之一	⇒出 ⇒入	(5—10)32顶点之一 阴阳不同的2个(0—1) 中心点之一	32 位 × 2×6=12 } 384
3.{(7或8)⁴ (9或6)²	16个(3—4)中心点之一 (2—4)4顶点中 不同位之2顶点	⇒出 ⇒入	(4—8)16顶点之一 阴阳不同的4个(1—2) 不同位之2中心点	16 位 × 4×15=60 } 960
4.{(7或8)³ (9或6)³	8个(2—3)中心点之一 (3—6)8顶点之一	⇒出 ⇒入	(3—6)8顶点之一 阴阳不同的8个(2—3) 中心点之一	位 8×10×8 位　＋ 8×10×8 } 1280

类别情况	本　　　卦	对偶	之　　　卦	变化数
5. $\begin{cases}(7 或 8)^2 \\ (9 或 6)^4\end{cases}$	4 个(1—2)中 不同位之 2 中心点 (4—8)16 顶点之一	$\Rightarrow$出 $\Rightarrow$入	(2—4)4 顶点中 不同位之 2 顶点 阴阳不同的 16 个(3—4)中心点之一	位 $4 \times 15 = 60$ ⎫ $\times$ ⎬960 16 ⎭
6. $\begin{cases}(7 或 8)^1 \\ (9 或 6)^5\end{cases}$	2 个(0—1)中心点之一 (5—10)32 顶点之一	$\Rightarrow$出 $\Rightarrow$入	(1—2)2 顶点之一 阴阳不同的 32 个 (4—5)中心点之一	位 $2 \times 6 = 12$ ⎫ $\times$ ⎬384 32 ⎭
7. $(9 或 6)^6$	(6—12)64 顶点之一	$\Rightarrow$入	阴阳不同的 64 个 (5—6)中心点之一	64

由上表的几何图形,可进一步理解筮数的变化全同于出入对偶之理。于第 4 类分成变不变,则变化总数亦对分,且可见阴阳六次方的易数与天干地支数的关系。见下表十二。

表十二：易数与干支数关系表

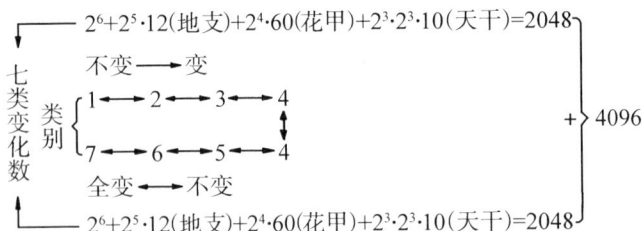

$$2^6 + 2^5 \cdot 12(\text{地支}) + 2^4 \cdot 60(\text{花甲}) + 2^3 \cdot 2^3 \cdot 10(\text{天干}) = 2048$$

七类变化数
类别
不变 → 变
$1 \to 2 \to 3 \to 4$
$7 \to 6 \to 5 \to 4$
全变 ← → 不变

$$2^6 + 2^5 \cdot 12(\text{地支}) + 2^4 \cdot 60(\text{花甲}) + 2^3 \cdot 2^3 \cdot 10(\text{天干}) = 2048$$

$+$ 4096

总上所述,庶见大衍筮法的实质,且于筮法中不得不用干支以分辨之,盖有数有象。惜在我国知其数而玄其象,况多维空间的形象,十九世纪前未能绘出,亦不得不玄,以今日的数学言,可明确其所指。若于二千年前,有此数学模型以喻其思维境界,实有其价值,似未可仅视为迷信而不求其故。此在我国因不受三维几何的限制,反能创造六元

266

代数筮法的玄思。于西方既受益于欧氏几何,亦为其囿,必待非欧几何与多维空间的形成,方能有今日的科学成就。然则以六维空间的形象,验证我国《周易》大衍筮法的象数,以中西文化交流观之,或亦为未可忽视的重要环节。

此稿经本校数学系程其襄、钱端壮两位教授审阅,提出宝贵意见,敬此致谢。

一九八三年五月

———————

注 1:张政烺《试释周初青铜器铭文中的易卦》。见《考古学报》1980 年第四期。

注 2:《周易·系辞上》:"大衍之数五十,其用四十有九。分而为二以象两,挂一以象三,揲之以四以象四时,归奇于扐以象闰,五岁再闰,故再扐而后挂。……是故四营而成易,十有八变而成卦,八卦而小成,引而申之,触类而长之,天下之能事毕矣。"

注 3:《太玄·玄数》:"三十有六而策视焉。天以三分,终于六成,故十有八策。天不施地不成,因而倍之。地则虚三,以扮天之十八也。别一挂于左手之小指。中分其余,以三搜之,并余于艻,一艻之后而数其余。七为一,八为二,九为三,六算而策道穷也。"

注 4:《易纬·乾凿度》:"阳动而进,阴动而退。故阳以七阴以八为彖,易一阴一阳合而为十五之谓道。阳变七之九,阴变八之六,亦合于十五,则彖变之数若一。"又曰:"阳得位以九七。九七者,四九四七者也。阴得位以六八。六八者,四六四八也。阳失位三十六,阴失位二十四。"

附录三

易学象数与现代数学

摘　要

易学以象数为本,准象数以明其义理,未可舍象数而空言义理。故易学于今日,当与现代自然科学相并论。

凡自然科学既以实验为基础,更须以数学为理论及应用的基础。中国的易学象数与现代科学中的数学,有相近似的作用。

此论文简述中国历代的易学象数相应于西方数学的发展过程。象犹几何,数犹代数,其间有各种层次的结合。中国的规矩,即西方的圆规与三角尺以画成几何图形。中国的算筹,即计算数的工具,亦早能解方程。于数学的理论方面,西方重视几何学,且为三维空间所限,柏拉图以五个正多面体喻其哲理,欧几里得继之而成《几何原本》,维持了二千余年。直至建立非欧几何(1826),又产生了多维空间的概念(1844),方能打破思维的局限性而步入现代数学。至于在中国早有"六合之外"及"方外之游"的旷达思想,故除陶器及青铜器上的种种几何图形外,后世并不注意几何图形。于数学的理论,特别重视天干、地支、八卦、九畴、河图、洛书、阴阳、五行等各种有限无限的代数数列。

因各数列的周期变化,及数列间合诸几何图形的对偶(dual)关系,不可能在三维空间内完成其变化的形象。就是这一原因,抽象的易学象数,迄今仍视之为神秘。

自爱因斯坦建立四维时—空连续区后,已可初步说明易学象数的神秘性。认识易学象数的关键问题,本以东南西北的空间方向,合于春夏秋冬的一年四时,且能抽象而取八七九六的时—空数,认定八七为卦、九六为爻的阴阳变不变。于一至五为五行数,此阴阳五行的易学象数,自东周以来始终在广泛流传。唯有此原理,宜自爱因斯坦建立相对论后,中国的有识之士,早已利用多维空间的概念以说明易学象数。于三十年代有薛学潜先生(1894—1969)提出易学当五维空间,可结合相对论与量子论。更有沈仲涛先生于四十年代有据于六十四卦的象数,提出易学当六维空间。然爱因斯坦仅止于四维,不主张再增加维数。或以数学角度论,维数可任意增加,决不限于五维、六维,理当明确所增加维数的意义。

此论文不仅叙述易学象数与维数的关系,主要部分在认识易学象数的理论本于无穷维,以会通相互对偶与自对偶。于应用时,可取相同维数间的对偶与自对偶的变化,及顶点与胞腔(cell)中心点的变化,即增减维数间的变化,以相应于主客观的事件。为简化计,本诸非阿几何(non-Archimedean geometry),仅取四维、五维、六维的正则多维空间。用直观几何的方法,殊可解释易学象数中所利用的各种代数数列。

《系辞》下有言:“古者庖牺氏之王天下也,仰则观象于天,俯则观法于地,观鸟兽之文,与地之宜,近取诸身,远取诸物。于是始作八卦,以通神明之德,以类万物之情。”其后记录古史发展的次序,则曰:“庖牺氏没,神农氏作……神农氏没,黄帝、尧、舜氏作。”于舜之后,就是夏、商、周三代。据传统论,《系辞》上、下为孔子(前551—前481)所作,今详加考核,似非一人一时一地的作品。此即为战国时学者之言,地点在赵,约当赵武灵王改用胡服时(前307),考证另详。于长沙马王堆帛书本《周易》中,已有此文字出土(下葬于公元前168),其为先秦古说无疑。

因作者约后于孔子二百年,在此二百年中,中国的文化,尤其是有关自然科学的知识,正在突飞猛进,且已能本于三才的易道,进一步分析而为之分类总结。以今日的概念喻之,易学有系统学的思想。准此以究八卦的内容,来自六个方面,就是"天文学"、"地质学"、"动物学"、"植物学"、"人类学"、"物理学"。亦就是本诸中国的三代文化,在其前已有始祖配天的思想,由是产生人参天地的三才之道,及战国时更能深入理解各种自然科学与三才易道的关系,合诸八卦所起的作用,属于数学。其作用有二,"通神明之德"者,人与天之结合,犹"形而上者谓之道";"类万物之情"者,人与地之结合,犹"形而下者谓之器"。且易学之理,必当贯通三才,决不可固执于形而上与形而下,贵能使"道"、"器"两者,"化而裁之谓之变,推而行之谓之通,举而措之天下之民谓之事业"。此方为战国时代学易者对易学的认识,详以下表示之:

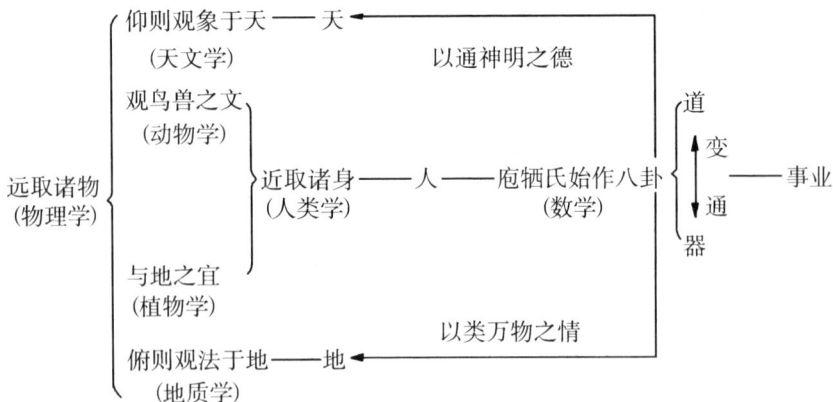

易道三才表

270

　　由上表可概见易学与自然科学的关系。惜自秦汉以降,道器变通之理每被忽视,"制器尚象"的易道,汉后仅见于《淮南子》(参阅《泛论训》、《修务训》等)。自刘安自杀(前122),读易者大半以"经学易"为主,对《易》与自然科学的联系,日趋疏远。以象数论,又逐步严分阴阳五行为二,则《易》与医的关系,本可由象数以见到的结合点亦失其依据。西汉本立于学官的京氏易,尚不认为是"经学易",何况扬雄的《太玄经》等,由是"经学易"的内容日隘。唯一能保存传统易道的"易象",又为王弼所扫,故或误认为王弼的易注就是易道,则《易》与自然科学,可云毫无关系。直至唐李鼎祚于宝应元年(762)辑成《周易集解》,重视三教合一的易理,能部分保存易学象数。幸有陈抟(872?—989)善继之,以恢复先秦的图书数,且为之重定八卦之次,于易学有划时代的发展。今日深入研究易学与现代自然科学的关系,不可不知陈抟的心得。今当1989年,正陈抟逝世千年,宜借此召开"周易与现代自然科学第一届全国学术讨论会"的机会,以纪念陈抟对易学的伟大贡献。

　　以下具体考察易学象数与现代数学的关系,拟从几何代数的发展谈起。西方数学重视限于三维的几何,虽当千余年的黑暗时代,教会仍以神秘色彩保存并珍惜五个柏拉图体。及罗巴切夫斯基(1793—1856)于1826年建立非欧几何,格拉斯曼(Grassmann, 1809—1877)于1844年正式研究多维的柏拉图体,几何始有划时代的进步。于代数方面伽罗华(Galois, 1811—1832)于1830年建立群论,用以证明不可能用根式解高于四次的一般方程式,当其死时尚无一人能理解其精义。准此对几何代数的深入认识,方能产生现代数学。由是多维空间以及无穷维空间,相应于无穷维方程,莫不可加以想象。且几何拓扑化而方圆无辨,然维数未可混。黎曼(Riemann, 1826—1866)于1854年更建立黎曼几何,并提出多维拓扑流形的概念,则欧氏几何与非欧几何之辨,已不仅限于平行线的相交问题。继之克莱茵(Klein,1849—1925)于 1872 年发表"爱尔朗根计划",把每一种几何学都看成一种特殊变换群的不变量论。此见几何代数的内容,于解析几何后,又完成了在高一层次的认识论中再次结合。希尔伯特(Hilbert,1862—1943)于 1899 年出版《几何学基础》,确能总结两千余年来欧氏几何的究竟以进入 20 世纪。以物理学论,彻底改观牛顿力学的体系,要在普朗克(Planck,1858—1947)于 1900 年提出量子化假说,及爱因斯坦(Einstein,1879—1955)于 1905 年提出狭义相对论,首次利用四维时—空连续区以喻其理,然及其卒仅限于开放的四维空间(参阅《相对论的意义》的附录,作于 1954 年 12 月)。今究几何结构的原理,整个空间的维数,必比胞腔(cell)空间的维数增一维,则由开放至封闭的空间自然增一维,故卡鲁查(Tb. Kaluza)早已提出闭合五维世界的几何(参阅 *Introduction to the theory of relativity*, Peter Gabriel Bergmann 著)。且准量子的概念,当相应于非阿几何(non-Archimedean Geometry),今可作为多维空间的正则坐标,于四维有 6 种,于五维及五维以上仅有 3 种,然不可忽视开放与封闭之辨。当年薛学潜先生提出开放的五维,实未可讨论其封闭性,因一谈封闭性就是六维,故沈仲涛先生主张六维,薛先生即不置可否。因维数可无限增加,自五维以上基本相似,要在理解同一维数间的对偶(deal)可增减维数间的关系。至于开放性与封闭性之间的变化,有单侧面、单侧体、单侧四维体等等,则又有半维的形象,另详他文。此文仅从直观几何的方法,观察四维、五维、六维各三图,其间象数的数据,全准西方现代数学的成果,然其具体的数据与中国传统的各种代数数列,包括天干、地支、阴阳、五行等等,可一一对应。故知中国的易学象数,早在考虑"六合之外"的相应关系,宜两千余年来,难免有神秘性。今已有多维空间的概念,殊可打破其神秘性,进一步作科学的研究。下示"五维及五维以上的三种数据表":

n维空间　n≥5

	n−1维边界胞腔 的个数和类型		顶点个数	对偶性
1. (n+1)—胞腔	n+1 个	n—胞腔	n+1	自对偶
2. 2n—胞腔	2n 个	(2n−2)—胞腔	2^n	
3. 2^n—胞腔	2^n 个	n—胞腔	2n	互为对偶

至于四维空间中的 6 种类型,亦包括此 3 种,今特取四维、五维、六维各三图,以示其与中国传统代数数列的相应关系:

1. (n+1)—胞腔　四维—5 胞腔——五行生克、五运

　　　　　　　　五维—6 胞腔——六爻往来、六气

　　　　　　　　六维—7 胞腔——七蓍变化

2. 2n—胞腔　　四维—8 胞腔——贞悔八卦

　　　　　　　　五维—10 胞腔——天干、河图

　　　　　　　　六维—12 胞腔——地支、十二爻

3. 2^n—胞腔　　四维—16 胞腔——中爻、互卦

　　　　　　　　五维—32 胞腔——京氏易

　　　　　　　　六维—64 胞腔——皇极经世

其详非此文所可尽。最后论卦与爻的互为对偶。凡卦当 2n—胞腔的类型,以六维空间,写成下式:

　　　　(6—12)　即六维—12 胞腔 ……………………（1）

爻当 2^n—胞腔的类型,亦以六维论,写成下式:

　　　　(6—64)　即六维—64 胞腔 ……………………（2）

此两种六维空间的正则形体当互为对偶,写成下式:

$$(6{-}12)\leftrightarrow(6{-}64) \quad\cdots\cdots\cdots\cdots\cdots\cdots\cdots (3)$$

凡对偶之象,维数必相同。如顶点个数同于 $n-1$ 维边界胞腔的个数为自对偶。如顶点个数同于另一类型的 $n-1$ 维边界胞腔的个数,而 $n-1$ 维边界胞腔的个数又同于另一类型的顶点个数,则成互为对偶。今合于易学象数,位数同于维数 n,《易》有初、二、三、四、五、上共六位,故当六维空间。

设九、六合于六位为顶点的点数。

七、八合于六位为胞腔中心点的点数。

于六位上加点(·)以分阴阳,指九或六、七或八,即 $2n$。

于六位上加划(—)以当阴阳二项式的组合数,即 2^n。

以(6—12)论:

$\dot{初}\dot{二}\dot{三}\dot{四}\dot{五}\dot{上}\left\{\begin{array}{l}七\\八\end{array}\right.$＝初七、七二、七三、七四、七五、上七;

初八、八二、八三、八四、八五、上八。

＝12 即胞腔中心点的点数 $\quad\cdots\cdots\cdots\cdots\cdots$ (4)

$\overline{初二三四五上}\left\{\begin{array}{l}九\\六\end{array}\right.$＝初九、九二、九三、九四、九五、上九;

初九、九二、九三、九四、九五、上六;

初九、九二、九三、九四、六五、上九;

初九、九二、九三、九四、六五、上六;

初九、九二、九三、六四、九五、上九;

初九、九二、九三、六四、九五、上六;

初九、九二、九三、六四、六五、上九;

初九、九二、九三、六四、六五、上六;

初九、九二、六三、九四、九五、上九;

初九、九二、六三、九四、九五、上六；

初九、九二、六三、九四、六五、上九；

初九、九二、六三、九四、六五、上六；

初九、九二、六三、六四、九五、上九；

初九、九二、六三、六四、九五、上六；

初九、九二、六三、六四、六五、上九；

初九、九二、六三、六四、六五、上六；

初九、六二、九三、九四、九五、上九；

初九、六二、九三、九四、九五、上六；

初九、六二、九三、九四、六五、上九；

初九、六二、九三、九四、六五、上六；

初九、六二、九三、六四、九五、上九；

初九、六二、九三、六四、九五、上六；

初九、六二、九三、六四、六五、上九；

初九、六二、九三、六四、六五、上六；

初九、六二、六三、九四、九五、上九；

初九、六二、六三、九四、九五、上六；

初九、六二、六三、九四、六五、上九；

初九、六二、六三、九四、六五、上六；

初九、六二、六三、六四、九五、上九；

初九、六二、六三、六四、九五、上六；

初九、六二、六三、六四、六五、上九；

初九、六二、六三、六四、六五、上六；

初六、九二、九三、九四、九五、上九；

初六、九二、九三、九四、九五、上六；

初六、九二、九三、九四、六五、上九；

初六、九二、九三、九四、六五、上六；

初六、九二、九三、六四、九五、上九；

初六、九二、九三、六四、九五、上六；

初六、九二、九三、六四、六五、上九；

初六、九二、九三、六四、六五、上六；

初六、九二、六三、九四、九五、上九；

初六、九二、六三、九四、九五、上六；

初六、九二、六三、九四、六五、上九；

初六、九二、六三、九四、六五、上六；

初六、九二、六三、六四、九五、上九；

初六、九二、六三、六四、九五、上六；

初六、九二、六三、六四、六五、上九；

初六、九二、六三、六四、六五、上六；

初六、六二、九三、九四、九五、上九；

初六、六二、九三、九四、九五、上六；

初六、六二、九三、九四、六五、上九；

初六、六二、九三、九四、六五、上六；

初六、六二、九三、六四、九五、上九；

初六、六二、九三、六四、九五、上六；

初六、六二、九三、六四、六五、上九；

初六、六二、九三、六四、六五、上六；

初六、六二、六三、九四、九五、上九；

初六、六二、六三、九四、九五、上六；

初六、六二、六三、九四、六五、上九；

初六、六二、六三、九四、六五、上六；

初六、六二、六三、六四、九五、上九；

初六、六二、六三、六四、九五、上六；

初六、六二、六三、六四、六五、上九；

初六、六二、六三、六四、六五、上六。

＝64 即顶点的点数 ·································· (5)

以(6—64)论：

$$\overline{初二三四五上}\begin{cases}七\\八\end{cases}=初七、七二、七三、七四、七五、上七；$$

初七、七二、七三、七四、七五、上八；

初七、七二、七三、七四、八五、上七；

初七、七二、七三、七四、八五、上八；

初七、七二、七三、八四、八五、上七；

初七、七二、七三、八四、七五、上八；

初七、七二、七三、八四、八五、上七；

初七、七二、七三、八四、八五、上八；

初七、七二、八三、七四、七五、上七；

初七、七二、八三、七四、七五、上八；

初七、七二、八三、七四、八五、上七；

初七、七二、八三、七四、八五、上八；

初七、七二、八三、八四、七五、上七；

初七、七二、八三、八四、七五、上八；

初七、七二、八三、八四、八五、上七；

初七、七二、八三、八四、八五、上八；

初七、八二、七三、七四、七五、上七；

初七、八二、七三、七四、七五、上八；

初七、八二、七三、七四、八五、上七；

初七、八二、七三、七四、八五、上八；

初七、八二、七三、八四、七五、上七；

初七、八二、七三、八四、七五、上八；

初七、八二、七三、八四、八五、上七；

初七、八二、七三、八四、八五、上八；

初七、八二、八三、七四、七五、上七；

初七、八二、八三、七四、七五、上八；

初七、八二、八三、七四、八五、上七；

初七、八二、八三、七四、八五、上八；

初七、八二、八三、八四、七五、上七；

初七、八二、八三、八四、七五、上八；

初七、八二、八三、八四、八五、上七；

初七、八二、八三、八四、八五、上八；

初八、七二、七三、七四、七五、上七；

初八、七二、七三、七四、七五、上八；

初八、七二、七三、七四、八五、上七；

初八、七二、七三、七四、八五、上八；

初八、七二、七三、八四、七五、上七；

初八、七二、七三、八四、七五、上八；

初八、七二、七三、八四、八五、上七；

初八、七二、七三、八四、八五、上八；

初八、七二、八三、七四、七五、上七；

初八、七二、八三、七四、七五、上八；

初八、七二、八三、七四、八五、上七；

初八、七二、八三、七四、八五、上八；

初八、七二、八三、八四、七五、上七；

初八、七二、八三、八四、七五、上八；

初八、七二、八三、八四、八五、上七；

初八、七二、八三、八四、八五、上八；

初八、八二、七三、七四、七五、上七；

初八、八二、七三、七四、七五、上八；

初八、八二、七三、七四、八五、上七；

初八、八二、七三、七四、八五、上八；

初八、八二、七三、八四、七五、上七；

初八、八二、七三、八四、七五、上八；

初八、八二、七三、八四、八五、上七；

初八、八二、七三、八四、八五、上八；

初八、八二、八三、七四、七五、上七；

初八、八二、八三、七四、七五、上八；

初八、八二、八三、七四、八五、上七；

初八、八二、八三、七四、八五、上八；

初八、八二、八三、八四、七五、上七；

初八、八二、八三、八四、七五、上八；

初八、八二、八三、八四、八五、上七；

初八、八二、八三、八四、八五、上八。

＝64 即胞腔中心点的点数 ……………………（6）

$$初二三四五上 \begin{cases} 九 \\ 六 \end{cases} = 初九、九二、九三、九四、九五、上九；$$

初六、六二、六三、六四、六五、上六。

＝12 即顶点的点数 ……………………（7）

据(3)式,故(4)↔(7);(5)↔(6)。然相互对偶之间,各有两种情况,

其一为(4)→(7);(7)→(4)。

其二为(5)→(6);(6)→(5)。

于本空间之间,又有顶点与胞腔中心点之间的变化。设○为顶点

279

的符号,⊙为胞腔中心点的符号,以(6—12)论,(4)式与(5)式间,其变化以下式示之:

$$
\left.
\begin{array}{l}
初七⊙—○初九,\overline{二三四五上}\begin{cases}九\\六\end{cases}\cdots\cdots\cdots\cdots\cdots\cdots\cdots\cdots\\[2ex]
初八⊙—○初六,\overline{二三四五上}\begin{cases}九\\六\end{cases}\cdots\cdots\cdots\cdots\cdots\cdots\cdots\cdots\\[2ex]
七二⊙—○九二,\overline{三四五上初}\begin{cases}九\\六\end{cases}\cdots\cdots\cdots\cdots\cdots\cdots\cdots\cdots\\[2ex]
八二⊙—○六二,\overline{三四五上初}\begin{cases}九\\六\end{cases}\cdots\cdots\cdots\cdots\cdots\cdots\cdots\cdots\\[2ex]
七三⊙—○九三,\overline{四五上初二}\begin{cases}九\\六\end{cases}\cdots\cdots\cdots\cdots\cdots\cdots\cdots\cdots\\[2ex]
八三⊙—○六三,\overline{四五上初二}\begin{cases}九\\六\end{cases}\cdots\cdots\cdots\cdots\cdots\cdots\cdots\cdots\\[2ex]
七四⊙—○九四,\overline{五上初二三}\begin{cases}九\\六\end{cases}\cdots\cdots\cdots\cdots\cdots\cdots\cdots\cdots\\[2ex]
八四⊙—○六四,\overline{五上初二三}\begin{cases}九\\六\end{cases}\cdots\cdots\cdots\cdots\cdots\cdots\cdots\cdots\\[2ex]
七五⊙—○九五,\overline{上初二三四}\begin{cases}九\\六\end{cases}\cdots\cdots\cdots\cdots\cdots\cdots\cdots\cdots\\[2ex]
八五⊙—○六五,\overline{上初二三四}\begin{cases}九\\六\end{cases}\cdots\cdots\cdots\cdots\cdots\cdots\cdots\cdots\\[2ex]
上七⊙—○上九,\overline{初二三四五}\begin{cases}九\\六\end{cases}\cdots\cdots\cdots\cdots\cdots\cdots\cdots\cdots\\[2ex]
上八⊙—○上六,\overline{初二三四五}\begin{cases}九\\六\end{cases}\cdots\cdots\cdots\cdots\cdots\cdots\cdots\cdots
\end{array}
\right\}(8)
$$

以(6—64)论,(6)式与(7)式间,其变化以下式示之:

初七、七二、七三、七四、
七五、上七⊙一〇
{初、二、三、四、五、
上,九}.................

初七、七二、七三、七四、
七五、上八⊙一〇
{初、二、三、四、五,九
上,六}.................

初七、七二、七三、七四、
八五、上七⊙一〇
{初、二、三、四、五,九
五,六}.................

初七、七二、七三、七四、
八五、上八⊙一〇
{初、二、三、四,九
五、上,六}.................

初七、七二、七三、八四、
七五、上七⊙一〇
{初、二、三、五、上,九
四,六}.................

初七、七二、七三、八四、
七五、上八⊙一〇
{初、二、三、五,九
四、上,六}.................

初七、七二、七三、八四、
八五、上七⊙一〇
{初、二、三、上,九
四、五,六}.................

初七、七二、七三、八四、
八五、上八⊙一〇
{初、二、三,九
四、五、上,六}.................

初七、七二、八三、七四、
七五、上七⊙一〇
{初、二、四、五、上,九
三,六}.................

初七、七二、八三、七四、
七五、上八⊙一〇
{初、二、四、五,九
三、上,六}.................

初七、七二、八三、七四、
八五、上七⊙一〇
{初、二、四、上,九
三、五,六}.................

初七、七二、八三、七四、
八五、上八⊙一〇
{初、三、四,九
二、五、上,六}.................

初七、七二、八三、八四、
七五、上七⊙一〇
{初、二、五、上,九
三、四,六}.................

初七、七二、八三、八四、
七五、上八⊙一○ ${初、二、五,九 \atop 三、四、上,六}$ ………………

初七、七二、八三、八四、
八五、上七⊙一○ ${初、二、上,九 \atop 三、四、五,六}$ ………………

初七、七二、八三、八四、
八五、上八⊙一○ ${初、二,九 \atop 三、四、五、上,六}$ ………………

初七、八二、七三、七四、
七五、上七⊙一○ ${初、三、四、五、上,九 \atop 二,六}$ ……………

初七、八二、七三、七四、
七五、上八⊙一○ ${初、三、四、五,九 \atop 二、上,六}$ ………………

初七、八二、七三、七四、
八五、上七⊙一○ ${初、三、四、上,九 \atop 二、五,六}$ ………………

初七、八二、七三、七四、
八五、上八⊙一○ ${初、三、四,九 \atop 二、五、上,六}$ ………………

初七、八二、七三、八四、
七五、上七⊙一○ ${初、三、五、上,九 \atop 二、四,六}$ ………………

初七、八二、七三、八四、
七五、上八⊙一○ ${初、三、五,九 \atop 二、四、上,六}$ ………………

初七、八二、七三、八四、
八五、上七⊙一○ ${初、三、上,九 \atop 二、四、五,六}$ ………………

初七、八二、七三、八四、
八五、上八⊙一○ ${初、三,九 \atop 二、四、五、上,六}$ ………………

初七、八二、八三、七四、
七五、上七⊙一○ ${初、四、五、上,九 \atop 二、三,六}$ ………………

初七、八二、八三、七四、
七五、上八⊙一○ ${初、四、五,九 \atop 二、三、上,六}$ ………………

初七、八二、八三、七四、
八五、上七⊙一○ ${初、四、上,九 \atop 二、三、五,六}$ ………………

初七、八二、八三、七四、$\left.\begin{matrix}初、四,九\\二、三、五、上,六\end{matrix}\right\}$ ·················
八五、上八⊙一〇

初七、八二、八三、八四、$\left.\begin{matrix}初、五、上,九\\二、三、四,六\end{matrix}\right\}$ ··············
七五、上七⊙一〇

初七、八二、八三、八四、$\left.\begin{matrix}初、五,九\\二、三、四、上,六\end{matrix}\right\}$ ············
七五、上八⊙一〇

初七、八二、八三、八四、$\left.\begin{matrix}初、上,九\\二、三、四、五,六\end{matrix}\right\}$ ·············
八五、上七⊙一〇

初七、八二、八三、八四、$\left.\begin{matrix}初,九\\二、三、四、五、上,六\end{matrix}\right\}$ ···········
八五、上八⊙一〇

初八、七二、七三、七四、$\left.\begin{matrix}二、三、四、五、上,九\\初,六\end{matrix}\right\}$ ···········
七五、上七⊙一〇

初八、七二、七三、七四、$\left.\begin{matrix}二、三、四、五,九\\初、上,六\end{matrix}\right\}$ ·············
七五、上八⊙一〇

（9）

初八、七二、七三、七四、$\left.\begin{matrix}二、三、四、上,九\\初、五,六\end{matrix}\right\}$ ·············
八五、上七⊙一〇

初八、七二、七三、七四、$\left.\begin{matrix}二、三、四,九\\初、五、上,六\end{matrix}\right\}$ ············
八五、上八⊙一〇

初八、七二、七三、八四、$\left.\begin{matrix}二、三、五、上,九\\初、四,六\end{matrix}\right\}$ ·············
七五、上七⊙一〇

初八、七二、七三、八四、$\left.\begin{matrix}二、三、五,九\\初、四、上,六\end{matrix}\right\}$ ···········
七五、上八⊙一〇

初八、七二、七三、八四、$\left.\begin{matrix}二、三、上,九\\初、四、五,六\end{matrix}\right\}$ ···········
八五、上七⊙一〇

初八、七二、七三、八四、$\left.\begin{matrix}二、三,九\\初、四、五、上,六\end{matrix}\right\}$ ···········
八五、上八⊙一〇

初八、七二、八三、七四、$\left.\begin{matrix}二、四、五、上,九\\初、三,六\end{matrix}\right\}$ ···········
七五、上七⊙一〇

283

初八、七二、八三、七四、$\left\{\begin{array}{l}二、四、五，九\\初、三、上，六\end{array}\right\}$…………………
七五、上八⊙—○

初八、七二、八三、七四、$\left\{\begin{array}{l}二、四、上，九\\初、三、五，六\end{array}\right\}$…………………
八五、上七⊙—○

初八、七二、八三、七四、$\left\{\begin{array}{l}二、四，九\\初、三、五、上，六\end{array}\right\}$…………………
八五、上八⊙—○

初八、七二、八三、八四、$\left\{\begin{array}{l}二、五、上，九\\初、三、四，六\end{array}\right\}$…………………
七五、上七⊙—○

初八、七二、八三、八四、$\left\{\begin{array}{l}二、五，九\\初、三、四、上，六\end{array}\right\}$…………………
七五、上八⊙—○

初八、七二、八三、八四、$\left\{\begin{array}{l}二、上，九\\初、三、四、五，六\end{array}\right\}$…………………
八五、上七⊙—○

初八、七二、八三、八四、$\left\{\begin{array}{l}二，九\\初、三、四、五、上，六\end{array}\right\}$…………………
八五、上八⊙—○

初八、八二、七三、七四、$\left\{\begin{array}{l}三、四、五、上，九\\初、二，六\end{array}\right\}$…………………
七五、上七⊙—○

初八、八二、七三、七四、$\left\{\begin{array}{l}三、四、五，九\\初、二、上，六\end{array}\right\}$…………………
七五、上八⊙—○

初八、八二、七三、七四、$\left\{\begin{array}{l}三、四、上，九\\初、二、五，六\end{array}\right\}$…………………
八五、上七⊙—○

初八、八二、七三、七四、$\left\{\begin{array}{l}三、四，九\\初、二、五、上，六\end{array}\right\}$…………………
八五、上八⊙—○

初八、八二、七三、八四、$\left\{\begin{array}{l}三、五、上，九\\初、二、四，六\end{array}\right\}$…………………
七五、上七⊙—○

初八、八二、七三、八四、$\left\{\begin{array}{l}三、五，九\\初、二、四、上，六\end{array}\right\}$…………………
七五、上八⊙—○

初八、八二、七三、八四、$\left\{\begin{array}{l}三、上，九\\初、二、四、五，六\end{array}\right\}$…………………
八五、上七⊙—○

初八、八二、七三、八四、$\left\{\begin{array}{l}三,九 \\ 初、二、四、五、上,六\end{array}\right\}$ ·····················

八五、上八⊙—○

初八、八二、八三、七四、$\left\{\begin{array}{l}四、五、上,九 \\ 初、二、三,六\end{array}\right\}$ ·····················

七五、上七⊙—○

初八、八二、八三、七四、$\left\{\begin{array}{l}四、五,九 \\ 初、二、三、上,六\end{array}\right\}$ ·····················

七五、上八⊙—○

初八、八二、八三、七四、$\left\{\begin{array}{l}四、上,九 \\ 初、二、三、五,六\end{array}\right\}$ ·····················

八五、上七⊙—○

初八、八二、八三、七四、$\left\{\begin{array}{l}四,九 \\ 初、二、三、五、上,六\end{array}\right\}$ ·····················

八五、上八⊙—○

初八、八二、八三、八四、$\left\{\begin{array}{l}五、上,九 \\ 初、二、三、四,六\end{array}\right\}$ ·····················

七五、上七⊙—○

初八、八二、八三、八四、$\left\{\begin{array}{l}五,九 \\ 初、二、三、四、上,六\end{array}\right\}$ ·····················

七五、上八⊙—○

初八、八二、八三、八四、$\left\{\begin{array}{l}上,九 \\ 初、二、三、四、五,六\end{array}\right\}$ ·····················

八五、上七⊙—○

初八、八二、八三、八四、$\left\{\begin{array}{l}初、二、三、四、五、 \\ 上,六\end{array}\right.$

八五、上八⊙—○

于(8)、(9)两式中,亦有向量的不同,一当胞腔中心点至顶点,符号为⊙—○,一当顶点至胞腔中心点,符号为○—⊙。合上诸式以观之,不论为对偶,或仅为本空间之间的变化,凡由胞腔中心点至顶点为增加一维,其象如下:

(4)→(7);(6)→(5);(8)、(9)两式中之⊙—○。

由顶点至胞腔中心点为减少一维,其象如下:

(5)→(6);(7)→(4);(8)、(9)两式中之○—⊙。

以易理言,增加一维名之曰"出",减少一维名之曰"入",《周易》复卦卦辞曰"出入无疾",义犹维数的变化。且于本空间之间的变化,于易理当动静之变而阴阳不变,即胞腔中心点为静而顶点为动。以数而言,当七与九或八与六之间的变化。而于对偶之间的变化,于易理非但变其动静又将变其阴阳。以数而言,当七与六或九与八之间的变化。综上诸义,以下式示之:

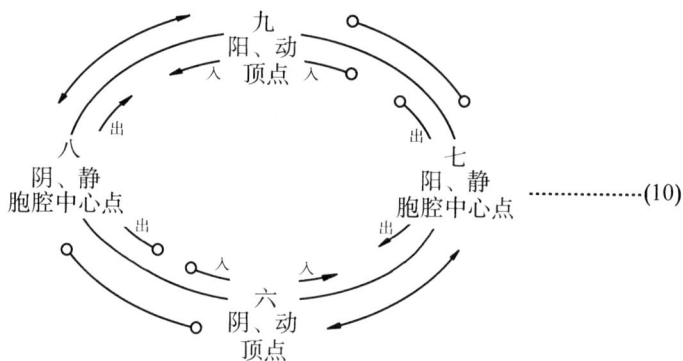

$$\cdots\cdots\cdots(10)$$

由(10)式,始见因对偶而及出入之变。此一顺逆之循环,是之谓"易简而天下之理得矣"。具体而论,内有维数之不同。易学象数仅以六维论,且包含本空间与对偶空间;以对偶论,又有相互对偶与自对偶的不同;故可喻"天下之赜"。赜与易简,其同乎异乎,凡究易学象数者首当知之,否则其何以见高维空间之形象。

后　记

　　《过半刃言》、《繍爻》、《衍变通论》是潘雨廷先生的遗稿,三书完成于本世纪六十年代中国文化大革命期间。潘雨廷先生于中国历史和中国文化浸淫既久,有得于心,乃成此三书。三书所观乃历史之象,并不就某一时代而言,而时代之象亦自然合入。《繍爻》完成于一九六六年丙午夏至前三日,《衍变通论》完成于岁次丙午,《过半刃言》完成于丁未孟秋,此即所谓丙午丁未,正是"文化大革命"进行得如火如荼的时刻,当时称"史无前例"。潘雨廷先生和大部分文化人一样身受冲击,所积累的书籍、文稿损失殆尽。此时所成之三书,于时事未发一言,然而通过著书行动所体现的对中国文化的继承、发扬以及对未来的期望,本身也是对时局的抗衡。虽曰无言,其默如雷,不言也是言了。于时过境迁之后,潘雨廷先生在一九八二年所写的《过半刃言》再跋中说:"十余年之变幻,历历在目。迄今忆之,不胜沧桑。"抚今思昔,感慨系之矣。

　　潘雨廷先生于读《易》著作常自署"二观二玩斋主",取《系辞》"居则观其象而玩其辞,动则观其变而玩其占"之义。三书中《过半刃言》玩卦辞,《繍爻》玩爻辞,《衍变通论》阐大衍数之变,皆关涉二观二玩主旨。前二书玩辞明理,后一书追象数之根,亦成配合。虽然潘雨廷先生晚年还有更重要的著作,然而三书各有特色,在他的中期著作里占有相当的地

287

位。《过半刃言》《繇爻》是易学史上不多见的玩辞之作,此一路读《易》法基本取明理为主,而不管卦爻辞的本义。谓卦爻辞之义固如是乎,则未必也,固不如是乎,亦未必也。《繇爻》革初九提及"狭义相对论"、"广义相对论",节初九论"得一"提及"不如秘而藏之,以待来兹",无妄九四谓"幸庄子知之,未遇无妄而其辞荒唐。惜灵均不知,不可贞而贞之,其能无咎乎"。此已达到当时背景下所能达到的认识高度,实已得处时代之道,能安然度厄,决非偶然。《衍变通论》穷追玩占的原理,其中相当内容为历代易家所未言,可以说发千古未发之秘。此书详述筮法之变化,阐明筮占之精义,从源头上破除迷信,有极重要的意义。

　　潘雨廷先生晚年多次回忆他和老师相处谈学的情形。在"文化大革命"期间,师生已不能相聚,唯有各守其学,自验于心而已。潘雨廷先生和薛学潜先生最后一次见面是在一九六九年,两人在公园里相遇。潘先生告诉薛先生,美国的阿波罗飞船载人登月已经成功,薛先生点点头,说知道了。不久以后,薛先生就去世了。这是他们师生的最后一次见面,共同为人类第一次突破二维进入三维而欢欣鼓舞。这是人类在二十世纪所取得的最伟大的成就之一,虽然只是小小的一步,然千里之行,已始于足下。对照三书中所提及的银河系乃至河外星系的时空数量级,当有所感触。一九六九年前后,整理者在市区的一所学校念书,尚属蒙稚未知的少年。只记得有一年大雪过后,看见路旁的梧桐树在寒风中光秃秃的一片,晶莹洁净,心中感到一种难以名状的激动。很多当时的印象都已经淡漠了,唯有此情此景莫失莫忘,清晰如在昨天。

　　潘雨廷先生逝世已八年了,我们正身处千年之交。日月经天,江河行地,世代更替,易象易辞亦处于生生不息的变化之中。然其中或有不变者乎,知此乃可读《易》也。

张文江
一九九九年十二月八日

补　记

　　《过半刃言》、《繇爻》、《衍变通论》整理完成以后，因故未能问世，迁延至今。时光流逝，一晃又是五年了。今值三书正式出版之际，增入数文以为附录：一、《易学的时空结构》；二、《论〈周易〉大衍筮法与正则六维空间的一一对应关系》；三、《易学象数与现代数学》。前一文阐述理、数、象、消息，是易学的基本概念。后二文涉及多维空间理论，也是易学象数的尖端部分。文章稍稍难懂，要想真正理解易学，此关非过不可。读者如肯化一定的工夫，必有所得。

张文江

二〇〇四年十月二十四日

修订本补记

《过半刃言　黼爻　衍变通论》,在 2000 年世纪之交整理完成,曾经用《易学三种》的书名,于 2005 年由上海古籍出版社出版。此次修订,在刘志荣先生协助下校正一过,并恢复了原来的书名。

本书附录一《易学的时空结构》,可参考其续篇《易学与人体修持》,收入《易则　神形篇　〈内经〉七篇大论述义》新编的附录二。

张文江

2012 年 10 月 28 日